전후 중일관계 70년

마오쩌둥-요시다 시기부터
시진핑-아베 시기까지

이화학술총서

전후 중일관계 70년

마오쩌둥–요시다 시기부터 시진핑–아베 시기까지

최은봉·오승희 지음

이화여자대학교출판문화원

책을 펴내며

우리에게 중일관계 연구는 왜 필요한가? 한국이 중일관계를 알아야 할 필요가 있는가? 이웃 국가인 중국과 일본의 관계를 한국과 일본, 한국과 중국의 관계와 비교하는 것은 한일관계와 한중관계의 주요 쟁점에 대한 심층적인 이해와 평가를 가능하게 한다.

그렇다면 일본의 중국 침략에 대한 사과와 반성은 어떻게 다루어졌는가? 중국과 일본의 배상 문제는 어떻게 처리되었는가? 중국 내 일본 기업들은 중국인 징용자들에게 배상을 했는가? 1972년의 중일국교정상화 교섭 과정과 1965년 한일국교정상화 과정은 유사한가? 근본적인 차이가 있는가?

동북아시아의 핵심 국가인 중국, 일본, 한국은 1945년 이후 국가 간 관계를 개선해나가는 과정에서 민족주의와 반일 감정, 영토 문제, 과거사 인식 등과 같은 공통의 과제에 직면했다. 그러나 동시에 피해자에 대한 상이한 대응, 국교정상화 이후의 양국관계 개선과 2019년 현재의 양국관계의 중요성 및 관계 개선 정도를 살펴보면, 중일관계와 한일관계는 상당히 다른 길을 걸어가고 있는 것으로 보인다.

한국과 일본의 관계가 식민지를 둘러싼 관계에 기반하고 있다면, 중국과 일본의 관계는 승전국과 패전국의 위치에 기반한 교전국 간의 관계라는 점에서 근본적인 차이가 있었다.

그럼에도 불구하고, 국제적 위상과 용어들의 차이는 있지만, 일본의 아시아 침략에 대한 문제, 일본군 '위안부' 문제에 대한 연대, 강제 동원 등 미해결로 남겨진 전후처리 과제들은 여전히 한국, 일본, 중국의 공동 인식과 문제 해결이 필요한 부분이기도 하다.

이 책은 전후 중일관계를 이해하기 위한 문제의식과 연구 방법, 기본 사료 및 주요 사건을 한 권의 책으로 담았다. 두 저자가 2008년부터 함께 공부하며 논의해온 중일관계 연구들을 재구성했다. 중일관계를 바라보는 다양한 쟁점들과 연구 방법이 존재하지만, 이 책에서는 1972년 중일국교정상화를 전후로 한 중일 1972년 체제에 주목하여 제도주의적 관점에서 1972년 체제의 형성, 변환, 구조화 과정을 다룬다.

이 책에 담긴 연구들은 1945년부터 현재에 이르기까지의 중일관계의 시간과 공간을 살펴보면서, 미국의 구조적 영향력과 중국과 일본의 국내적 요인들이 맞물리며 나타나는 중일관계의 특징을 밝히고 있다. 각 장의 내용은 독립된 학술지에 게재했던 내용에 최근의 중일관계 흐름을 더해 보완했다. 마오쩌둥-요시다 시기부터 시진핑-아베 시기에 이르는 순서대로 재구성했다. 앞에서부터 통독하는 것을 권유하지만, 관심이 있는 장만 읽어도 이해하는 데 무리가 없도록 독립적이면서도 유기적으로 완성했다.

본문은 크게 다섯 개의 부로 구성되었다. 1부 〈전후 중일관계의 제도적 접근〉에서는 1장 '중일관계 접근 방법'에서 중일관계의 제도적 접근을 위한 문제의식과 접근 과정을 설명하고, 2장에서는 '전후 중일관계의 형성, 변환, 구조화 과정'을 개관한다. 책 전체를 관통하는 주제의식과 방법론이 담겨 있어 먼저 읽기를 추천한다.

2부 〈중일관계의 역사적 배경과 정치적 구조〉에서는 3장 '1945년

8월 15일: 종전, 패전, 승전?'에서 1945년의 의미를 되짚어보고, 4장 '마오쩌둥의 '하나의 중국'과 요시다의 고민'에서 1952년 일화평화조약에 이르는 시기까지의 중일관계의 주요 쟁점들을 설명한다. 전후 초기 중국과 일본의 구조적 제약과 핵심 이익을 이해할 수 있다.

3부 〈냉전기 중일관계의 특수성, 1950-1960년대〉에서는 5장 '중일 민간 경제외교와 정경분리 정책', 6장 '중일국교정상화의 문화적 이해', 7장 '중국의 UN 가입 시도와 일본의 반대'를 거치면서 1950-1960년대 냉전기 중일관계의 특수성에 대해 살펴본다. 외교정책의 결정과정에 주목한다면 50-60년대의 중일관계가 국제적 환경의 제약 속에서 자국의 국가 이익과 상호 교류를 어떻게 증진시켜갔는지 확인할 수 있다.

4부 〈중일관계의 제도화: 1970년대〉에서는 8장 '중국의 배상청구 포기와 중일국교정상화', 9장 '중국의 반패권운동과 중일평화우호조약'을 통해 1972년 체제의 핵심 내용을 구체적으로 살펴본다. 1952년의 중화민국-일본 평화조약에서 1972년 중일국교정상화 그리고 1978년 중일평화우호조약으로 변화해가는 과정을 이해할 수 있다.

마지막으로 5부 〈1972년 체제는 지속되는가?〉에서는 1972년 이후 오늘날에 이르는 중일관계의 주요 쟁점과 변화를 10장 '시진핑-아베 시기 중일관계'에서 살펴보며 1972년 체제는 지속되는가에 대해 논의한다. 중일관계는 한일관계에 비해 다소 우호적인 분위기이지만, 여전히 갈등 요소들이 잔존해 있다. 향후 중일관계의 다양한 변화를 읽어낼 수 있는 시각을 발전시켜나갈 수 있을 것이라 생각한다.

부록에는 중일관계 주요 사료들과 기본 연표를 담았다. 특히 중일관계에 대한 다양한 1차 사료들을 직접 읽고 해석하는 것이 매우 중요하다. 샌프란시스코 강화조약, 1952년 일화평화조약, 1972년 중일공동성명, 1978년 중일평화우호조약의 영문과 일문 그리고 중문 자료를 수록

했다. 직접 원문을 비교 검토하며 원문에 기반한 보다 다양한 발견과 논의가 이루어지기를 희망한다.

이 책을 출판하는 데 많은 분들의 도움을 받았다. 무엇보다 이화여자대학교출판문화원의 저술지원사업을 통해 이제까지 진행해온 연구들을 하나로 편집하여 의미 있게 엮어낼 수 있었다. 예정보다 늦어졌음에도 출판과정에 세심한 배려와 도움을 주셔서 고마운 마음을 전한다. 두 저자의 공동 연구가 진행되는 과정에서 유익한 논평을 더해준 이화여자대학교 북클럽과 논문연구세미나의 참가자들에게도 감사드린다. 이 책의 바탕이 된 논문들의 학회 발표와 논문 게재 과정에서 토론과 심사를 맡아주신 여러 선생님들께도 감사드린다.

남북관계, 한일관계와 중일관계 등 동아시아 국가들 간의 관계가 새로운 국면을 맞이하고 있는 지금, 동아시아 지역에 대해 어떠한 문제의식을 갖고 어떠한 시각으로 바라보아야 할 것인가? 이 책에 담긴 1945년 이후의 중일관계에 대한 논의들을 바탕으로 평화로운 동아시아의 미래를 상상하고 만들어갈 수 있기를 바란다.

이화여자대학교 포스코관에서

최은봉·오승희

차례

1부

전후 중일관계의 제도적 접근

중일관계 접근 방법

1장

중화인민공화국과 일본의 국교정상화는 왜 1972년에 이루어졌는가? 이에 대한 가능한 대답들 중 가장 보편적이고 설득력 있는 설명 중의 하나가 바로 1971년의 미국과 중국의 관계 개선이다(田中明彦, 1996; 毛里和子, 2006).

일본 시각으로 1971년 7월 16일, 닉슨 미국 대통령은 TV와 라디오를 통해 1972년 5월 이전의 적당한 기일에 중화인민공화국을 방문할 것을 예고 없이 발표했다. 대통령 보좌관 키신저Henry Kissinger가 이미 7월 9일부터 11일까지 비밀리에 베이징을 방문하여 저우언라이周恩來 총리와 회담을 가졌음을 밝히고 중국 정부가 닉슨 대통령을 초청한 것에 대해 응한 것이다. 미국의 비밀스런 중화인민공화국으로의 접근은 일본 정부에게 너무나 갑작스럽고 충격적인 것이어서 이를 '닉슨 쇼크[1]'

1 1개월 후인 1971년 8월 15일, 닉슨 대통령의 신경제정책 발표로 인한 닉슨쇼크와 함께 더블 닉슨 쇼크였다.

라고 일컬었다.

미국과 중국의 관계 개선이 나타나자마자 일본은 중화인민공화국과의 관계 정상화를 급속히 추진시켰고 미국보다 6년 3개월 정도 빠르게 국교정상화가 체결되었다고 할 수 있다.

미국과 중국의 관계 변화가 일본의 정책 변화를 야기했다는 이러한 시각은 일본에 대한 반응국가reactive state 논의와 맥락을 같이한다. 반응국가 논의는 1988년 켄트 칼더Kent E. Calder가 제기한 것으로 일본의 대외 경제 정책의 형성과 변화를 설명하는 하나의 분석틀을 제공하고 있다(Calder, 1988: 519). 반응국가 가설의 핵심 기제는 외부로부터의 압력으로 인한 정책 변화이다. 칼더는 특히 일본 국내 정치의 제도적 제약이 이를 뒷받침한다고 보았다. 헬만Donald Hellmann이나 블레이커Michael Blaker, 파일Kenneth Pyle도 일본이 미국의 외압에 대한 반응국가라는 가설에 동의했다(Hellmann, 1988: 356; Blaker, 1993: 2-3; Pyle, 1987; 1989). 이후 반응국가 가설은 일본의 대외 정책의 소극적, 수동적인 성격을 설명하는 논리가 되었다.

한편 반응국가에 대한 반론도 제기되어왔다. 수잔 파Susan J. Pahrr는 일본이 전후 설정한 국가 목표를 적극적이고 일관되게 달성해왔다는 점을 강조했다(Pharr, 1993: 235-236). 적극국가proactive state 논의는 일본이 수동적이고 반응적으로 보이는 것도 실질적으로는 외교적 목표를 효과적으로 달성하기 위한 것이었다고 본다(김기석, 2005: 245).

여기에 반응국가와 적극국가 논의를 절충한 제한적 적극국가limited proactive state 논의가 제기되었다. 1980년대 이전의 일본 대외 정책은 반응적인 측면을 부분적으로 인정하면서 이후 변화된 국제 환경 속에서 점차 스스로의 이익을 적극적으로 추구하는 경향을 보이고 있음을 지적한다(Anderson, 1993; 김기석, 2005: 246). 소에야는 안보 영역에서 전후 일본의 대중 정책이 전략성을 잃은 것으로 평가하면서도(Soeya, 2001: 130-146), 전후 일본이 일본의 환경적 제약 속에서 틈새 외교를 펼쳤다는 해석을 제시하기도 했다(添谷芳秀, 2006). 한국에서도 일본 외교 정책의 환경적 제약 속 적극적인 외교 정책에 주목해오고 있다. 최근에는 여기에 외압의 성격에 대한 논의, 국내 정치와 국제 정치의 연계 등을 통해 논의가 다양화되고 있지만 기본적인 반응적인 속성은 지속되어 나타나고 있다(김기석, 2005: 247-251).

그렇다면 1972년의 중화인민공화국과 일본의 공동성명은 미중관계 개선이라는 외압을 반영한 반응적이고 수동적인 외교 형태의 결과로 설명할 수 있을까?

좀 더 시간적 공간을 넓혀 전후 중일관계가 제도화된 과정을 살펴보자. 일반적으로 수용되고 있는 홀Peter Hall의 개념에 따르면 제도란 정치 경제 및 정부 조직 내부의 공식적, 비공식적 절차, 관습, 규범 등으로 정의할 수 있다(Hall & Taylor, 1996: 938). 협의의 제도는 실체를 갖는 공적인 제도로, 광의의 제도는 개인, 조직의 관습적인 행동이나 상호작용의 정형, 지배적인 규범이나 견해, 의식을 포함한다. 제도화란 제도를 동태적으로 이해하는 것이다. 제도의 내용을 형식적으로 특정할 수 없으며 존재하는 제도의 영향, 구속은 그 제도가 출현한 결정 과정, 즉 제도화의 과정과 불가분하므로 제도화 과정을 살펴보는 것이 중요하다.

이 책에서는 역사적 제도론에 입각하여 중일관계의 제도화 과정에 접근하고자 한다. 역사적 제도주의는 제도가 행동에 대한 제약으로서 기능할 뿐만 아니라 행위자의 선호나 목표, 선택 자체를 규정한다고 본다. 경로의존성path dependency의 역사적 제약을 강조하며, 선호와 목표 형성에 영향을 미친다고 본다.

크라스너Stephen Krasner는 제도의 변화를 단절적 균형punctuated equilibrium으로 설명했다(Krasner, 1984: 242). 오랜 기간의 정체 이후에 상대적으로 갑자기 일어나는 위기에 의해 단절되는 진화적인 변화를 거쳐 다시 안정적 균형을 장기간 유지하는 과정을 거친다고 본다. 이에 대해 마호니James Mahoney와 텔렌Kathleen Thelen은 점진적 제도 변화 모델을 제시한다. 외부로부터의 충격에 의한 변화도 있지만, 내생적인 발전에 기반한 점진적이고 누적적인 제도 변화도 나타나고 있다는 것이다. 급작스러운 제도 변화가 가장 중요한 원인처럼 여겨지기 쉽지만, 경우에 따라서는 점진적인 변화의 중요성을 간과해서는 안 된다고 보았다(Mahoney & Thelen, 2010: 1).

전후 중일관계의 제도화 과정은 크게 세 단계로 나누어 살펴볼 수 있다. 우선 1952년 일본과 중화민국의 평화조약 체결, 1972년 일본과 중화인민공화국의 공동성명, 1978년 일본과 중화인민공화국의 평화우호조약 체결이다. 각각의 단계는 1952년의 샌프란시스코 강화조약과 1952년의 일본과 중화민국의 평화조약, 1971년의 닉슨 쇼크와 1972년의 중일공동성명, 1978년의 중일평화우호조약과 1979년의 미중국교정상화라는 미국, 일본, 중국의 결정적 분기점critical juncture의 유사성을 찾아볼 수 있다. 이러한 결정적 분기점의 유사성은 일본의 미국의 외압에 의한 정책 변화라는 반응국가 논의를 뒷받침하는 것으로 볼 수 있다.

그러나 구조적 유사성이 내용적 유사성까지 증명하지는 않는다. 각각의 국면에서 전개되는 내용적 측면은 유사한 구조 속에서 전개된 상이한 양상들이 드러난다. 일본은 1971년의 미중 화해의 움직임에 왜 서둘러 반응했는가?

일본은 반응국가로만 살펴볼 경우 미중관계의 개선을 외압으로 인식하여 바로 중일관계의 개선을 추진한 것으로 볼 수 있다. 그러나 미중관계의 개선은 중일국교정상화의 외압이라기보다는 기존의 일본의 대중 정책에 대한 장애물의 제거로 보는 것이 보다 타당하다.

1950년대와 1960년대에 걸쳐 일본은 중국과의 민간 경제 교류를 진행시켜왔다. 일본은 이웃 국가인 중국 대륙과의 교류를 무시할 수 없었다. 그러나 미국의 반공산주의 정책은 일본과 중화인민공화국의 공식적 관계를 차단하게 하는 외압이자 제약이었다. 이를 극복하기 위해 대안으로 추진된 것이 민간을 중심으로 한 경제 외교였다. 일본은 중화인민공화국과 오래전부터 선린관계를 맺어오고 있음을 강조하며, 어느 정부도 배제하지 않으려고 노력했다. 그리하여 냉전이 심화되는 국제 환경 속에서도 경제적인 측면에서의 일본과 중화인민공화국의 관계는 진전되었다. 정치는 단절되어도 경제는 지속된다는 '정경분리 정책'이다.

미국의 중화인민공화국 접근이라는 변화에 대한 일본의 정책 변화는 반응적이고 소극적이라기보다는 일본의 대중 정책을 적극적으로 실현할 수 있는 계기로 인식했다고 볼 수 있다. 그러나 여전히 일본이 중화인민공화국으로의 접근을 가능하게 하는 미국의 정책 변화를 요구할 정도의 적극성은 아니었다는 점에서 여전히 미국의 압력에 제한적이었다고 볼 수 있겠다.

1972년의 중일공동성명은 양국의 외교 정책 지도자들끼리의 합의로 가능한 공동성명의 형식으로 이루어졌다. 양국 간의 보다 구체적인 실무적 관계의 정상화는 일본의 경우 국회의 비준을 요구하는 평화우호조약의 체결을 필요로 했다. 평화우호조약은 1974년 11월 교섭이 개시되었으나 조약 내용에 대한 중국과 일본의 입장 차이를 확인하면서 1975년 교섭이 중단되었다. 왜 1970년대 초반의 우호적인 분위기와는 달리 중일 간 관계 개선은 지연될 수밖에 없었는가?

미국과 일본에 대해 국교정상화 논의를 주도한 것은 중국이었다. 무엇보다도 중국은 하나의 중국 원칙을 일관되고 명확하게 지속적으로 주장했다. 중국은 하나이며, 대만은 중국 국내 문제라는 것과 대만과의 관계를 단절해야 한다는 점을 강조했다. 또한 중국과 소련 간의 갈등이 심화되면서 중국은 소련이 패권을 추구하는 국가라고 여기며 이에 대항하는 반패권 정책을 강화했다.

중일국교정상화와 미중국교정상화 과정에서 중국이 필수 전제로 제시한 주장들을 언제 어떻게 받아들이는지가 중요했다. 하나의 중국 원칙은 중일공동성명(1972)과 미중국교정상화(1979)에, 반패권조항은 미중 상하이커뮤니케(1972)와 중일평화우호조약(1978)에 반영되었다. 중국이 제시한 두 가지 조건을 기준으로 미국과 일본과의 관계를 비교해보면 미국과는 선先 반패권조항, 후後 하나의 중국 문제를, 일본과는 선 하나의 중국, 후 반패권조항에 대한 합의를 이끌어내려고 했다. 그리고 후자의 조건들에 대한 동의 내지 합의를 이끌어내는 과정에서 1970년대 초반과는 다른 상이한 의제들이 등장하면서 1978년에 이르기까지 관계 개선의 지연이 나타난 것이라 할 수 있다.

이와 같은 세 가지 국면의 유사점과 차이점은 미국, 중국, 일본 간의 관계의 동학을 읽어내는 하나의 접근 방식을 보여주고 있다. 일본은 반응국가적인 측면도 존재하지만 제한적으로 적극적인 외교 정책도 추진하고자 했다. 중국은 1949년부터 1979년에 이르는 약 30여 년간 하나의 중국 원칙을 지속 발전시키면서 다른 국가들에게 이 원칙을 수용하도록 하는 적극국가로서의 태도를 나타냈다.

1972년의 중일국교정상화를 하나의 중국 원칙을 받아들이는 제도적 과정이라고 이해한다면 1971년 국제연합에서의 중국 가입 승인에 대한 일본의 입장을 살펴봄으로써 중국과 일본 간의 정책을 조정하는 과정을 살펴볼 수 있다. 적어도 1971년 10월 시점에서 나타난 중화인민공화국의 UN 가입에 대한 일본정부의 반대는 하나의 중국 원칙을 받아들이지 않았음을 의미하기 때문이다.

이 책에서는 하나의 중국 원칙을 받아들이는 일본의 외교 정책의 변화를 미국의 동아시아 정책과 상호작용하며 만들어내는 반응국가/적극국가 논의와 접목하여 살펴본다. 또한 1949년부터 오늘날에 이르기까지 하나의 중국 문제에 직면하는 일본의 정책 결정과 정책 변화를 시대별 구체적인 사례들을 통해 살펴본다.

2장

전후 중일관계의 형성, 변환, 구조화 과정[1]

1. 중국과 일본의 국교정상화

1972년 9월 29일 일본과 중화인민공화국은 국교가 정상화되었음을 발표했다. 1972년 이전까지 일본 정부의 대중 정책의 파트너는 대만에 위치한 중화민국 정부였다.[2] 일본 정부는 1950년대 초 냉전 초기의 국제 환경이 조성되면서 1952년 샌프란시스코 강화조약 발효 이후 중화민국 정부와 평화조약을 맺었다. 그러나 일본은 중국 대륙의 중화인민공화국과 관계를 유지해야 할 필요가 있었다. 제2차 세계대전 종전 후 중국 대륙에 남겨진 일본의 재산과 일본인 문제, 당시 인구 약 7억 명

1 2장의 내용은 최은봉·오승희, 2012a, "전후 중일관계의 형성과 변환과정(1952-1972)—국제환경, 정책 패러다임, 제도." 『일본연구』 51호의 내용을 바탕으로 작성되었다.

2 이 책에서는 중일관계에서 일본의 공식적 대중 정책 파트너가 중화민국 정부에서 중화인민공화국으로 변화하는 과정을 다룬다. 이에 중일관계를 일본의 대對중국 정책을 중심으로 살펴본다. 이 책에서 '중국'은 '중화인민공화국'과 '중화민국' 두 정부를 모두 포괄하며, 양 정부를 각각 '중화인민공화국'과 '중화민국'으로 표기한다.

에 달하고 있던 중국 대륙에서의 경제 발전 기회 등 중국 대륙과 관련된 일본의 이해관계가 매우 높았기 때문이다.

이러한 국제 환경 속 제약과 국가 이익의 딜레마를 극복하기 위해 일본은 중화민국과 외교관계를 유지해가면서도 중화인민공화국과 민간 경제 협력을 중심으로 관계를 발전시켜가고자 했다. 그러한 정책이 가능하도록 일본 정부는 이른바 정경분리 정책을 수립하여 정치와 경제를 분리된 시각으로 접근하려고 시도했다. 20여 년간 민간 경제 협력을 중심으로 한 중일관계는 정치적 우여곡절 속에서 부침을 거듭했으나 마침내 1972년 비정상적인 상태의 종료를 선언함으로써 정치적 관계 수립을 이끌어냈다(최은봉·오승희, 2010).

1972년의 중일국교정상화는 1971년의 미중 화해에서 비롯된 것으로 보는 견해가 대다수이다. 1971년 미국 닉슨Richard Nixon 대통령의 깜짝 중국 방문 발표는 일본을 놀라게 했는데 일본은 미국보다 먼저 중국과 국교정상화를 체결했다는 설명이었다. 미국과 중화인민공화국의 접촉이 일본과 중화인민공화국 간의 국교정상화를 가능하게 한 배경을 만든 것은 분명하다. 하지만 왜 1972년 9월, 다나카 가쿠에이田中角榮 수상이 취임한 지 3개월도 안 된 시점에서 서둘러 정상화를 발표했는지, 그리고 발표할 수 있었는지에 관해서는 충분하게 설명해주지 못한다.

이 책은 1970년대 훨씬 이전부터 일본과 중화인민공화국이 상호 간의 국교정상화의 필요성을 인식하고 있었으며 제도를 통해 관계를 발전시켜왔음을 보다 구체적으로 밝히는 것을 목적으로 한다. 이를 위해 제도적 관점을 도입하여 1952년 일본과 중화민국의 국교 수립이 1972년 일본과 중화인민공화국의 국교 수립으로 대체되는 20년간의 과정을 설명한다. 민간 경제 제도의 형성을 통한 중일 협력의 증진 노력과 정치적 제도의 부재로 인한 협력의 한계를 살펴보면서 중일관계의 형성에서 전환에 이르는 과정을 설명한다. 이를 통해 일본의 대중국 외교 정책이 가진 독자성과 연속성을 확인하고 현재의 일본과 중국의 외교관계에 대한 이해를 넓히며 동아시아 국제관계를 바라보는 분석틀을 제시할 수 있을 것으로 기대한다.

2. 중일국교정상화에 대한 제도주의적 접근

일본과 중화인민공화국의 국교정상화는 1952년 일본과 중화민국의 평화조약에 의해 제한되고 있었다. 일본은 중화민국과 중화인민공화국 모두와의 관계를 갖는 '두 개의 중국' 정책을 취하려고 했지만, 중화인민공화국 정부는 단호하게 '하나의 중국'만이 가능하다고 주장했다. 따라서 일본 정부는 중국 대표로서 하나의 정부를 선택해야 하는 문제를 안게 되었고, 1952년에는 중화민국을 1972년에는 중화인민공화국을 선택했다.

1972년 이전의 중일관계는 샌프란시스코 강화조약의 구속을 받는 '샌프란시스코 체제'로 설명되는 부분이 많다(서승원, 2011: 134). 1972년 일본과 중화인민공화국의 국교정상화를 기점으로 오늘날까지의 중일관계는 '1972년 체제'가 작동하고 있다.

진시더金熙德는 1972년 체제를 중화민국 문제, 역사 인식, 안전 보장, 영토 등에 대한 처리 원칙으로, 중일 상호 간 경험, 교훈, 근본 이익을 바탕으로 합의한 접합점이라고 본다(毛里和子, 2006: 108). 또한 손기섭은 72년 체제란 1972년 '중일공동선언'과 1978년 '중일평화우호조약'을 토대로 성립된 것으로, 국교정상화 이후의 중일 정치 경제, 외교 안보 전반에 작용하는 구조적인 틀로 정의한다(손기섭, 2004: 94).

한편, 1972년의 일본과 중국의 국교정상화 이전의 중일관계는 일본과 중화인민공화국 간의 민간 경제 협력을 중심으로 연구되어왔다. 조명동은 '민간 외교' 개념을 도입하여 1950년대 중일 민간 경제 협력에 관한 상세한 자료를 제공하고 있다(조명동, 1989). 중일관계에 관한 기본적 내용을 확립한 다나카 아키히코田中明彦는 20여 년간의 중일 민간 무역이 '형성-단절-재개'의 과정을 거쳤다고 보며 일본과 중국의 정치적 배경 하에서 민간 무역이 어떠한 영향을 받아왔는지 설명하고 있다(田中明彦, 1996). 또한 중일관계에 관한 전반적인 내용을 정립한 모리 가즈코는 냉전 상황, 일본의 대미 관계, 중화민국 관계 등 다양한 제약 속에서도 민간 관계가 다각도로 모색되어왔음을 지적했다(毛里和子, 2006: 68).

이전까지 중일관계의 대다수의 논의는 1972년의 중일국교정상화가 닉슨 쇼크로 시작되는 것으로 설명하고 있다. 그러나 이러한 설명은 지나치게 외부적 요인만을 강조하여 중일 양국 간의 국교정상화로의 과정을 간과하게 만든다. 최근에는 냉전기 일본의 외교 정책을 재조망하고 중일관계를 새롭게 읽어내려는 경향이 두드러지게 나타나고 있다. 인얀준殷燕軍은 일본과 중화민국의 관계와 배상 문제를 중심으로 중일국교정상화를 연구해왔다(殷燕軍, 2007). 이노우에井上正也는 중일국교정상화를 시기별로 세분화하여 중일 간 국내외 사건과 주요 이슈들에 관한 설명을 제공하며(井上正也, 2010), 하토리服部龍二는 중일 국교정상화에서 일본의 다나카 수상과 오히라大平正芳 외상, 관료들의 노력에 대해 기록과 인터뷰를 통해 전달하고 있다(服部龍二, 2011).

이와 같이 중일국교정상화를 바라보는 다양한 시각과 상이한 시기 구분이 가능하지만, 이 책에서는 중일국교정상화에 이르는 데 '제도'의 역할이 매우 중요했다고 보고, 제도의 형성과 변화 과정을 통해 중일관계를 재구성하는 이론적 틀을 정립한다.

홀Peter Hall에 따르면, 제도란 정치경제 및 정부 조직 내부의 공식적, 비공식적 절차, 관습, 규범 등이다(Hall & Taylor, 1996: 938). 제도는 한번 형성되면 경로의존성path dependence을 갖고 발전하기 때문에 제도의 변화가 쉽지는 않지만 제도의 맥락에 의해 변화할 수 있다. 여기에서는 샌프란시스코 체제에서 1972년 체제로 이행되는 과정에서 나타나는 각종 협약과 공동성명, 정책들을 1952년 제도와 1972년 제도로 보고 1952년부터 1972년에 이르는 일본의 대중 정책 제도의 변화 과정을 살펴본다.

이를 위해서는 제도의 변화에 대해 살펴볼 필요가 있다. 크라스너Stephen Krasner는 제도의 변화를 단절적 균형punctuated equilibrium으로 설명했다(Krasner, 1984: 242). 오랜 기간의 정체 이후에 상대적으로 갑자기 일어나는 위기에 의해 단절되는 진화적인 변화를 거쳐 다시 안정적 균형을 장기간 유지하는 과정을 거친다고 본다.

이에 대해 마호니James Mahoney와 텔렌Kathleen Thelen은 점진적 제도 변화 모델을 제시한다. 외부로부터의 충격에 의한 변화도 있지만, 내생적인 발전에 기반한 점진적이고 누적적인 제도 변화도 나타나고 있다는 것이다. 급작스러운 제도 변화가 가장 중요한 원인처럼 여겨지기 쉽지만, 경우에 따라서는 점진적인 변화의 중요성을 간과해서는 안 된다고 보았다(Mahoney & Thelen, 2010). 이 책에서도 마호니와 텔렌의 견해에 동의하여 중일관계의 점진적 변화과정을 보다 중점적으로 살펴본다.

점진적인 변화는 중층화layering, 표류drift, 대체displacement, 전환conversion 등 다양한 형태로 나타난다(Mahoney & Thelen, 2010: 14-17). 중층화란 기존의 규칙 위에 새로운 규칙을 도입하는 것이고,

표류는 환경의 변화에 따라 기존의 규칙의 영향력이 변화되는 것이다. 대체는 기존의 규칙을 제거하고 새로운 규칙을 도입하는 것이며, 전환은 전략적 재배치에 의해 기존의 규칙들이 다르게 실행되는 것이다. 제도적 설명이 국내 제도의 변화만이 아니라 외교 정책의 동학을 살펴보는 데에도 유효하다고 보고 이 개념들을 활용하여 중일관계의 제도적 변화의 특징을 설명한다.

3. 중일관계의 형성 메커니즘

중일관계는 국제 환경의 영향에서 자유롭지 못했다. 미국을 비롯한 국제 사회의 제약은 일본의 중화인민공화국으로의 접근을 불가능하게 했다. 한국전쟁 이후 냉전이 심화되고 1952년 샌프란시스코 체제가 등장하면서 반공국가로서의 역할을 부여받은 일본은 1952년 중화민국과 국교를 수립하지 않을 수 없었다.

이러한 분위기와 정반대로, 1971년의 미국과 중화인민공화국의 화해 움직임은 미중 데탕트라는 국제 환경을 조성했고, 일본의 중화인민공화국으로의 접근 제약을 완화시켰다. 1972년의 중일국교정상화는 이러한 국제 환경의 우호적인 분위기에 힘입은 바 크다.

하지만 국제 환경이 중일관계의 모든 것을 말해주지는 않는다. 국제 환경의 변화만으로는 중일관계의 역사적 흐름을 설명해낼 수 없다. 요시다 시게루吉田茂[3]를 비롯한 일본의 중국 정책 결정자들은 1952년 일

3 요시다 시게루(1878-1967)의 약력을 간단히 살펴보면 다음과 같다. 1878년 9월 22일 다케우치의 5남으로 도쿄 출생; 1981년 무역상 요시다 겐조의 양자가 됨; 1906년 도쿄 제대 법과대학 정치과 졸업, 외교관 시험에 합격; 1928년 외무차관; 1936년 주영대사; 1945년 9월

본과 중화민국의 국교 수립 이후에도 중화인민공화국과 중화민국 양 정부 모두와의 관계를 지속하는 등거리 전략을 추구하며, 국제 환경의 제약 하에서 중화인민공화국과의 관계를 단절하지는 않기 위한 정경분리 정책을 표방하며 정책 패러다임을 구축했다.

일본의 대외 정책의 기본 방침을 기록한 외교 청서에서 일본의 중국 정책 패러다임을 확인할 수 있다.

> (전략) 중화민국 정부, 중화인민공화국 정부의 쌍방이 모두 중국 전체의 주권자라고 하는 입장을 주장하고 있는 상황에서 우리나라는 중화민국과의 사이에 외교관계를 유지하면서, 중국 대륙과의 사이에 정경분리의 원칙하에 무역을 개시한다고 하는 사실상의 관계를 유지해가는 것이 우리나라의 이익을 유지할 수 있는 정책이라고 생각된다. 중국을 둘러싼 문제는 국제연합을 중심으로 충분히 심의되어 세계 여론의 배경 하에서 공정한 해결을 모색해야 한다(外務省, 1966; 최은봉·오승희, 2011)

정책 패러다임policy paradigm은 정책 입안자들이 습관적으로 도입하게 되는 사고와 표준의 틀이다(Hall, 1993: 279). 정책 패러다임은 정책의 목표와 목표 달성을 위한 수단을 구체화하고 해당 문제의 성격을 드러낸다. 홀은 사회적 이익의 압력에 대한 국가의 자율성을 정책 패러다임으로 설명하는데(Hall, 1993: 290), 국제 환경으로부터의 정책적 압력이나 제한에 대한 국가의 자율성 역시 정책 패러다임으로 설명될 수

히가시쿠니노미야 내각 외무대신; 1945년 10월 시데하라 내각 외무대신; 1946년 총리(제 1차 내각); 1948년 총리(제 2차 내각); 1949년 총리(제 3차 내각); 1951년 대일 강화 조약 조인; 1952년 총리(제 4차 내각); 1953년 총리(제 5차 내각); 1954년 총사직; 1964년 대훈위 국화대수장 수장; 1967년 사망, 89세, 패전 후 첫 국장.

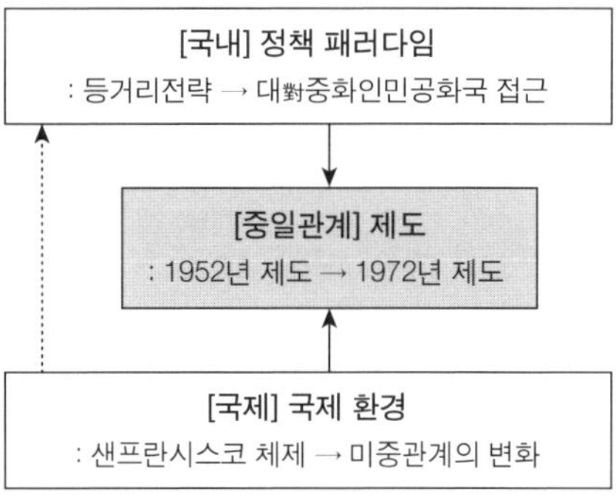

〈그림 2-1〉 중일관계 형성 메커니즘

있다. 정책 패러다임은 정책이 정책 관련 전문가와 행정가들에 의해 관리되는 제도적 배경에 거대한 영향을 미칠 수 있어 제도적 틀에 내재화되어있다(Hall, 1993: 291).

〈그림 2-1〉은 이러한 중일관계의 형성 메커니즘을 표현한 것이다. 국제 환경의 제약 속에서 일본은 이를 직간접적으로 수용하면서 정책 패러다임을 구축해왔다. 이 메커니즘은 1952년 제도와 1972년 제도로의 이행 과정에 영향을 미치며 복잡하게 전개되어왔다.

이러한 메커니즘 속에서 일본의 이해관계자들은 일본의 국가 이익과 정체성을 정립하고 변화시켜왔다.

4. 중일관계의 변환 과정

한 국가가 특정 정책 분야에 자율성을 갖고 있는가에 대한 판단은 일관된 정책 패러다임이 존재하는지에 달려 있다고 볼 수 있다(Hall, 1993: 290). 전후 일본은 독립된 국가로서의 자율성을 충분하게 발휘하

〈표 2-1〉 국가 이익과 정체성 인식에 따른 중일관계의 변환

		국가 이익	
		대외 의존적	자율적
정체성	외생적	샌프란시스코 체제 1. 수정과 중단	2. 중층화
	내생적	3. 한계	1972년 체제 4. 대체

지 못했다. 패전 국가로서의 일본은 전후 처리가 완료되고 나서 정상적인 기능을 발휘할 때까지 국가 이익을 상정하는 과정에서도 일본의 자율적인 국익 추구보다는 국제 사회의 시각에 의존하거나 구속될 수밖에 없었다.

전후 일본이라는 국가에 대한 정체성 역시 초기에는 외부로부터 정해져 주어진 것으로 받아들이게 되는 외생적exogenous 정체성에 기반하고 있었다. 그러나 점차 일본 내부의 내생적endogenous인 정체성을 형성해나가기 시작하면서 외생성과 내생성이 혼합, 중첩된 정체성이 형성되어갔다.

이러한 일본의 역사적 경험은 중일관계에서도 유사한 방향으로 나타났다(표 2-1 참조). 초기 일본과 중국의 관계는 외생적인 정체성과 대외 의존적인 국가 이익에 근거하여 나타났다. 점차 대외 의존적 국가 이익이 자율적 국가 이익과 상충되는 경우가 생기면서 기존의 1952년 제도의 변경 없이 일본과 중화인민공화국 간의 민간 경제 제도가 형성되면서 중층화가 나타났다. 내생적 정체성이 형성되어가면서 자율적인 국가 이익을 추구했지만, 대외 의존적인 제도의 구속력 속에서 한계를 실감할 수밖에 없었다. 이러한 한계는 1971년 국제 환경의 변화로 기존 제도의 표류로 나타나다 결정적인 변화를 요구하면서 결국 새로운

1972년 제도로 대체된다.[4] 중일관계의 1952년 제도와 1972년 제도가 재배치되는 전환이 이루어진 것이다. 〈표 2-1〉의 분류에 의거하여 중일관계의 네 단계의 변화를 좀 더 자세히 살펴본다.

1) 제도 유지: 수정과 중단(1949~1961)

1952년 4월 28일 일본과 중화민국의 평화조약(중일화평조약, 타이베이화약)이 체결되면서 시작된 1952년 제도는 그 형성과 함께 변화의 필요성이 시작되었다. 일본 정부는 중화인민공화국으로의 접근을 희망하고 있었고, 비록 중화민국과 평화조약을 맺었지만 이는 중국 전체와 협정을 맺은 것은 아니라는 점을 재차 강조하며 향후 중화인민공화국과의 관계 개선을 염두에 두고 있었다(吉田茂, 1958: 76). 중화인민공화국 역시 일본과 중화민국의 조약을 비난하기는 했지만(毛里和子, 2006: 30), 향후 일본과의 국교 수립이 불가능한 것이 아님을 강조하며 (毛里和子, 2006: 44-50; 鹿島平和硏究所, 1983: 722) 1952년 제도의 폐기를 지속적으로 주장해가기 시작했다. 그리고 민간 경제 협력을 기반으로 하여 일본과의 국교정상화로 이어지는 '정경불가분' 원칙을 추구했다.

이 시기 가장 중요한 협정은 4차에 걸쳐 진행된 중일민간무역협정日中民間貿易協定이었다. 제1차 중일민간무역협정은 1952년 6월, 6개월간 왕복 3천만 파운드 물물교환barter trade 계약을 체결했다. 이후 제2차

4 각 분류는 단절적인 것이라기보다는 연속성을 띠고 있다. 정체성은 외생성과 내생성 모두를 가지고 있으며, 국가 이익도 대외 의존적인 특성과 자율적인 특성 두가지 다 가지고 있으나 각 단계마다 정도를 달리하여 나타나는 것이다. 각각의 특성을 배제하는 것이 아니라 해당되는 특성을 좀 더 강하게 나타내는 것임을 밝힌다.

협정은 1953년 10월, 3차는 1955년 5월에 체결되었다.

제2차 중일민간무역협정은 국회의원 대표단 이케다 마사노스케池田正之輔와 중국국제무역촉진위원회 난한천南漢宸 주석이 만나 1년간 3천만 파운드의 물물교환 계약이 체결되었다. 또한 부속각서에 중일 양국에 각각 통상대표부를 설치할 것을 약속하면서 민간무역협정의 제도화를 모색했다(毛里和子, 2006: 59-60).

제3차 중일민간무역협정은 1955년 5월 중국 대외무역부의 레이렌민雷任民을 단장으로 한 38명의 대규모 정부 대표단이 일본에 파견되어 일본의 일본국제무역촉진협회日本国際貿易促進協会와 중일무역촉진의원연맹日中貿易促進議員連盟과 중국의 중국국제무역촉진위원회中国国際貿易促進委員会 간에 체결되었다. 1년간 왕복 3천만 파운드 물물교환 계약이 체결되었으며, 획기적으로 주재원에 외교관 대우를 부여하는 통상대표부 설치와 양국 통화에 의한 직접 결제를 약속했다(毛里和子, 2006: 60).

문제가 된 제4차 협정에서는 통상대표부의 설치 문제를 실현시키려고 했다. 그러나 이러한 내용은 양 정부 간의 외교관계에 준하는 것이었다. 중화민국과 미국은 강한 반발을 나타냈고 교섭은 일시 중단되게 된다.

1957년 2월 등장한 기시 노부스케岸信介[5] 내각은 1952년 제도의 지속을 재차 강조하며 중화민국과 미국과의 관계 강화를 도모했다. 그럼에도 불구하고 일본 내에서는 중화인민공화국과의 경제적 이해관계를 주장하는 목소리가 여전히 존재했다. 특히 일본 철강업계는 대중 무역에 의욕적이었고 일본 철강 대표단은 1958년 2월 중국을 방문하여

5 1896년 야마구치현 출생. 1957년~1960년 일본 총리 역임. 만주국에서 만주 산업개발 5개년 계획을 추진했으며, A급 전범으로 재판을 받았으나 석방되어 전후 총리가 되었다. 본명은 사토 노부스케佐藤信介로, 사토 에이사쿠의 형이자 아베 신조 총리의 외할아버지이다.

1958년 3월 5일, 5년간 총액 1억 파운드 물물교환을 내용으로 하는 제4차 중일민간무역협정을 체결했다(毛里和子, 2006: 60). 통상대표부를 설치하고 외교관 특권을 부여하며, 여행의 자유와 국기 게양의 권리를 포함하는 내용을 담았다. 일본 정부는 이 협정의 정신을 존중하고 무역 확대의 목적에 비추어 지지와 협력을 표시했지만, 민간통상대표부에 특권적 지위를 부여하지 않고 사실상 승인이 아니라는 점을 확인했다. 특히 중화인민공화국의 국기 게양 권리를 인정하지는 않는다고 밝혔다(毛里和子, 2006: 61).

제4차 중일 민간무역협정에서 제기된 중화인민공화국에 대한 국가 대우 문제와 이에 수반되는 국기 게양 권리 문제는 결국 1958년 5월 2일의 나가사키長崎 국기 사건을 통해 비화되었다. 1958년 5월 2일 일본 나가사키 시의 한 백화점에서 개최되고 있던 중국 상품 전시회에 게양되어 있던 중화인민공화국의 국기인 오성홍기五星红旗를 일본 우익단체 청년이 끌어내리는 사건이 발생했다. 이 남자는 바로 체포되었으나 당일 석방되었다. 일본 정부는 중화인민공화국을 승인하고 있지 않는 이상 오성홍기는 국기에 해당하지 않으므로 일본 형법 제92조의 외국국장손괴에 해당하지 않는다고 해석한 것이었다. 이러한 일본 정부의 입장에 대해 중화인민공화국은 강력하게 항의했다. 1958년 5월 12일 일본과 중화인민공화국 간의 무역이 전면 정지되었다(田中明彦, 1996: 50-51). 결국 일본과 중화인민공화국의 관계가 단절되게 되었다.

1958년 8월 중국은 '정치 3원칙'을 제시하여 단절 의지를 재확인했다. 정치 3원칙이란, (1) 즉시 중국을 적시하는 언동과 행동을 정지하고, 다시 반복하지 않을 것 (2) '2개의 중국'을 둘러싼 음모를 중지할 것, (3) 중일 양국의 정상적인 관계 회복을 방해하지 말 것이 그 내용이다(日本外務省中国課監修, 1970: 148)

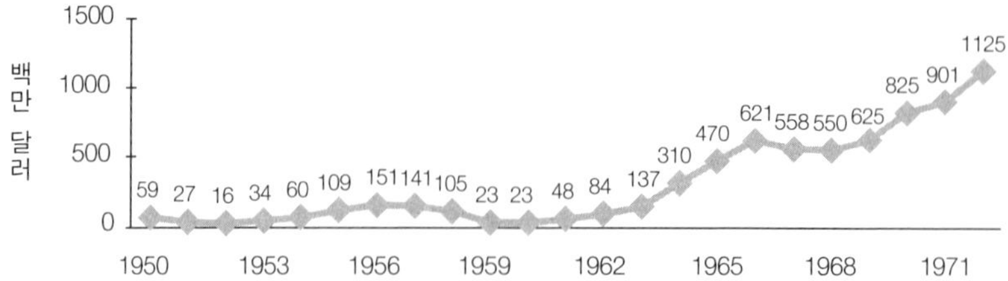

〈그림 2-2〉 일본과 중화인민공화국의 수출입 합계 추이(1950~1972)
출처: 外務省(1957-1972)의 수출입 통계를 근거로 필자 재구성.

게다가 일미안보조약 개정 문제와 관련하여 기시내각은 미국과 중화민국과의 관계 강화를 중시하면서 중일 간 1952년 제도의 유지를 확인했다. 이전까지 진전되어온 민간 경제 협력은 기존의 1952년 제도와 충돌했고, 일본은 기존 제도를 선택함으로써 새로운 제도의 등장을 목표로 했던 중화인민공화국과의 관계가 단절된 것이다.

그런데 일본과 중화인민공화국 간의 관계 단절은 중화인민공화국에도 타격을 주었다. 특히 중화인민공화국은 대약진운동의 실패로 극심한 경제적 곤란을 겪고 있었고(田中明彦, 1996: 55), 일본과의 경제 교류의 단절은 경제 발전에 큰 걸림돌이 되었다. 이에 1960년 8월 27일 저우언라이周恩來 총리는 '무역 3원칙'을 제시한다. 무역 3원칙이란 (1) 무역과 그 외 모든 협정은 정부간 협정을 원칙으로 한다, (2) 불가능한 단계에서도 우호를 기초로 한 민간 기반의 거래는 가능하다, (3) 개별적 배려에 입각한 중소기업과의 무역은 계속한다는 것으로 정부간 협정, 민간 계약, 개별적 배려라는 세 가지 항목에 기반한 무역관계를 인정한 것이다(鹿島平和研究所, 1983: 1041-1042). 이는 사실상 기존의 정경불가분 원칙에서 정경분리 원칙으로 입장이 변화된 것이었다(田中明彦, 1996: 54).

〈그림 2-2〉에서 보듯이, 일본과 중화인민공화국의 무역 재개의 효

과는 1962년부터 나타나기 시작했다. 하지만 기시내각을 뒤이은 이케다 하야토池田勇人[6] 내각도 미국과의 관계를 중시했기 때문에 무역 3원칙에 근거한 새로운 민간 경제 협력 제도가 등장하기까지 나가사키 국기 사건 이전 수준으로의 회복은 시간이 걸렸다.

2) 제도 운영의 중층화: 교류와 충돌(1962~1971)

1962년에 들어서면서 저우언라이의 무역 3원칙과 이케다 내각의 대중 무역 확대 정책에 힘입어 일본과 중화인민공화국의 경제 교류는 중단 이전 수준으로 돌아가 급격하게 증가하기 시작했다(〈그림 2-2〉 참조). 일본 정부는 중화민국과 중화인민공화국 양 정부와의 관계를 동시에 지속해나가려는 정책 패러다임을 실질적으로 수행해나갈 수 있었다. 1952년의 제도를 기반으로 민간 경제 제도들과 함께 중층화 현상이 나타나기 시작했다.

(1) L-T무역과 각서무역

일본과 중화인민공화국 간의 관계가 단절된 이후 이를 회복하기 위해 일본의 다카사키 다쓰노스케高碕達之助, 마츠무라 겐죠松村謙三, 오카자키 가헤이타岡崎嘉平太의 일본국제무역촉진회 등을 중심으로 대중교섭을 시도했다(毛里和子, 2006: 63). 1962년 11월 9일 일본의 다카사키와 중화인민공화국의 랴오청즈廖承志 간에 각서가 체결되었고 이들의 이름을 딴 L-T무역이 성립되었다. 이에 따라 1964년 8월 주재원의 외

---

6 1899년 히로시마현 출생. 1960년부터 1964년까지 제58대, 59대, 60대 수상을 역임했다. 사토 에이사쿠와 함께 요시다파의 주요 인물로 국민 소득을 10년 안에 2배 증가시킨다는 소득배증정책을 실현하고 일본의 고도 경제성장을 실현했다.

교관 대우는 부여하지 않는 연락 사무소가 개설되었다. L-T무역은 1962년부터 1967년까지 5년간의 무역관계의 기반이 되었다.1963년 9월 23일 2차 L-T무역, 1964년 9월 25일 3차 L-T무역, 1965년 9월 18일 4차 L-T무역협정이 체결되며 비교적 안정적으로 민간 경제 협력 제도의 한축으로 성장해나갔다(日中貿易促進議員連盟, 1967: 530-534).

1966년 문화대혁명이 시작되면서 중국이 정치적 혼란기에 접어들자 L-T무역에도 영향을 미치게 되었다. 게다가 일본의 사토 에이사쿠佐藤榮作[7] 정권의 중화민국으로의 접근으로 인한 정치 문제가 다시 쟁점으로 등장하면서 L-T무역은 더 이상 실질적인 의미를 갖지 못하게 되었다. 1968년 3월 후루이 요시미古井喜実, 다가와 세이치田川誠一 등 자민당 친중국파 의원들과 오카자키 가헤이타 등이 중국을 방문하여 L-T무역을 중일각서무역日中覚書貿易으로 명칭을 바꾸는 것에 합의했다. 기한은 1년으로 단축되어 장기 무역 협정 제도의 안정성에 타격을 입게 되었다. 그러나 민간 경제 협력은 정치적으로 부정적인 영향이 최소화될 수 있는 제도적 장치를 마련하여 발전시켜왔으며, 이에 기반하여 1960년대의 경제 협력은 1950년대보다 안정적으로 이루어질 수 있었다.

(2) 우호무역

우호무역은 저우언라이 무역 3원칙 중 세 번째 항목에 근거하여 시작되었다(外務省, 1963). 저우언라이는 정부 간 무역, 민간 계약, 개별적 배려(우호무역)의 3가지 무역 거래가 가능하다고 제시했다. 이에 중화인민공화국의 국제무역촉진위원회와 일본 측의 중일무역촉진회와

7 1901년 야마구치현 출생. 1964년부터 1972년까지 제 61대, 62대, 63대 수상을 역임했다. 1965년 한국과 국교를 수립했다. 핵무기를 만들지도, 갖지도, 반입하지도 않는다는 비핵3원칙으로 퇴임 후 1974년 노벨평화상을 수상했다.

〈표 2-2〉 일본-중화인민공화국 무역 추이(1963-1969)

	1963		1964		1965		1966		1967		1968		1969	
우호무역	51	37%	195	63%	299	64%	416	67%	406	73%	436	79%	562	90%
LT/각서	86	63%	115	37%	171	36%	205	33%	152	27%	114	21%	63	10%
계	137		310		470		621		558		550		625	

* 숫자는 무역액(백만달러), %는 각 무역제도의 비중을 나타낸다.
출처: 日中經濟協會, 1995: 204; 添谷芳秀,1995: 143 참조. 필자 재구성.

일본국제무역촉진협회, 그리고 국제무역촉진협회 간사이關西 본부를 중심으로 개별적 배려에 입각한 우호무역이 추진된다. 1962년 12월 우호무역에 대한 1차 의정서 합의가 체결되고 가네마츠 고쇼兼松江商, 스미토모 상사住友商事, 이와이 산업岩井産業 산업과 대형 상사 계열의 자회사인 하가 통상羽賀通商, 무쓰 무역睦貿易, 산신 교역三進交易 등이 우호무역상사로 선정되었다(毛里和子, 2006: 66).

우호무역은 다른 정부 간 무역과 민간 계약에 비해 정치적 성격이 가장 약하게 반영되는 형식이었다. 물론 우호상사로의 선정과 유지에는 여전히 정치적 고려가 나타나고 있었고, 이 역시 중국의 국내 정치적 상황에 영향을 받게 된다. 그럼에도 불구하고 우호무역은 양국 간 무역은 지속되어야 한다는 정책 패러다임이 실질적으로 반영된 것이었다. 1960년대 후반부터 문화대혁명으로 인한 정치적 위기가 발생하자 우호무역은 L-T무역에 비해 정치적 영향을 받지 않으며 지속될 수 있었고 1970년대 초에는 일본과 중화인민공화국 무역 거래의 90퍼센트 이상을 담당하게 된다(표 2-2 참조).

3) 제도의 한계: 일본인 체포·구금 사건 (1966~1971)

제도의 중층화를 통해 심화되고 있던 일본과 중화인민공화국의 관계는 일본인 체포·구금 사건을 통해 기존 제도의 한계에 직면하게 되었다.

1967년 7월 24일 우호상사 중 하나인 다이이치 통상第一通商의 사원 6명과, 신덴 실업進展実業의 사원 1명 총 7명이 갑자기 나타난 홍위병에게 '스파이 행위를 했다'고 폭행을 당했고, 이후 호텔 내 구금되었다. 1967년 9월 25일에는 중일번역협회의 나카지마 마사요시中島正義, 12월 13일에는 신카 무역芯華貿易 사장 가키자키 진柿崎進과 그 딸이 체포되었다. 다음해 1968년 2월 23일에는 신요 물산新陽物産 사장 가와사키 겐키치川崎謙吉, 2월 24일에는 일화무역흥업 주재원 스즈키 마사노부鈴木正信, 4월 26일에는 일화무역흥업日華貿易興業 전무, 5월 16일에는 산보 영업三貿営業 부장 등이 체포 혹은 감금되었다(NNA.ASIA, 2010).

1969년 외교청서에 기재된 내용을 보면, 우호상사 관계자 11명, 통역 1명, 신문기자 1명의 약 13명의 일본인이 중화인민공화국 내에서 체포, 구류 혹은 행방불명되었다고 확인하고 있다(外務省, 1969).

일본 정부는 자국민의 보호 및 석방을 위해 다음과 같은 네 가지 경로를 통해 이 위기를 해결하려고 했다(外務省, 1969). 첫째, 일본 적십자를 통해 중화인민공화국적십자회에 대해 석방과 구금 해제를 요구했다. 둘째, 중화인민공화국과 외교관계를 가진 제3국 정부를 통해 중화인민공화국 정부에 대해 요청했다. 셋째, 적십자국제위원회를 통해 중화인민공화국에 대해 일본 정부의 뜻을 전달했고, 마지막으로 일본과 중화인민공화국이 함께 설치하고 있는 재외대사관을 통해 문제의 해결을 요청했다.

그러나 이러한 다각적인 방법을 동원했음에도 중화인민공화국 내 일본인 보호의 문제 해결은 구체적인 성과를 얻지 못하고 있다는 한계를 일본 정부 스스로 인정했다(外務省, 1969). 일본 정부가 동원할 수 있는 가능한 한 모든 채널을 활용했음에도 불구하고, 일본 정부의 중화인민공화국 정부로의 직접적인 외교 채널이 불가능했기 때문에 문제 해결이 쉽지 않았던 점을 절감한 것이다. 재중 일본인 체포 및 구금 사건은 일본과 중화인민공화국 간의 가장 기본적인 외교관계의 부재가 가져올 수 있는 위기였고, 기존 제도의 한계를 드러내는 것이었다.

1970년도 외교청서의 내용에 의하면 일본 정부는 "온갖 수단을 다해 본 건 해결에 노력해온 바 1969년 11월 이 중 다이이치통상 사원 5명이 석방된 것에 이어, 12월에는 일본인 기자 1명도 석방되었다. 현재 억류중인 일본인은 7명(우호상사관계자 6명, 통역 1명)이다"라고 보고하고 있다(外務省, 1970). 이후 이 문제에 대한 언급은 좀처럼 표면에 드러나지 않았다.[8]

1970년에 들어서면서 중화인민공화국은 '중일무역에 관한 4조건'을 제시하며 정경불가분의 원칙으로 회귀하는 움직임을 보인다. 그 내용은 (1) 중화민국의 대륙반공, 한국의 북한 공격을 원조하는 상사와 기업, (2) 중화민국과 한국에 투자하고 있는 상사와 기업, (3) 미국의 인도차이나 공격을 위해 무기를 제공하는 기업, (4) 일본 내 미일합영기업

---

8 1968년 2월 24일 체포되었던 스즈키鈴木正信는 1973년이 되어서야 석방되었다. 그는 무고한 스파이 혐의를 받아 5년 2개월 동안 베이징 감옥에 갇혀 있었다. 2006년 출간한 자서전에서 자신은 1972년 중일국교정상화의 체결 이후 중국의 중일우호협회회장의 일본 방문에 가져간 '선물'이었다고 회고했다. 1973년 4월 16일 오후 랴오청즈 중일우호협회회장을 단장으로 하는 학술, 문화, 스포츠 등 각계 55인으로 구성된 대표단으로 국교 회복을 축하 방문했고, 그 다음날인 1973년 4월 17일 오후 5시 스즈키는 하네다 공항으로 도착했다(鈴木正信·香取俊介, 2006: 242-243).

등과 거래하지 않는 것을 내용으로 한다(毛里和子, 2006: 65). 일본에서는 1970년 중일국교회복촉진의원연맹, 중일국교정상화국민협의회, 중일국교회복국민회의 등이 발족되면서 중화인민공화국과의 국교정상화를 요구하는 목소리가 높아졌다. 재계에서도 저우언라이의 4조건을 받아들이는 움직임이 나타나며, 정계에서도 공명당公明党을 중심으로 국교정상화를 위한 조건을 제시했다.

일본의 정경분리 원칙은 1952년의 제도를 유지하는 한도 내에서 중화인민공화국과의 경제관계를 발전시켜나가는 일본의 정책 패러다임을 반영한 정책으로, 제도의 점진적인 변화를 가능하게 했다. 반면 중화인민공화국의 정경불가분 원칙은 1952년 제도의 근본적인 변화 혹은 폐기를 요구함으로써 제도의 급진적인 변화를 강조한 것이다. 1950년대의 정경불가분 원칙의 기조에서 시작하여 변용하며 1960년대 관과 민의 제도상의 중층성을 통해 정경분리가 시행되어왔는데, 1970년대에 들어서 다시 정경불가분의 접근으로 돌아가는 변화가 나타나기 시작했다. 이처럼 기존 제도의 한계가 드러난 상황에서 일본과 중화인민공화국 양측에서 배경은 각각 상이했지만 제도의 전격적인 변화를 요구하는 움직임이 있었던 것이다.

4) 제도의 대체: 결정적 전환점과 1972년 제도의 전격적 추진

1952부터 1972까지 20여 년간의 민간 경제 제도를 통해 관계를 유지해온 일본과 중화인민공화국은 1952년 제도의 점진적 변화의 한계에 다다르고 있었다. 제도의 대체를 요구하는 이 시점에 일련의 결정적인 사건이 발생했다.

1971년의 미중관계의 개선은 중일관계의 상황과 맥락을 근본적으로

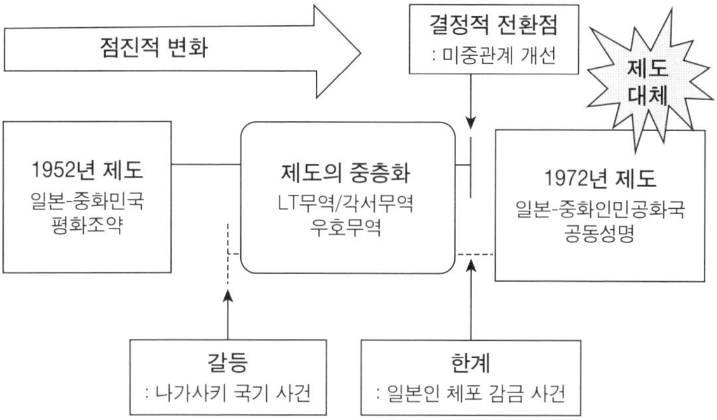

〈그림 2-3〉 중일관계의 변환(1952-1972)

변화시키는 사건이었다. 이러한 예측하지 못한 '외부적 충격'이 기존의 1952년 일본–중화민국 국교에서 1972년 중일 국교라는 외교적 제도의 근본적인 변화를 가능하게 했다. 제도 외부의 사건으로 인해 제도가 근본적으로 변화하는 시점인 결정적 전환점critical juncture이 도래한 것이다(Ikenberry, 1988: 233).

미국과 중화인민공화국의 관계의 개선은 1952년 제도의 근본적인 변화를 가능하게 하는 상황적 맥락을 마련했다. 특히 중화인민공화국으로의 접근을 대미 정책과 절충하기 위해 노력해왔던 일본에게는 기존의 제도로부터의 제약이 상당히 완화되면서 기존 제도는 표류하기 시작했다. 게다가 1972년 사토 수상의 후임으로 등장한 다나카 가쿠에이田中角栄[9]가 중화인민공화국과의 국교정상화를 공약으로 내세우자 중화인민공화국은 다나카의 당선을 지지하며 양국 간의 관계는 급속도로

9 1918년 니가타현 출생. 1972년부터 1974년까지 제64, 65대 수상을 역임했다. 1972년 중일국교정상화를 실현했다. 일본열도개조론을 제시했고, 이후 록히드 사건으로 불명예를 얻었다.

진전되었다.

1972년 7월 7일 취임한 다나카 수상은 중화인민공화국과의 국교정상화를 서둘렀다. 공명당의 다케이리 요시카쓰竹入義勝 위원장을 파견하여 배상 문제를 포함한 국교정상화의 주요 문제에 대한 의견을 공유하고 합의에 이르렀다. 1972년 9월 25일부터 3일간 다나카 수상은 중화인민공화국을 방문하여 4차례의 정상회담과 마오쩌둥과의 회담, 그리고 3차례의 외상회담을 갖고 마침내 1972년 9월 29일 일본과 중화인민공화국의 공동성명을 발표했다(石井明外, 2003).

이로써 양국 간의 '비정상적인 상태'가 종료되었다. 그리고 중화인민공화국이 중국의 유일한 합법 정부임을 승인함으로써 중화민국과의 외교 관계는 단절되었다. 1952년 제도의 종료이자 1972년 제도로의 대체이다. 그러나 중화민국과의 경제적 교류는 완전히 단절되지는 않았다. 1972년 제도에서도 일본과 중화민국의 민간 경제 협력은 지속되며 등거리 전략과 정경분리의 정책 패러다임은 지속되고 있다.

외부로부터의 결정적 전환점이 새로운 1972년 제도의 전격적인 추진을 가능하게 한 것은 분명하다. 그러나 20여 년간의 중일관계 내부의 국가 이익과 정체성 인식을 바탕으로 한 점진적인 변용이 있었기에 국제 환경의 변화라는 결정적 전환점을 맞아 제도의 대체가 신속하게 나타났다.

5. 오늘날 중일관계의 원형

이 장에서는 중화민국에서 중화인민공화국으로 중국 대표가 바뀌는 20년간의 전환기를 일본 정부의 정책과 정책 집단의 활동을 중심으로 분석했다. 1952년과 1972년의 두 시점을 제도로 연계하여 그 전환 과정을 살핌으로써 오늘날의 중일관계의 원형으로 여겨지는 1972년의 제도가 국제 정치의 환경적 영향을 받으면서 중국과 일본 양국 간의 국내 정치적 요인을 통해 발전되어왔음을 밝혔다.

1952년 일본과 중화민국이 평화조약을 체결함으로써 1952년 제도가 시작되었으나, 중화인민공화국과의 경제관계를 지속해야 할 필요성으로 1952년 제도의 변화도 함께 시작되었다. 일본의 입장 변화에 따라 1952년 제도가 강화되기도 하고 약화되기도 했지만, 1962년 이후 형성된 민간 경제 협력 제도를 기반으로 중화인민공화국과 일본 간의 경제 협력이 더욱 진전되었다. 1958년 나가사키 국기 사건은 1952년 제도의 유지를 확인하는 것으로서 종결되었으나, 1967년부터 나타난 중화인민공화국의 일본인 체포·감금 사건은 1952년 제도의 한계를 극명하게 보여주었다. 이렇게 진행되고 있었던 1952년 제도의 점진적인 변화는 결국 근본적인 변용을 요구하기 시작하는 수준에 이르렀다. 이러한 상황에서 1971년 미중관계의 개선은 결정적 전환점이 되었고 외부적 제약이 소거됨으로써 1972년 일본과 중화인민공화국의 국교정상화가 추진되었다. 국제 환경의 제약과 등거리 전략이라는 정책 패러다임의 영향을 받아 1952년 제도가 1972년 제도로 대체되었고, 1972년 제도는 오늘날의 중일관계의 원형으로 인식되고 있다.

2부

중일관계의 역사적 배경과 정치적 구조

1945년 8월 15일: 종전, 패전, 승전?[1]

3장

1. 역사의 기억과 기억의 정치

21세기의 동아시아의 현재는 '역사의 종언' 관점이 내다보았던 전망과는 매우 동떨어진 세계로 보인다. 과거, 현재, 미래가 수미일관한 계열에 따라 이어지며 자유민주주의의 수렴으로 역사가 완결되는 경로와 거리가 먼 모습이다. 동아시아의 시계는 '역사의 시작'을 가리키고 있는 듯하다(장인성, 2010: 4). 동아시아의 전후 체제를 규정한 냉전 구도에서 침묵을 강요당했던 '역사'가 기억의 터, 언술의 공간, 담론의 장에 재등장하기 시작한 것이다. 과거를 '분석의 대상'으로 삼아 현재와 미래로부터 단절되어 있는 것으로 암암리에 추론하는 연구의 편협한 시점이 문제시되고 있다. 역사의 저류의 다양성들을 정치 체제와 국민국가의

1 3장의 내용은 최은봉·오승희, 2013, "전쟁 기억과 전후 중일외교의 중층구조." 『일본사상』 25호의 내용을 바탕으로 재구성한 것이다.

차원으로 집약하는 환원적 시각의 부적합성이 논증되고 있다(김효진, 2010: 224). 이 글은 현재 동아시아 국가 간 마찰, 국가와 사회/개인 간의 갈등을 관통하는 문제는 과거를 둘러싼 논쟁으로서 역사와 직결되어 있다는 문제의식에서 출발한다. 역사가 왜 문제인가? 왜 과거가 지금 다시 문제로 등장하는가? 그리고 그 과거는 어떤 과거인가, 누구의 과거인가?

전후 중일국교정상화라는 외교적 협상은 단절된 중국과 일본의 관계를 이어주는 절차적 계기를 마련했다. 중국과 일본의 국가 간에 이루어진 전격적인 국교정상화에서 피해/가해의 문제는 국가 중심의 냉전적 외교와 물질적 협상의 논리에 따라 이루어졌다. 양국 국민간의 복잡하고 다차원적으로 얽혀 있는 피해자/가해자의 심리 구도 속에 잔존하는 문제를 해결하려는 시도는 부차적 과제로 다루어졌다. 진정성 있는 사과를 통한 정신적 관계 회복, 화해를 통한 상호 인정의 관념적 신뢰 구축이라는 기회의 문은 열리지 않았다. 국가 간의 관계의 정상화라는 울타리 안에서 경제적, 물질적 교류의 정상화, 활성화가 추구되었다. 전쟁으로 인한 '그 밖의' 비정상성의 요인들은 그 테두리 밖에 무의식적으로 방치되거나, 정책적으로 유보되거나, 전략적으로 관리되었다(최은봉·오승희, 2012; 최은봉·석주희, 2012; 남기정, 2011 등).

이러한 양가적 차원을 가진 중일 국교정상화는 중국과 일본 간의 전쟁의 기억을 프레이밍한 메커니즘이기도 했다. 전후 중일 간 기념비적 관계의 수립은 하나의 제도로서 '72 체제'라고 명명되기도 한다(손기섭, 2004; 毛里和子, 2006). 이 메커니즘 혹은 기억 프레이밍은 적어도 표면적으로는 한동안 중일 간 과거를 둘러싼 마찰이 부각되지 않았고, 활발한 경제 교류를 유도했다는 점에서 유효했다. 그런데 왜 그 효용성이 줄어드는 것일까? 중국과 일본의 관계가 공식적으로 '정상화'되었음에도 불구하고 왜 비정상성에 대한 관심, 전쟁이 파괴한 정상성의 복구에 대한 물질적, 도덕적 회복의 요구들이 다시 등장하여 점점 더 갈등적 문제가 되는 것일까? 중일국교정상화가 진행된 방식과 합의된 내용, 그것을 기반으로 한 기억 프레이밍의 메커니즘을 다시 살펴볼 필요가 있는 것은 아닐까? 이 글의 두 번째 문제의식은 여기에 있다.

중일국교정상화의 미완의 특성이 외교적, 전략적으로 의도된 것이었다는 지적은 일찍이 제기되었다. 그런데 그 미완의 바구니에 담겨진 것들이 언젠가 쟁점이 되어 갈등과 분쟁이 전개되리라는 잠재적 우려가 현실의 중대한 문제로 변환되는 데 그리 긴 시간이 걸리지 않았다. 1972년의 중일국교정상화는 탈냉전 시대, 글로벌리제이션이 전개되면서 중대한 역설과 곤혹스러운 딜레마에 직면하게 되었다. 역설은 그것이 양국 간 문제를 해결했다는 순기능의 측면보다, 전후 문제를 편협하게 인식하여 결국 문제 해결 지체의 원인이 되었다는 주장이 나오기 시작한 것이다. 딜레마란 '전쟁의 기억을 정상화의 틀에 맞추어 기억하기'라는 정상화 기억 담론 구조에 대한 도전 담론이 제기되어, 새롭게 말하기(증언), 다시 기억하기의 요구가 분출한 것이다. 이는 피해/가해와 그에 대한 책임을 따지는 일을 원점화, 개별화시키고자 하는 시도로 이어졌다.

전쟁의 경험과 기억이 소환되어, 많은 사람들이 기억을 말하기 시작했고, 그 사람들을 매개로 하여 기억이 말하기 시작했다(전진성, 2005). 기억을 회로로 하여 역사가 새로운 관점을 확보하여 재구성되고 있는 것이다. 그 과정에 충돌하는 다양한 기억들의 쟁투가 벌어지고 있다. "'8.15'를 동아시아인들은 어떻게 기억하고 있는가?", "'8.15'는 동아시아인들에게 무엇인가?"라는 질문은 이러한 국면을 함축하는 매우 상징성 있는 화두이다(정근식·신주백, 2006). 이 글에서는, 기억의 전쟁으로 '역사의 시작'이 전개되는 듯한 동아시아의 시대 상황을 의식하며, 1972년 중일국교정상화의 '외교'적 차원의 성과에 대비되는 불완전성에 초점을 맞춘다. 특히 전쟁으로 인한 비정상성의 해소에서 드러나는 중일국교정상화의 제한성과 무력함을 설명하고, 부분적으로 그것에 기인하여 탈냉전 이후 중일 간 관계에 나타나는 긴장, 대립, 분쟁과 동아시아 지역정치의 유동화에의 함의를 논의하고자 한다.

2. 전쟁 기억과 중일국교정상화

1945년 8월 15일은 히로히토裕仁 일본 천황의 '대동아전쟁종결의 조서大東亜戦争終結ノ詔書'가 NHK 라디오를 통해 방송된 날이다. 이 방송을 통해 연합국에 무조건 항복의 내용이 담긴 포츠담선언인 공동성명을 수락하겠다는 뜻이 공표되었다. 동아시아는 8월 15일을 일본이 항복한 날, 한국은 해방의 날(광복절, '팔일오'), 중국은 승리한 날(항일전쟁 승리기념일), 일본은 전쟁이 종결된 날(종전기념일)로 이해하고 기억해왔다.

그렇다면 역사의 시간을 역으로 추적하여 생각해보자. 한국이 해방된 날, 중국이 일본과의 전쟁에서 승리한 날을 일본 천황이 연합국에 항복하기로 한 조서가 방송된 날인 8월 15일로 보는 것은 과연 타당한 것인가? 일본 정부가 포츠담선언의 수락을 연합국에 통고하고 종전조서가 녹음되었던 8월 14일도 아니고, 일본 정부가 항복문서에 조인한 9월 2일도 아닌, 승전국과 패전국인 일본국과의 강화조약(샌프란시스코 강화조약, 1952년)이 발효된 4월 28일도 아닌, 8월 15일이 전쟁이 종결된 날로 한·중·일에서 기억되고 있는 이유는 무엇일까?

최근 들어 '그 전쟁'에 대한 이러한 기존의 기억의 틀과 내용에 대해 의문이 제기되고 있다. '그 전쟁'에 대한 명칭의 다양성도 바로 전쟁의 개시와 종결의 시점에 대한 질문과 연관되어 있다. 예를 들어, 그 전쟁은 제2차 세계대전, 아시아·태평양전쟁, 태평양전쟁, 미일전쟁, 중일전쟁, 7년전쟁, 8년전쟁, 15년전쟁, 쇼와전쟁, 대동아전쟁 등으로 명명된다. 전쟁의 시작과 끝, 전쟁 개시의 원인, 전쟁에 대한 책임을 이해하고 해석하는 상이한 관점을 보여준다. 이 다양성은 전쟁의 경험, 기억, 재구성의 합의의 어려움의 문제로 직결된다. 이 시점의 차이를 좁히고자 하는 시도가 적극적, 자발적, 포괄적으로 이루어지지 않아 동아시아 한·중·일의 '전후'는 '그 전쟁'을 내려놓지 못한 채 '새로운 전후'의 상호관계 형성으로 나아가지 못하고 있는 것이다.

8월 15일의 의미를 살펴보기 위해 왜 다른 날이 기념되지 않는가를 살펴보는 것도 하나의 방법이 될 수 있다. 일본과 중화인민공화국(이하 중국)은 1972년 9월 29일 '일본국과 중화인민공화국의 공동성명(이하 공동성명)'을 통해 양국 간의 전쟁이 종료되었음을 인정하는 양국의 국교정상화를 선언했다. 그러나 그 국제법적, 정치적 의미에도 불구하고 9월 29일은 전쟁이 종결된 날로 기억되지 않고 있다. 왜 양국이 공동으로 서명한 전쟁 종결의 날은 기억의 장에서 그 의미를 갖지 못하는가?

우선 일본인과 중국인에게 전쟁은 어떻게 기억으로 재구성되어 재현되고 있는지를 살펴보자.[2]

중국은 그 전쟁을 '중국항일전쟁中国抗日战争'으로 명명하고, 8월 15일

2 이에 관한 기존 연구들은 주로 전쟁기념물에 접근하여 오늘날 어떻게 기념되고 있는가를 살펴보고 있다. 여문환, 2009; 동북아역사재단, 2009; 동북아역사재단, 2011; 이찬희·임상선·윤휘탁, 2006 등. 이러한 재현 내용은 민족적 상상물로 세워져 민족이라는 공동체를 발명해내고 강화시킨다(앤더슨, 2007: 27).

과 9월 3일을 전승절로 기념하고 있다[3]. 중국에서의 전쟁은 길게는 1931년 9월 18일 류타오거우柳條溝 사건과 만주사변으로부터 시작하여 1945년까지의 15년간의 항일전쟁을 의미하기도 하고, 1937년 7월 7일 루거우차오盧溝橋 사건 발발로 중일전쟁의 본격화 이후 1945년까지 8년간의 항일전쟁을 가리키기도 한다. 중국에서는 7월 7일(루거우차오 사건), 9월 18일(9.18 사변), 12월 13일(난징대학살)도 기념해오고 있다.

한편 일본에서는 그 전쟁을 '대동아전쟁'[4]으로 명명하다 미국의 표현을 반영한 '태평양전쟁'으로 명칭을 바꾸어 사용하고 있다. 이 경우 전쟁은 1941년 12월 8일 진주만 공격을 시작으로 1945년 8월까지의 4년간의 전쟁을 가리킨다. 연합국과의 전쟁이라고 하지만, 미국과 일본 간의 전쟁의 성격이 두드러진다. 중국과의 전쟁은 '지나사변支那事變'으로 표현하는데, 연합국에 대해서는 패전했지만 중국에 대해서는 패전에 대한 언급을 회피하고 있다. 중국을 승전국으로 당연하게 받아들이지 못하는 것도 이와 같은 전쟁에 대한 인식의 차이에 기인한다.

대동아전쟁을 긍정적으로 인식하려는 움직임에 대해 미국은 연합국이 사용하는 '태평양전쟁'이라는 용어로 대체할 것을 규정했다. 그러나 태평양전쟁은 아시아에서의 전쟁을 배제하게 되는 측면이 문제시되어 '아시아·태평양전쟁'이라는 용어도 채택되고 있다. 최근에는 이른바 '자학사관' 및 도쿄재판사관을 극복해야 한다는 네오내셔널리즘적 역사

3 사실상 중국의 전쟁 기억과 전쟁 기념에 대해서 논의하려면 대만(臺灣, 타이완)도 다루어야 한다. 그러나 이 책에서는 1972년 중일공동성명을 계기로 삼기 때문에 연구의 초점을 주로 중국(중화인민공화국)으로 한정했다. 대만의 '8.15'에 대해서는 주덕란, 2006: 273-304 참고.

4 '대동아전쟁'은 1938년 '동아'의 개념에서 시작했다. 1938년 '동아신질서'라는 성명에서 일본은 일본, 중국, 만주가 연대하는 동아시아 협동체를 구상했다. 1940년 8월 1일 마츠오카 요스케松岡洋右 일본 외상은 서양과의 대결 구도를 상정하고 동남아시아 지역까지 포함한 '대동아'로 구상을 확대했고, 1941년 12월 10일 대본영大本營 정부연락회의의 결정으로 공식명칭으로 사용되었다(이규수, 2011: 38).

수정주의 시각이 제기되면서(강상중, 2004: 191) 대동아전쟁이라는 용어가 다시 등장하고 있다. 아시아 지역에서의 폭력성과 피해를 의도적으로 망각하려는 경향과 함께 아시아의 구원자적 이미지로 미화하려는 시도가 나타나고 있는 것이다(한상진, 2008; 천자현, 2013).

전쟁에 대한 명칭과 그에 담긴 다양한 인식의 측면은 일본인의 가해자와 피해자라는 이중적인 정체성을 강조하는 일부 일본 내부의 논리에 의해 더욱 복잡 미묘해진다. 더욱이 전쟁에 강제 동원되거나 원자폭탄으로 희생된 '비국민'들이 공존하면서 국가를 가해자로 국민을 피해자로 인식하기도 하고, 일부 군국주의자들과 다수의 국민을 분리하기도 한다.

위와 같은 전쟁에 대한 일본과 중국의 상이한 인식이 재현되면서 기억의 충돌이 나타난다. 역사적 기억의 충돌이 정체성의 충돌로 이어지면서 갈등의 국면으로 나아가고 있다.

중일공동성명이 그 이후 전쟁 기억을 프레이밍하는 기제가 되었다는 전제하에서 본다면, 72년 체제라는 기억의 프레이밍 국면에서, 부각된 내용과 망각되도록 강제된 부분을 재현해보는 것이 중요하다.[5]

1972년 중일공동성명은 중일 간 국교정상화로서의 의미가 중요했고, 그와 더불어 강화조약으로서의 기대도 포함하고 있었다. 그러나 유독 '국교정상화'로 기억되고 강화조약의 의미는 쟁점으로 남아 있는 것

5 중일공동성명에 관한 기존 연구는 주로 생존, 권력, 그리고 국가 이익을 추구하는 현실주의적 관점과 경제 협력, 민간 교류, 제도적 접근을 강조하는 자유주의적 접근이 대비된다. 합리주의적 시각을 통해 1970년대의 데탕트 국면의 국제정치적 상황 하의 미중 접근과 중소 갈등, 중국의 유일 합법정부를 강조하는 '하나의 중국' 문제, 그리고 경제적 이익을 중심으로 한 배상 및 경제 협력의 외교 정책에 초점을 맞춰 냉전의 구도 속에서 행위자들의 정책 결정 과정을 분석한 것이다. 결국 전쟁 종료/종결 문제와 그에 따른 책임과 배상 문제는 깊이 있고 폭넓게 다루어지지 않았다(井上正也, 2011; 毛里和子, 2006; 田中明彦, 1996; 손기섭, 2004; 서승원, 2012; 殷燕軍, 1996; 최은봉·오승희, 2010 등).

은 전쟁과 그에 대한 책임의 문제에 대한 공식적 입장과 개인의 사적 시점이 기억의 상호 구성적 과정에서 엇갈리기 때문이다. 예컨대, 탈냉전 이후 기억의 민주화가 전개되면서, 배상과 보상 문제에서 국가 배상의 합의와 개인 보상의 요구는 서로 다른 차원이라는 해석을 근거로 법적 소송이 제기되고 있다.

1972년 중일공동성명에서 강화조약에 대한 집단 내부의 인식과 기억의 엇갈림은 피해국 내부에서만이 아니라 가해국의 내부에서도 나타난다. 이 점은 전쟁을 이야기하고 기억하며 전쟁으로 인한 비정상적 결과에 대해 확인하는 논의 과정이 있었는지의 여부, 즉 사회적 합의의 형성 혹은 부재라는 측면에서 접근해볼 수 있다.[6] 역사적 기억과 구별되는 감정의 기억은 논리적으로만 이해할 수 없는 기억의 본질에 보다 다가가게 한다. 예를 들어, 정치가들이 국가의 진로를 재설정할 때마다 기억의 저장고에 잠잠히 놓여 있던 과거를 살려내어 자신의 정치적 목적을 합리화하는 수단으로 동원함으로써 대중에 영합하는 경우도 빈번하기 때문이다. 이런 점에서 외교적 측면에 이어, 사회적 합의의 문제를 살펴보아야 중일 간 관계의 정상화와 화해를 더 잘 평가할 수 있다.

여기에서는 이러한 문제의식을 바탕으로 전쟁 상태 종료 문제를 중심으로 중일공동성명을 재평가함으로써 동아시아에서 8.15의 의미를 재조명한다.

---

6 제니퍼 린드Jennifer Lind는 *Sorry State*에서 국가 간 비정상적 상태로 인한 가해/피해의 상황에서 사과와 화해와 신뢰 회복의 역학에 관심을 가지고 사과가 화해를 이끄는 요건들을 살핀다. 사과가 진정한 신뢰 회복의 화해로 나아가기 위해서는 우선 내부의 동의에 근거한 사회적 합의에 기반해야 한다는 점을 중시했다(Lind, 2008). 또한 쑨 꺼孫歌는 중일 간 전쟁의 기억과 관련하여 '감정의 기억'이 작동하고 있음을 지적했다. 국내의 제도화된 기존 공식 담론과 비공식 개인적 대안 담론의 마찰이 나타나는 것이다(쑨 꺼, 2003: 149-159).

3. 전쟁 종료 문제의 쟁점과 중일공동성명의 모호성

1972년 7월 5일 일본에 다나카 가쿠에이田中角榮 정권이 등장하면서 중일공동성명에 관한 본격적인 논의가 시작되었다. 세 차례의 다케이리 요시카쓰竹入義勝 공명당 총재와 저우언라이周恩來 수상의 회담, 다나카 수상과 오히라 마사요시大平正芳 외상의 방중 이후 네 차례의 정상회담과 세 차례의 외상 회담을 거쳐 관련 논의들이 정리되었다(표 3-1 참조). 일본 측에서는 다나카 총리, 오히라 외상, 니카이도 스스무二階堂進 관방장관, 하시모토 히로시橋本恕 중국과장이 참석했다. 중국 측은 저우

〈표 3-1〉 중일공동성명 관련 주요 회의(1972년)

회의	일시	장소
다케이리·저우언라이 1차	7.27 16:00~19:00	
다케이리·저우언라이 2차	7.28 19:00~20:45	
다케이리·저우언라이 3차	7.29 19:30~21:30	
제1차 정상회담	9.25 14:55~16:50	人民大会堂安徽厅
환영만찬회(저우언라이주최)	18:00~	人民大会堂安会厅
제1차 외상회담	9.26 10:20 ~ 11:40	人民大会堂
제2차 정상회담	14:00~16:30	迎賓館
제2차 외상회담	17:10~18:20	迎賓館
제3차 정상회담	9.27 16:10~약 18:40	人民大会堂福建厅
다나카·마오쩌둥 회담(비공개)	20:30~21:30	마오쩌둥 저택 서재
비공식 외상회담		만리장성 왕복 차 안
제3차 외상회담	22:10~0:30	迎賓館
제4차 정상회담	9.28 15:00~16:50	迎賓館
답례민친(다나카주최)	18:30~	人民大会堂安会厅

출처: 毛里和子, 2006; 石井明外, 2003 참고. 필자 재구성.

언라이 총리, 지펑페이姬鹏飞 외교부장, 랴오청즈廖承志 외교부고문, 장시향산张香山 외교부고문, 한니엔룽韩念龙 외교부부부장이 참석했다.

1972년 9월 29일 발표된 중일공동성명 전문과 본문에 나타난 전쟁, 전쟁 상태, 그리고 전쟁 상태 종료의 문제와 관련된 주요 부분은 다음과 같다.

> 공동성명 전문: 중일 양국은 일의대수一衣带水를 사이에 둔 이웃국가이며, 긴 전통적 우호의 역사를 가지고 있다. 양국 국민은 양국 간에 이제까지의 존재하고 있던 비정상적인 상태에 종지부를 찍는 것을 간절히 소망하고 있다. 전쟁 상태의 종결과 중일 국교의 정상화라고 하는 양국 국민의 소망의 실현은 양국관계의 역사에 새로운 한 페이지를 여는 것이 될 것이다.
>
> 일본 측은 과거에 일본국이 전쟁을 통해 중국 국민에 중대한 손해를 입힌 것에 대해 책임을 통감하고, 깊게 반성한다. 또한 일본 측은 중화인민공화국 정부가 제기한 '복교3원칙'을 충분히 이해하는 입장에 서서 국교정상화의 실현을 도모한다는 견해를 재확인한다. 중국 측은 이를 환영하는 바이다.
>
> 제1항. 일본국과 중화인민공화국 사이에 이제까지의 비정상적인 상태는 이 공동성명이 발표되는 날 종료한다(霞山会, 2008).

이러한 문구들로 귀결되기까지의 외교적 교섭 과정을 추적하여 전쟁 종료 문제를 둘러싼 중일공동성명의 기능과 유산을 확인해본다.

1) 기억의 표출과 충돌: 반성과 책임의 언설과 협상

일본이 과거에 대한 반성의 뜻은 가지고 있었던 것이 확실해 보인다. 1972년 9월 27일 만리장성으로 향하는 차 안에서 진행된 비공식 외상회담에서 오히라 외상은 다나카 수상의 중국 방문이 일본 국민 전체를 대표하여 과거에 대한 반성의 뜻을 표명하는 것이라고 밝혔다. 그리고 일본이 전체로서 전쟁을 반성한다는 표현을 공동성명 문구에 넣을 것을 확인한다.[7] 그런데 이런 우호적인 분위기 속에서 모두를 당혹하게 만든 사건이 발생했다. 과거의 기억이 표출되는 과정에서 중일 간 기억의 충돌이 일어난 것이다. 논란은 다나카 수상의 환영 만찬 인사말에서 비롯되었다.

> 과거 수십 년에 걸쳐 중일관계는 유감스럽게도 불행한 과정을 거쳐왔습니다. 이 사이 우리나라가 중국 국민에게 커다란 폐를 끼친 것迷惑をかけました에 대해 나는 다시 한 번 깊은 반성의 뜻을 표명하는 바입니다. 제2차 세계대전 후에도 역시 비정상 그리고 부자연스러운 상태가 계속된 것은 역사적 사실로서 이를 솔직하게 인정하지 않으면 안 됩니다(服部龍二, 2011: 135).

전반적인 전쟁에 대한 사과의 맥락에도 불구하고 '폐를 끼쳤다'가 중국어 '添了麻烦'으로 통역되자 중국 측에 동요가 일었다. 저우언라이는 '폐를 끼쳤다'는 것은, 예컨대 무심코 어떤 여성의 옷에 물을 튀겼을 때 사용하는 가벼운 표현이라고 불만을 표현했다.

그다음 그럼 과연 무엇에 대한 반성인가에 대한 구체적인 질문이 제기되었고, 이를 둘러싸고 어떻게 표현할 것인가의 이른바 '표현 교섭'이 진행되었다. 일본은 '일본 측은 과거 전쟁에 의해 받은 고통과 손해에

---

7 이시이 아키라石井明 등은 중일공동성명 관련 외무성의 공개 문서를 기록편과 고증편으로 나누어 제공하고 있다. 이 책의 주요 회담 자료는 외무성의 외교청서와 함께 이 책의 기록편을 주로 참고했다(石井明外, 2003).

대한 깊은 반성의 뜻을 표명한다'는 안을 제시했다. 이에 대해 중국은 '일본 측은 과거 전쟁에 의해 받은 중대한 손해에 대해 깊이 반성한다'고 하는 표현을 취할 것을 제안했다. 고통이라는 표현이 삭제되고, 대신 손해의 중대함이라는 무게를 실은 표현으로 변경된 것이다. 또한 일본은 '반성의 뜻을 표명한다'고 한 반면 중국은 '반성한다'는 보다 능동적이고 직접적인 표현을 요구했다. 뒤이어 중국 측은 '중대한 손해의 책임을 깊게 반성한다'는 표현을 제시하여 손해에 대한 책임을 언급했다. 이에 대해 일본 측은 민감한 반응을 보였다.

> 오히라: 이 '책임'이라는 단어에는 구체적으로 어떤 특별한 의미가 포함되어 있는 것이 아니라, 단지 손해를 입혔다고 하는 사실에 수반된 책임을 느끼고 충분히 반성하고 있다고 하는 의미로 이해해도 좋은 것입니까? 즉, 문자 그대로, 손해를 입히고, 책임을 느끼고, 깊게 반성한다고 하는 의미라고 이해해도 틀리지 않습니까? (石井明外, 2003)

일본 측에서 책임 문제에 민감하게 반응한 것은 중국 측이 다케이리와 저우언라이의 사전 교섭을 통해 이미 배상청구를 포기하기로 한 것과 관련이 있다.

그렇다면 중국은 왜 배상청구를 포기하기로 미리 결정했을까? 이는 첫째, 샌프란시스코 강화조약의 배상청구 포기 선언과, 둘째 1952년 일화평화조약日華平和条約에서 대만이 배상청구권을 포기하기로 한 결정을 일본이 강조하고 있었기 때문이다. 일본은 이미 일본에 유리하게 배상포기를 이끌어 낸 두 조약에서 물러나지 않고자 했고, 이를 국제법의 준수라는 명분으로 뒷받침할 수 있었다. 중국과 일본은 중일공동성명과 대치될 여지가 있는 샌프란시스코 강화조약과, 대만과 체결한 일화평화조약의 관계를 고려하여 모순 없이 공동성명을 수립하려는 데 있어서는 입장이 같았다.

중일공동성명에서 중국의 배상청구 관련 논의는 1952년 일화조약의 '배상청구권 포기'가 중국 전체의 배상청구권을 포기한 것으로 해석하는 일본 측 입장과 1952년 일화평화조약은 무효라는 중국 정부 입장을 적절하게 반영하는 방향으로 정리되었다. 결국 중국이 '전쟁배상의 청구를 포기하는 것'으로 귀결되었다(최은봉·오승희, 2010).

최종적으로 이 부분은 '중대한 손해를 입힌 것에 대해 책임을 통감하고, 깊게 반성한다'는 표현으로 정리되었다(石井明外, 2003: 105-107). 이처럼 교섭 과정은 반성과 책임의 범위와 의미 그리고 언설을 둘러싼 협상이었다. 표현 협상에 나타난 문구상의 변화를 정리하면 〈표 3-2〉와 같다.

일본은 책임을 통감하고 깊이 반성한다고 표명은 했지만, 배상이라는 책임의 면제를 기대하고 있었고, 책임에 구체적인 의미 부여를 피하

〈표 3-2〉 반성과 책임 표현의 교섭 과정

일본		중국
폐를 끼친 것에 대한 반성 표명 2차대전 후 비정상, 부자연스러운 상태	→	가벼운 표현에 불만
↙ '일본 측은 과거 전쟁에 의해 받은 고통과 손해에 대한 깊은 반성의 뜻을 표명한다.	→	'일본 측은 과거 전쟁에 의해 받은 중대한 손해에 대해 깊이 반성한다.'
책임을 반성한다는 어구에 문제 제기	←	'중대한 손해의 책임을 깊이 반성한다.'
'중대한 손해를 입힌 것에 대해 책임을 통감하고, 깊이 반성한다.'		

출처: 石井明外 2003 기록편을 참고하여 필자 작성.

- 화살표는 교섭에 있어서 상호 제안 순서 및 협상 방향을 의미함.

려고 했다. 중국은 일본의 가벼운 역사 인식에는 심각한 우려를 표명했으며 책임의 문제 역시 중대한 것으로 인식하기는 했다. 그러나 '중국인의 도량과 양국 국민의 우호를 위해' 중국이 양보하는 것으로 하고 교섭 대상에서 배제함으로써 책임에 대한 실질적이고 구체적인 논의가 이루어지지 않게 되었다.

2) 기억의 갈등과 조정: 비정상적인 상태의 종료인가, 종료의 확인인가?

다케이리는 7월 25일 중국을 방문하여 저우언라이와 회담을 가지고 이후의 중일국교정상화의 가능성에 대해 논의했다. 그는 7월 29일 중국 측 공동성명안을 제시받는다. 처음 받은 문구의 표현은 '전쟁 상태는 이 성명이 공표되는 날에 종료된다'였다. 이후 일본 측이 제시한 초안은 '전쟁 상태의 종결된 것을 확인한다'는 것으로 나타난다. 이 두 초안에 제시된 표현은 전쟁 종결 문제와 관련된 양국의 입장 차이를 반영하고 있다.

우선 중국의 초안에서는, 공동성명 공표일을 전쟁 종료일로 인정하고자 했다. 그러나 일본 측 초안은 전쟁 상태는 이미 종결되었고, 공동성명에서는 그 종결된 것을 확인하는 것이었다. 일본이 이미 1952년 일화평화조약을 통해 중국과의 전쟁 종료를 선언했기 때문에[8] 1972년 성명으로 다시 전쟁 종료를 선언할 경우 양립할 수 없는 모순이 발생한다는 점이 문제였다. 그러나 중국은 1952년 일화평화조약은 무효임을 강조하고 있어 양국 간 입장 충돌이 불가피했다.

중국과 일본이 전쟁이 아닌, 전쟁 '상태'라는 단어를 사용하고 있는

---

8 일본국과 중화민국의 평화조약(일화평화조약) 제1조.
일본국과 중화민국 사이의 전쟁 상태는, 이 조약이 효력을 발하는 날에 종료한다.

것도 주목해볼 필요가 있다. 전쟁의 종료와 전쟁 상태의 종료는 어떠한 차이를 나타내는 것일까? 일본 측은 전쟁 자체는 이미 끝난 것으로 보고 강화조약이 체결되는 시점을 전쟁 상태의 종료로 규정하고자 했다. 그러나 중국은 샌프란시스코 조약 이후 1972년까지의 중일 간 상황을 전쟁 상태의 부재로 볼 수 없다고 주장했다(石井明外, 2003: 55).

이러한 입장 차이는 외상회담이 시작될 때까지 지속되었다. 1차 외상회담에서 중국 측은 '중화인민공화국과 일본국 간의 전쟁 상태는 이 성명이 공표되는 날에 종료한다'는 표현을 제시했다. 한편 일본 측은 '여기에'라는 표현을 추가하여 1972년 성명의 의미를 좀 더 부각시키는 것으로 '이 성명이 공표되는 날'에 대한 의견을 반영하여 '일본국정부 및 중화인민공화국정부는, 일본국과 중국 간의 전쟁 상태의 종료를 여기에 확인한다'라고 제시했다. 여전히 시점에 대해서는 불분명한 입장이었다. 이에 대해 지펑페이 외교부장은 중국 인민을 납득시키기 위해서는 전쟁 상태가 언제 종료했는가를 확실히 해야 한다고 강조했다(石井明外, 2003: 85). 일본은 다음의 두 가지 안을 제시한다.

> 제1안은 '중화인민공화국 정부는 중국과 일본국 사이의 전쟁 상태의 종료를 여기에서 선언한다'고 하는 것으로, 주어가 중화인민공화국이 되고 있는 점이 특징적입니다. 이와 같이 전승국만이 일방적으로 전쟁 상태의 종료를 선언한 예는 과거에 연합국과 독일의 전쟁 상태 종료에 채택된 바 있습니다.
>
> 제2안으로는 '일본국 정부와 중화인민공화국 정부는 일본국과 중국 사이에 금후 전면적인 평화관계가 존재하는 것을 여기에 선언한다'는 것으로, 언제 전쟁이 종료했는지를 명확히 하지 않는 것입니다. 이 문제에 대해서는 쌍방에 입장 차이가 있으므로 장래를 향해 전향적인 태도로 처리하는

것을 생각하는 것입니다(石井明外, 2003: 87).

첫 번째 안에서 '전승국'이라는 표현을 사용했다는 점과 전쟁 상태의 종료를 '여기에서' 선언한다는 점이 주목할 만하다. 주어에서 일본국 정부가 제외된 것과, 전쟁 상태가 1972년 성명으로 '확인한다'에서 '선언한다'로 표현을 바꾸면서 전쟁 상태의 종료의 시점이 더 불분명해졌다. 두 번째 안에서는 전쟁 상태의 종료를 분명히 하지 않게 하기 위한 목적이 더욱 두드러진다. 평화관계의 존재라는 표현으로 전쟁이라는 단어를 사용하지 않았다. 그리고 '장래를 향해 전향적인 태도로 처리하는' 방식을 제안한다.

중국은 일본 측 입장을 고려하여 크게 세 가지 방안을 마련했다. 첫째는 전쟁 상태의 종료를 전문으로 넣는 것, 둘째는 본문에 전쟁 대신 '극히 비정상적인 상태가 종료된다'라는 단어를 사용하는 것, 셋째는 양국이 상이한 입장을 적용할 수 있게 하는 것이다. "상술과 같은 방법을 채택하는 것으로 전쟁 상태의 종결은 시간상의 제한을 받지 않게 되고, 중일 쌍방과도 그 문제에 대해서 각자 상이한 해석을 행할 수 있는 여지를 두는 것이 된다"고 제안한다(石井明外, 2003: 98).

이에 대해 오히라 외상은 '극히'라는 표현에 주목했다. '극히 비정상적 상태가 종료된다'는 것이 극히 비정상적인 상태만 종결되고 여전히 문제가 남을 수 있는 경우인가를 우려했다. 일본 측은 이번 공동성명으로 전후 처리와 관련된 문제들을 남기지 않기를 원했는데, 그러한 의도에서 비롯한 우려인 것으로 보인다. 이에 모든 비정상적인 상태 혹은 일체의 비정상적인 상태의 종료를 제안했고, 결국 '이제까지의 비정상적인 상태'로 수정되어 '일본국과 중화인민공화국 사이에 이제까지의 비정상적인 상태는 이 공동성명이 발표되는 날 종료한다'로 귀결되었

〈표 3-3〉 전쟁 상태 종료에서 비정상적인 상태의 종료로의 조정 과정 (1972년)

일본		중국
9월 9일 후루이요시미츠. (1) 양국 정부는 전쟁 상태가 종결된 것을 확인한다.	←	1. 중화인민공화국과 일본국 간의 전쟁 상태는 이 성명이 공표되는 날에 종료한다.
1. 일본국 정부 및 중화인민공화국 정부는, 일본국과 중국 간의 전쟁 상태의 종료를 여기에 확인한다.	↔	
'중화인민공화국 정부는 중국과 일본국 사이의 전쟁 상태의 종료를 여기에서 선언한다.' '일본국 정부와 중화인민공화국 정부는 일본국과 중국 사이에 금후 전면적인 평화관계가 존재하는 것을 여기에 선언한다.'	↘	전문에서 명사형으로 '전쟁 상태의 종결은……'으로 넣고, 본문 제1항에서는 '본성명이 공표된 날에 중국와 일본 사이에 극히 비정상적인 상태는 종료한다.'
극히(極めて)라는 표현을 '이제까지의', 일체의(一切の), 모든(全て)으로 수정 제시	↙	
제1항. 일본국과 중화인민공화국 사이에 이제까지의 비정상적인 상태는 이 공동성명이 발표되는 날 종료한다.		

* 자료: 田中明彦 1996, 石井明外 2003 기록편 참고 필자 작성.
- 화살표는 교섭에 있어서 상호 제안순서 및 협상 방향을 의미함.

다. 〈표 3-3〉은 이러한 교섭 과정을 정리한 것이다.

여전히 의문이 남는 것은 '비정상적인 상태'가 무엇인지에 대해 정확히 논의되지 않았다는 점이다. 처음에는 부자연과 비정상이 번갈아 사용되다가 나중에는 비정상으로 일관되게 표현되었다. 교섭 과정에서 중국 측이 제시한 것으로 나타나고 있지만, 이 단어는 다나카 수상의 연설에서도 찾아볼 수 있으며 국교정상화 논의에서도 지속적으로 나타난다는 점에서 중국만의 생각이었다고 단정하기는 어렵다. 다만 정상과 비정상의 규정 문제는 쟁점으로 삼지 않기로 중국 측과 일본 측의 암묵적 합의가 존재했다는 점은 분명하다.

결국 비정상 상태의 종료는 중국이 주장하는 전쟁의 종료를 의미할 수도 있고, 일본이 제기했던 이미 끝난 전쟁과 전쟁 상태, 즉 그 이후의 비정상적인 상태의 종료의 의미로도 해석할 수 있는 여지가 존재한다. 전쟁이 정상성을 파괴하는 행위라면, 전쟁의 책임에 대한 논의는 전쟁으로 인해 발생한 비정상성의 범위와 그것의 회복을 따지는 일이다. 그러나 공동성명의 교섭은 이 문제를 애매하게 다룬 채, 비정상 상태의 해결의 과정은 없이, 양국 정부가 종결되었음을 합의하여 공표한 것이다. 당시 교섭이 우선 국교를 정상화하는 것이 주요 목적이었음을 보여주는 대목이다.

3) 기억의 선택과 강요된 망각: 국교정상화의 수립과 미완의 강화조약

중국 측과 일본 측이 제시한 초안의 제목은 강화조약과 국교정상화의 관계에 대한 양측의 입장을 반영하고 있다. 중국이 제시한 초안 제목은 「중화인민공화국 정부, 일본국 정부 공동성명(초안)」이다. 한편 일본 측의 초안 제목은 「일본국과 중화인민공화국 간의 국교정상화에 관한 일본국 정부와 중화인민공화국 정부의 공동성명안」이다. 일본의 제목에 따르면 공동성명의 핵심은 국교정상화에 관한 것이다. 이에 대해 중국 측은 공동성명에 국교정상화 이외의 문제들도 다루고 있으므로 '중일공동성명'이 적합하다는 의견을 표명했다. 공동성명의 목적함수는 중일국교정상화이더라도 그 이외의 논의들이 배제되어서는 안 된다는 의지를 담은 것이다.

다케이리와 저우언라이의 회담이 진행되던 중 일본의 『도쿄신문東京新聞』이 다나카 수상의 중국 방문은 전쟁 상태 종결에 한정된다는 내용의 기사를 보도했다. 이에 저우언라이는 전쟁 종결 문제와 국교정상화 문제가 분리될 수도 있다는 점에 우려를 표명한다. 다케이리는 전쟁 종결은 물론 국교정상화에 대한 다나카 수상과 오히라 외상의 의지를 분명히 하며 저우언라이 총리를 안심시키고자 했다(石井明外, 2003: 19).

주요 안건 차원에서는 분리되어 다루어졌지만, 전쟁 종결과 국교는 연계되어 서술됨으로써 맞교환되는 것 같은 인상을 준다.

> 1. 전쟁 종결의 문제입니다. 저희로서는 이러한 표현으로 가고 싶다고 생각합니다만, 어떻습니까? '중화인민공화국과 일본국 사이의 전쟁 상태는 이 성명이 공표되는 날로 종료된다' 여기서 말하는 이 날이라는 것은 공동성명 혹은 공동선언이 발표되는 날입니다. 2. 국교의 문제입니다. 이는 이러한 표현으로 가고 싶습니다. '일본 정부는 중화인민공화국 정부가 제출한 중일국교회복의 3원칙을 충분히 이해하고, 중화인민공화국이 중국을 대표하는 유일한 합법정부라는 것을 승인한다. 이에 기초하여 양국 정부는 외교관계를 수립하고, 대사를 교환한다'(石井明外, 2003: 29-30).

중일공동성명 중국 측 초안은 과거의 역사를 언급하며 대만과의 단교를 전제로 한 '중일복교3원칙'을 강조한다(石井明外, 2003: 88-90). 한편 일본은 사과의 표현과 '동시에' 중국의 복교3원칙을 이해하고 '이 입장에 서서' 중일관계 정상화의 실현을 도모한다는 초안을 작성했다(石井明外, 2003: 110).

전쟁 종결과 국교의 연계는 효력 발생 시기와 관련해서도 찾아볼 수 있다. 중국 측은 '본 성명이 공표되는 날에' 전쟁 상태가 종료되는 시기의 문제는 일본이 중화인민공화국을 중국의 유일 합법정부로 인정하는 것과 함께 고려되어야 한다고 강조했다(石井明外, 2003: 90).

이처럼 중일공동성명은 다양한 사안을 다룬 논제들을 담고 있지만 크게 강화조약의 측면과 국교정상화 차원의 두 개의 주요 축으로 구성되어 있다. 그중 전쟁 종결 문제는 전문과 본문 제1항에, 국교정상화는 공동성명 4항에 위치하고 있다.

> 공동성명 4항. 일본국 정부 및 중화인민공화국 정부는 1972년 9월 29일부터 외교관계를 수립하는 것을 결정했다. 양 정부는 국제법 및 국제관행에 따라, 각자의 수도에 있는 타방의 대사관 설치 및 그 임무 수행을 위해 필요한 모든 조치를 취하고 또한 가능한 한 신속하게 대사를 교환하는 것을 결정했다(石井明外, 2003).

중일공동성명은 표면적으로 중일 간 합의의 성명으로 나타났지만, 외교적 차원에서 볼 때 내용면, 절차면, 인식면에서 중일 간 차이점, 이질성, 비대칭성에 기반하고 있었고, 사회적 기대와 공감대로부터도 거리가 있는 것이었다. 소에야添谷芳秀는 공동성명을 일본 국내 정치적 관점 및 일화평화조약과의 관련에 치중하여 국제법적 관점에서 임했다는 점에서 일본의 전략성 결여를 지적했다. 이에 모리 가즈코는 전략성 결여는 물론, 국내 정치 우선시와 대전쟁의 처리를 단 한 장의 외교 문서로 끝낸다는 외교 감각 그리고 이것이 오늘날까지 이어지고 있다는 것이 문제라고 지적했다. 모리가 지적했듯이 일본과 중국 외교에서 나타난 이러한 '이질성'이 오늘날 양국 간 마찰의 증폭으로 나타나고 있다(毛里和子, 2006: 103-108).

특히 강화조약의 경우, 전쟁의 종료, 배상 문제, 사과와 반성 그리고 책임 문제 등이 의견의 일치를 이루지 못한 채 각자의 해석이 가능한 중의적 표현으로 절충되어 나타났다. 사회적 합의에 대해서는 그 중요성이 적절히 인식되지도 못했고, 그런 시도를 하기에는 시간적 제약이 있었던 것으로 보인다.

반면 국교정상화의 경우, 중국 승인과 경제 협력, 하나의 중국 문제에 관하여 중일 간 교섭에서 의견의 일치를 보았기에 사회적 관념도 이와 상이하지 않을 것으로 간주했다. 쟁점화될 사안을 회피하고자 했고, 결국 사회적 합의는 결여되었다. 정부와 국민 간의 인식의 이질성이 존재하게 되었고, 그것으로 인한 자기모순은 '망각'의 영역에 감금된 것이다. 이 선택적 기억과 강요된 망각의 이중 상자가 열려, 그 안의 것들이 오늘날 부메랑이 되어 양국 간 정책의 분쟁적 파장과 국민감정의 큰 파고를 일으키고 있다.

4. 전쟁의 기억에 대한 전쟁

전쟁 종결 문제 그리고 반성과 책임의 중요성을 언급하긴 했으나 그것을 담아내지 못한 1972년 중일공동성명은 사실과 기억 사이의 간극에서 그 중의성과 모호성이 드러났다. 그 점은 오늘날 역사 인식과 전후 처리와 관련된 문제들이 부각되어 쟁점으로 나타나는 데 일부 원인이 되었다. 1972년 중국과 일본 간에 이루어낸 외교적 성과는, 부정적 심리적 유산으로 사과, 책임, 화해, 정체성 등의 문제를 남겼다.

전쟁 종료 혹은 전쟁 상태 종료일을 언급한 공동성명이 공표된 9월 29일이 '기념일'로 채택되지 못했던 점을 분석하는 과정에서 8월 15일의 의미와 함께 제도적, 관습적으로 주어진 기억의 허구적 가치를 확인할 수 있다. 천황의 '옥음방송'과 종전조서의 발표일인 8.15가 성찰 없이 기억되고 있는 것이다. 사회 공동의 원초적 기억은 무의식적 수용을 이끌어내고 있다. 그것이 항복문서에 서명을 하고 공동성명을 발표하는 등의 외교적 결정에 의해 만들어진 역사적 분기점의 중요성을 가려온 것이다.

일본에서 그 날은 힘없는 목소리의, 신에서 인간으로 격하된 천황의 불분명한 메시지가 남긴 이미지와, 그 '옥음방송'을 들으며 흐느끼는 일본 여인의 사진 속 이미지가 기억으로 뿌리내리는 데 큰 영향을 미쳤다. 그런데 일본적 배경은 소거된 채, 한국과 중국에서 '8.15'가 기념되고 기억되면서 그 '공인 기억'을 '동일시하는' 듯한 일이 생긴 것이다. 중국에서는 한때 정부가 9월 3일을 항일전쟁승전일로 기념했지만, 결국 민간에서 기억하는 8월 15일로 법정 항일전쟁승전일을 재조정했다. 사회적 관습을 반영하여 '기념일'의 시점을 재설정한 것이다(사토 다쿠미, 2007: 91-92; 정근식·신주백, 2006: 305).

반면 중일공동성명은 외교적 접근을 통해 기억을 제도적으로 칸막이했고 그로 인해 전후 처리와 전쟁 책임에 대한 사회적 합의가 결여되었다. 공동성명이 전쟁의 종료를 선언했음에도 불구하고 제한적, 피상적 교류만이 이루어지고 감정적 소통과 심리적 신뢰는 이루어지지 않았다.

성급한 기억의 전략적 조정과 의도적 은폐는 중일 간 전쟁에 대한 기억의 이질성을 양산하고 심화시켰다. 결국 중일공동성명이 단기적인 중일관계 개선은 이끌어냈지만 진정한 신뢰 회복과 화해에는 이르지 못하게 됨으로써 그 기능적 한계를 드러냈다. 중일공동성명 이후 1978년 중일평화우호조약으로 보완되기는 했지만 기본적으로 국교정상화라는 기억으로 프레이밍되었다. 그 틀에서 공적 차원에서 공표한 내용을 개인적 차원에서는 다르게 수용했고, 정부의 의도와 민간의 인식 간에는 괴리가 발생했다.

중일 공동성명은 강화조약으로서 한계를 나타내어 전쟁종료를 선언했음에도 불구하고 오늘날까지도 기억을 재구성하는 과정에 영향을 미치고 있다. 공동성명으로 당시 정부 간 교류와 교역은 정상화되었으나, 의도적으로 배제되었던 전후 처리가 국민 간 우호와 화해를 향한 미래에 갈등 요소가 된 것이다. 예를 들어, 센카쿠/댜오위다오 갈등이 심화되면서, 일본 정부가 2012년 9월 27일부터 10월 7일에 걸쳐 일본인 3,000명을 대상으로 한 조사에 따르면 '중국에 친근감을 느끼지 않는다'고 답한 사람의 비율이 80.6퍼센트로 1975년 조사 이래 최고치를 기록했다. 반면 '친근감을 느낀다'고 답한 비율은 18퍼센트로 최근 20년 중 가장 낮은 수치를 기록했다(內閣府, 2012). 2013년 일본의 아베 신조安培信三 총리가 침략에 대한 정의에 의문을 제기하며 기억을 조정하여(731 비행기[9]) 재구성하고자 하는 시도(96번 유니폼[10])도 미완의 전쟁 처리의 간극에서 벌이는 심상치 않은 해프닝이다. 이는 동아시아인 누가 보아도 '기억에 대한 예의가 아닌 것'이다.

전쟁은 종료되었고, 또 그렇다고 선언되었지만, 전쟁의 기억에 대한 전쟁은 지속되고 있다. 과거를 잊지 않되, 새로이 형성된 국가 간의 관계의 중요성을 인식하여 쟁점 사안에 대해 건설적 논의를 해나가는 것은 쉽사리 성사되기 어려운 일이다. 그래도 그러한 소통은 여전히 의미 있고 중요한 과제이다.

---

9 2013년 5월 12일, 아베 신조 총리가 미야기현 항공자위대 기지를 방문하여 옛 일본군 부대 이름을 연상시키는 731이라는 편명의 훈련기에 탑승했다.

10 2013년 5월 5일, 아베총리가 아베정권의 개헌 1차 목표인 국민투표 발의 요건을 규정한 헌법 96조 개정을 위한 메시지를 담아 등번호 96번이 달린 유니폼을 입고 나타났다.

4장 마오쩌둥의 '하나의 중국'과 요시다의 고민[1]

1. '하나의 중국' 문제

중국 공산당이 1949년 중화인민공화국을 수립한 뒤 중국 본토를 통치하고, 국민당 정부가 대만으로 자리를 옮긴 이후 현재까지 중국은 두 개의 정부로 나뉘어 있다. 두 정부 모두 중국의 대표임을 강조하면서 국제 사회는 중국의 대표로 한 국가만을 승인해야 하는 중국 선택 문제에 직면하게 되었다. 국제연합에서는 그전까지 중국을 대표해왔던 국민당 정부가 미국의 지지 하에 중국의 대표성을 인정받았으나, 1971년 중화인민공화국의 가입이 승인되면서 중화민국 정권은 자리를 잃게 되었다.

샌프란시스코 강화조약[2]과 일본–중화민국 평화조약[3]에는 복잡한 전

1 4장의 내용은 최은봉·오승희, 2011, "냉전 초기 일본의 중국 정부 선택 문제와 대중 등거리 전략" 『아시아연구』 14집의 내용을 바탕으로 수정 및 보완한 것이다.

2 일본 내의 정식 명칭은 '일본국과의 평화조약日本国との平和条約' 혹은 샌프란시스코 대일강화

후 처리의 성격만큼 상당히 많은 논점이 존재한다. 이 장에서는 중국 대표에 관한 문제를 중심으로 냉전 초반 유동기 일본과 국제 사회의 움직임을 재구성하고자 한다.

중일관계에 관한 전반적인 연구는 일본 정부와 미국 정부의 자료들[4]이 공개되고, 관련 인물들의 회고록[5]이 발간되면서 연구가 지속되어왔다. 모리 가즈코(毛里和子, 2006)와 다나카 아키히코(田中明彦, 1996)는 1945년 이후의 중일관계의 주요 핵심 사건을 정리했다. 전후 중일관계의 시작은 중화민국이었지만, 1972년 이후 중화인민공화국과 국교를 정상화하면서 일본과 중화민국 관계의 비중은 양적으로도 적고 내용면에서도 간략하게 서술되고 있다. 인얀준殷燕軍은 중화민국과의 평화조약과 중화인민공화국의 관계 정상화에 관한 연구(1996, 2007)를 통해 주요 사료들을 발췌하여 제공하고 있다.

일본의 중화민국 선택에 관한 연구는 샌프란시스코 강화조약과 1951년 12월 4일 요시다 시게루吉田茂 수상이 덜레스John Foster Dulles 미국 국무성 고문에게 보낸 '요시다 서한吉田書簡'을 중심으로 진행되어

조약サンフランシスコ対日講和条約이다. 여기에서는 일본-중화민국 평화조약과의 혼동을 방지하기 위해, 샌프란시스코 강화조약 이라고 명칭을 통일한다.

3 일본 내 공식 명칭은 '일본국과 중화민국 간의 평화조약日本国と中華民国との間の平和条約'이고, 이를 줄여서 '일화평화조약日華平和条約'으로 부른다. 그러나 여기에서는 중화인민공화국과 중화민국 간의 분명한 구별을 위해 '일본-중화민국 평화조약'으로 명칭을 통일한다.

4 미국의 미국외교기밀문서Foriegn Relations of Unisted States, FRUS, 일본 정부의 국회의사록, 일본 외무성 아시아국 중국과外務省アジア局中国課에서 감수한 중일관계기본자료집(『日中関係基本資料集』), 이시이의 연구(石井明外(編). 2003.『記録と考証—日中国交正常化—日中平和友好条約締結交渉』) 등이 있으며 동경대 다나카 교수는 웹페이지를 통해 관련 자료들의 접근을 용이하게 하고 있다.

5 주요 회고록으로는 吉田茂.『回想十年』, 『世界と日本』, 『日本を決定した百年』, 林祐一의 『日中外交交流回想録』, 張香山 의 『日中関係の管見と見証』, 中江要介의『日中外交の証言』, Richard(Nixon)의 *The Memoirs of Richard Nixon* 등이 있다.

왔다. 일반적으로 요시다 서한은 중화민국을 선택하라는 덜레스 고문의 압력을 요시다 수상이 받아들인 것으로 설명되고 있다. 그러나 요시다 서한을 집중적으로 다룬 연구를 살펴보면, 요시다 서한은 보다 복잡한 상황적 이해를 필요로 함을 알 수 있다.

호소야(Hosoya, 1984)는 일본과 중국의 강화 문제를 미국, 영국, 일본, 중국의 4개국 관계에서 다루며 요시다 서한과 관련된 각국의 상이한 이해관계를 새롭게 밝혀냈다. 요시다 서한에 대한 다양한 해석의 가능성은 영국의 입장에 관한 연구에 의해 보다 강화되었는데, 버클리(Buckley, 2003)는 일본의 대중정책에 대한 미국과 영국의 갈등에 집중했고, 페레티(Ferretti, 2003)는 일본 정부와 영국 정부 간 정책적 유사성을 밝히는 연구를 진행했다.

위엔커친(袁克勤, 1992)은 요시다가 원래부터 국민당 정부와 강화체결 의사를 이른 단계에서부터 가지고 있었고, 오히려 요시다에게 이용된 구실이 되었다는 기존의 설명을 뒤집는 시각을 제공했다.

한편 소에야(Soeya, 2001)는 안보 영역에서 전후 일본의 대중 정책이 전략성을 잃은 것으로 평가하면서도, 이후 저서에서는 전후 일본이 일본의 환경적 제약 속에서 틈새 외교를 펼쳤다는 해석을 제시하기도 했다(2006). 한국에서도 일본 외교 정책의 환경적 제약 속 자주적 움직임을 보여주는 연구들이 축적되고 있다(전진호, 2005; 조양현, 2007; 최희식, 2008; 최은봉, 오승희 2011; 2013 등).

하지만 일본의 대미 정책과 대중 정책 간의 갈등과 절충에 관해서는 아직 충분한 연구가 진행되어있지 있다. 이에 이 장에서는 기존 연구의 다양한 해석을 바탕으로 전후 일본의 대중 정책에 대한 미국의 영향력을 인정하면서도, 주어진 제약 속에 나타난 일본의 대중 정책의 의도와 역할을 파악해보고자 한다. 그 과정에서 다음과 같은 질문을 확인해볼 것이다. 첫째, 냉전 초반 일본 외교의 기본 방향은 무엇이었는가? 둘째, 요시다가 추구했던 대중 정책의 유연성은 어떻게 기능했으며, 어떠한 구조 속에서 가능했던 것인가? 셋째, 자주적 외교 정책이 불가능했던 환경 하에서 어떻게 일본은 독자적 정책 공간을 확보했는가?

이러한 질문에 답하기 위해 요시다 수상의 국회 발언과 퇴임 후 자서전을 중심으로 1949년 중화인민공화국이 성립되면서 1952년 중화민국과의 평화조약을 수립하고 1954년 하토야마 내각이 들어설 때까지 일본 정부의 중국 선택 문제에 대한 입장을 확인한다. 나아가서 1972년 중화인민공화국과의 관계 정상화로 이어지는 일본 정부의 일관된 입장이 존재하는지도 살펴볼 것이다.

2. 중국 대표 선택 문제의 배경

1) 일본의 전후 정책 불일치와 등거리 전략

전후 요시다 정부의 목표는 정치적인 면으로는 강화조약 체결을 통한 독립 획득과 경제적인 면에서의 전후 복구와 경제 발전으로 요약될 수 있다. 미국 점령 하에서 일본은 미국으로부터의 안보 보장과 경제 지원을 통해 이 두 가지 차원의 목표를 추구해나가고 있었다. 그중에서도 특히 경제와 통상 중심 정책으로 부각된 이른바 '요시다 노선'은 이후의 정권을 거치며 '요시다 독트린'으로 정립되었고(Pyle, 2008: 395) 외교 분야에서 일본 정부의 역할은 축소되어 이해되었다.

그런데 1949년 중화인민공화국의 성립과 이로 인한 중국 대표 이분화는 일본의 두 가지 주요 목표 간의 대립을 야기했다. 1950년 2월 중소우호동맹이 체결되고 1950년 6월 한국전쟁이 발발하면서 공산진영과 자유진영 간의 대립이 심화되었고, 그해 10월 중국 공산당이 북한을 지원하면서 중국과 미국의 대리전 상황으로 치달으며 미중 간 갈등이 고조되고 있었다. 일본 정부도 공산정권에 대해 반감을 갖고 있기는 했지만, 중국 본토를 지배하는 중공 정부가 갖는 경제적인 중요성을 무시할 경우 일본 경제의 회복과 발전이 타격을 받을 수 있음을 우려했다. 중국 국토의 97퍼센트를 지배하고 있는 중화인민공화국과의 교류를 포기해야만 하는가?

일본 국내에서도 공산권과의 관계 설정에 관해 의견이 양분되었다. 한국전쟁이 발발하자, 1950년 7월 『문예춘추』의 긴급 증간호에서 아시다 히토시芦田均 전 수상은 "여기까지 왔으니 일본은 두 세계 가운데 어느 쪽에 속할 것인가를 분명히 하지 않으면 안 된다"고 주장했다(入江昭, 1993: 196). 그는 중국의 공산화를 일본의 위기로 인식하고 재군비의 필요성을 강조했다(若宮啓文, 1996: 59). 중국 선택 문제는 공산주의 확산과 함께 일본의 안보를 위협했고, 이에 대한 일본의 재무장, 헌법개정, 강화조약 체결 등 일본의 국내외 문제에 영향을 미치며 사회 내 이견과 갈등을 조성하고 있었다.

요시다는 어느 한 정부를 선택하기보다는 중화민국과 중화인민공화국 두 정부 모두와의 교류를 지속하기를 희망했다. 그의 이러한 생각은 등거리 정책等距離政策, equidistant policy을 추구한 '등거리 전략'으로 정리될 수 있다. 등거리 정책은 중화인민공화국을 배제하지 않으려는 일본의 의도를 고려한 영국 정부가 일본 정부에 제안한 정책안으로 알려져 있다(Hosoya, 1984: 249). 실제로 정책 명칭으로 표방되지는 않았지만 사실상 등거리 정책의 내용을 포함했다는 점에서 '등거리 전략'이라 인식된다. 1951년 10월 29일 요시다는 국회 '평화조약 및 일미안전보장조약특별위원회'에 출석하여 샌프란시스코 강화조약에 관한 질문에 대해 등거리 전략을 구체화한 일본의 중국 정책 원칙을 밝혔다. 첫째는 중화인민공화국을 배제하지 않겠다는 것이고, 둘째는 중국 선택을 가능한 한 연기한다는 것이다.

> 중국 중 어느 쪽을……중국 정부를 초청할지, 혹은 중공을 초청하는가에 대해 관계 연합국 사이에 일치가 존재하지 않기 때문에 언젠가 일본에 선택권을 부여한다는 조항이 가능할 것으로 구상하고 있습니다. 또한 이는 금후의 문제이며, 어느 쪽에 접근하지 않으면 안 된다, 어느 쪽을 선택하지 않으면 안 된다고 하는 것과 같은 관계는 전혀 없습니다.[6]
>
> 중국 정부의 선택권 문제는 저의 기분으로는, 어느 쪽을 선택할까 하는 것은 연합국 사이의 논의가 정해진 경우에 그 결과를 참고로 하여 선택한다, 이런 의미입니다.[7]

다음날 위원회 발언에서도 요시다 수상은 중국의 내정에 간섭할 의도가 없으며, 가능한 한 정부 선택을 피하고 싶다고 강조했다.

> 만약 (중국 정부를 선택할) 권리가 있다고 하더라도 어떻게 그 권리를 행사할까라는 것은 객관적 상태를 생각하지 않으면 안 되고, 중국 내부 사정도 고려하지 않으면 안 되며, 일본과의 장래관계도 생각하지 않으면 안 되므로, 만약 권리가 있다고 해도 쉽게 어느 쪽을 선택하는 것은 하지 않을 생

6 1951.10.29, 참의원 발언, 平和条約及び日米安全保障条約特別委員会 5호: 5. 밑줄은 필자 표시.

7 1951.10.29, 참의원 발언, 平和条約及び日米安全保障条約特別委員会 5호: 20. 밑줄은 필자 표시.

각이라는 점을 여러 차례 말씀드리고 있습니다. 하물며 중국의 내정에 간섭하려는 의사는 전혀 없습니다.[8]

요시다는 국제 사회의 중국 선택 문제의 불일치 속에서 일본의 국가 목표를 최대화할 수 있는 방안을 만들기 위해 정책 선택의 공간을 확보해두고자 했다. 그리고 이러한 노력의 핵심에는 두 정부 중 반드시 선택해야 한다면, 중화인민공화국의 승인 가능성도 배제하지 않으려는 의도가 있었다.

이에 덧붙여 요시다 수상은 중공 정부와 관계 정상화가 가능한 이유를 중공과 소련의 관계가 소원해질 가능성에서 찾고 있었다.

> 나로서는 중화민국과의 사이에 우호관계가 생겨, 경제관계도 심화되는 것을 원래부터 바라고 있었지만, 그 이상 심화되어 베이징 정부를 부인하는 입장에 서는 것도 피하고 싶었다. 이는 중공 정권은 현재까지도 소련과 밀접하게 손잡고 있는 것과 같이 보이지만, 중국 민족은 본질적으로는 소련인과 서로 받아들일 수 없는 점이 있는데, 문명이 다르고, 국민성이 다르며, 정치 정세도 역시 달리하는 중소 양국은 결국에 서로 받아들일 수 없게 될 것이라고 생각하고 있으며, 따라서 중공 정권과의 관계를 결정적으로 악화시키는 것을 희망하지 않았기 때문이다(吉田茂, 1958: 72).

그는 중국이 스스로가 세계의 중심이라고 생각하기 때문에 외국인 혐오로 이어질 것이라고 보았다. 또한 중국은 소련보다 열등하다고 느

8 1951.10.30, 참의원발언, 平和条約及び日米安全保障条約特別委員会 6호: 4. 괄호와 밑줄은 필자 표시.

끼지 않기 때문에 불평등한 관계를 거부할 것이라고 예견했다. 그리고 정책적으로 일본을 비롯한 자유주의 국가들이 중공 정부와 통상적 관계를 맺음으로써 베이징을 모스크바에서 떼어낼 수 있다고 강조했다 (Ferretti, 2003: 430). 이후 실제로 전개된 중소 갈등을 볼 때 외교관 출신이었던 요시다가 정세를 비교적 정확하게 예측했다고 평가할 수 있다. 그러나 동시에 중소 갈등의 가능성을 자유진영 국가들에게 강조함으로써 중공 승인 가능성도 고려하여 정치적, 경제적 정책 간 불일치를 해소하려는 일본 요시다 정권의 의도를 담고 있었던 것으로 볼 수 있다. 이를 인지하기 위해서는 일본의 외교주권의 한계와 미국과 영국 간 입장 차이를 우선 이해해야 한다.

2) 일본의 외교주권의 한계와 미국과 영국의 입장 차이

당시 영국과 미국은 대중對中 정책 상 다양한 면에서 인식의 차이를 보이고 있었다. 예를 들어 대만 영토 문제에 대해서 영국은 일본이 대만에 대한 주권을 포기하고 중국에 할양해야 한다고 보았다. 반면 미국은 카이로 선언의 규정에 대만을 중국에 할양한다고 기술되어있지 않기 때문에 일본은 대만 및 펑후제도澎湖諸島에 대한 모든 권리, 권한, 청구권을 포기하는 것으로 충분하다고 해석했다.

1950년 1월 6일 영국이 중국 공산당 정부를 승인하면서, 국민당 정부를 승인한 미국 정부와의 사이에 갈등이 조성되었다. 상이한 대중 정책을 추구하던 미국과 영국은 양국 주도로 이끌어가던 샌프란시스코 강화조약의 중국 정부 초청 문제를 두고 첨예하게 대립했다. 중국 대표로 중공을 지지하는 영국과 중화민국을 지지하는 미국 사이의 불일치를 조정하기 위해 1951년 6월 19일 양국 외상회의가 열렸다. 미국은 한국전쟁에 가담한 중공을 절대 인정할 수 없다고 강조했고, 영국은 중화민국과 중화인민공화국 중 극동위원회 참가국 3분의 2 다수가 승인하는 국가를 샌프란시스코 강화조약에 참가시키자고 제안했다.[9] 영국 측 주장대로라면 중공이 중국의 대표로 인정받을 가능성이 높았음을 알 수 있다(표 4-1 참조).[10]

중국 문제에 관한 주요 쟁점은 첫째, 중국 대표의 선별성과 둘째, 일본의 외교주권의 행사 시점으로 정리할 수 있다. 하지만 영미 간 입장 차이가 좀처럼 좁혀지지 않자 중국 문제 때문에 일본의 강화조약 체결이 타격을 입어서는 안 된다고 판단했다. 이에 미국의 덜레스 국무성 고문과 영국의 모리슨Herbert Morrison 외상은 첫째, 중공과 중화민국 모두를 샌프란시스코 강화회의에 초청하지 않는다는 것과 둘째, 일본과 중국의 관계는 일본이 주권을 회복했을 때 일본이 독자적으로 결정한다는 것에 합의했다. 이것이 바로 덜레스-모리슨 합의Dulles-Morrison Agreement이다.

그런데 덜레스-모리슨 합의 중 두 번째 내용인 외교주권 행사 시점의 문제, 즉 '일본의 중국에 대한 향후의 태도는 주권을 행사하는 독립적인 상태에서 일본 스스로에 의해 결정되어야만 한다'는 사항에 관해 이후 미국과 영국 간의 해석의 불일치가 나타났다. 이는 '주권을 행사하는 독립적인 상태'를 언제로 볼 것이냐에 대한 상이한 해석이 가능했

9 영국이 중공 정부를 지지한 주요 원인으로는 홍콩에 대한 이권 유지와 동남아시아 시장의 선점 및 독점을 들 수 있다. 일본이 중화인민공화국과 강화조약을 맺으면, 상대적으로 동남아시아 시장에 덜 관심을 보일 것이라 생각했다. 이 때문에 영국은 더욱 일본의 중화인민공화국의 승인을 희망했다(Hosoya, 1984).

10 극동위원회는 미국, 영국, 소련, 프랑스, 네덜란드, 캐나다, 오스트레일리아, 뉴질랜드, 인도, 필리핀, 미얀마, 파키스탄 14개국으로 이루어져 있었다. 이 중 영국 연방에 속한 나라는 캐나다, 오스트레일리아, 뉴질랜드, 인도이며 1949년 이후 중공을 승인한 국가들은 미얀마, 소련, 인도, 영국, 파키스탄이다.

〈표 4-1〉 중화인민공화국 승인 국가 (1949-1954)

년도	국가 수	중화인민공화국 승인 국가
1949	12	동독, 루마니아, 몽골, **미얀마**, 불가리아, 북한, **소련**, 알바니아, **인도**, 체코, 폴란드, 헝가리
1950	13	노르웨이, 덴마크, 베트남민주공화국, 스웨덴, 스위스, 세이론, **영국**, 인도네시아, 아프가니스탄, 이스라엘, **파키스탄**, 폴란드, 필란드
1951-1954년까지 중화인민공화국 승인 추가국 없음		

출처 : 日中貿易促進議員連盟(1967: 519) 필자 재구성. (가나다순. 강조는 극동위원회 국가)

기 때문이다.

영국은 샌프란시스코 조약 발효 후 일본이 독립하게 된 다음이라는 엄격한 해석을 적용했다. 그러나 미국은 조약 발효 이전이라도 외교 활동을 하고 있다면 이미 독립된 상태라고 보고 1951년 당시에도 이미 일본이 중국을 선택할 수 있다고 해석했다. 이에 미국은 일본 정부에 가능한 한 빨리 중화민국을 선택하라는 압력을 가하고 있었다. 미국이 일본의 중국 대표 선택을 재촉했던 이유는 첫째, 덜레스가 누차 강조한 바와 같이 중화민국과 일본이 조약을 맺는 것이 미국 상원의 샌프란시스코 강화조약 비준을 수월하게 할 것이고[11], 둘째, 중화민국이 일본과의 강화조약의 상대국이 자국이 되어야 한다는 압력을 미국에 강하게 요구하고 있었기 때문이었다(殷燕軍, 1996: 234).

11 이러한 입장은 덜레스 개인의 성향에 의해 더욱 강력하게 드러났는데, 잘 알려진 반공주의자였던 덜레스는 아시아 지역에서 자신의 임무를 성공적으로 수행하기를 원했다. 따라서 개인적으로도 중화민국과의 강화가 옳은 것이라 생각했고, 중화민국의 장제스 정부와의 협상과 일본 요시다 정부와의 협상을 간접적으로 중재하고 있었다. 거기에 제1차 세계대전의 강화조약이었던 베르사이유 조약Treaty of Versailles의 상원 비준을 얻지 못했던 경험에서 상원의원 3분의 2의 찬성이 필요한 비준 절차에 대해 부담감을 가지고 있었던 것으로 보인다(Hosoya, 1984).

한편, 영국 정부는 일본이 국민당 정부를 중국 전체에 대한 합법 정부로 인식하는 것에 '심각하게 반대'했다. 또한 일본-중화민국 평화조약이 샌프란시스코 강화조약 발효 전에 이루어지면, 미국이 영국을 기만하는 것이라며 미국 측에 불만을 표출했다(FRUS, 1951: 1343-1344).

이런 점에서 보면, 미국과 영국 간에 이루어진 중국 문제에 관한 덜레스-모리슨 합의는 사실상 중요 쟁점에 대해서는 합의에 이르지 못한 것이었다. 1951년 12월 26일 덜레스가 애치슨Dean Gooderham Acheson 국무장관에게 보낸 보고서에서는 '덜레스-모리슨 합의가 이루어졌을 때, 일본이 사실상 미국의 대중 정책에 맞출 것'이라 생각했으며 '영국 정부도 이를 당연하게 받아들였다'고 보고 있었다. 또한 '일본은 치명적인 위험에 놓여 있기 때문에 자신의 주권을 방어할 수 없고, 미국에 의지해야 하고 그래야만 했다'고 기록하고 있다(FRUS, 1951: 1467-1470). 그 외 자료들과 최근 공개된 사료들과 비교해보면, 이 보고서는 의도적인 해석과 일방적 입장에 기초하고 있음을 알 수 있다. 이에 근거해서 복잡한 갈등 양상은 단순히 미국 추종 외교로 간주되었다. 결과적으로는 미국의 요구를 받아들인 것이라고 할 수 있지만, 그 과정에 나타난 복잡한 고민들을 살펴볼 필요가 있다.

3) 미일 간 인식의 불일치와 정경분리 정책

일본과 미국의 중공 정권에 대한 인식의 격차는 한국전쟁 이후 더욱 확대되었다. 일본의 입장은 등거리 전략을 통해 두 정부와 모두 교류하는 것이었으며, 특히 중공 정부와의 관계를 유지하는 것이었다. 그러나 한국전쟁이 발발하면서 아시아에서의 냉전이 가시화되었고, 미국은 이데올로기 중심적인 정책 기조를 강화했다. 미국과 일본의 대중 정책의 인식의 차이는 일본 정부의 등거리 전략의 변화를 요구했다.

일본의 입장에서 중공 정부가 가진 의미는 미국의 중공에 대한 입장보다 더욱 직접적이고 복합적이었다. 일본의 정치적 독립은 연합군 점령통치로부터의 독립을 내포하고 있으며, 이는 미국의 샌프란시스코 조약의 승인으로 인한 연합국의 철수와 국제사회로의 복귀를 의미한다. 일본은 중공에 접근함으로써 아시아 국가로서의 주체를 명시하고 미국과는 다른 시각에서 중공을 바라보고 있다는 것을 밝히고자 했다.[12]

요시다 수상은 분명 반공주의자였지만 중국을 공산국가라는 한 차원에서만 인식하지 않았다. 중공은 아시아 국가이며 더욱이 일본의 주요 무역국이기도 했다. 이와 같은 취지에서 요시다는 중국 본토의 상하이에 무역거래소를 설립할 수 있다는 취지의 발언을 했고, 이는 미국의 반공주의자들을 놀라게 해 요시다 서한이라는 약속으로 나타났다.

미국과 정책적 이해가 완전하게 일치하고 있지 않은 상황에서 미국의 대만과의 수교의 압박은 일본의 대중 정책의 제한을 의미했다. 이러한 제한 속에서 일본은 자국의 정책과 미국의 요구를 모두 충족시킬 수 있는 대안을 모색하게 된다.

일본의 전후 정책은 정치적 독립과 경제적 부흥이었다. 미국과의 협조가 두 가지 목표를 달성하는 데 도움이 되는 것은 분명했지만, 중공으로서의 접근 역시 일본의 전후 정책과 부합할 수 있는 측면이 있었다.

통치 체제 면에서는 연합국 통치가 끝나는 것이 정치적 독립의 한 면이겠지만, 전전戰前부터 강조해왔던 대아시아 정치 경제 관계를 회복

---

12 UN난민고등판무관을 역임했던 오가타 사다코緒方貞子는 대부분의 일본인들은 공산당 중국을 냉전의 적으로 간주하지 않으며, 미국에서와는 달리 '중국=공산주의=적'이라는 공식을 받아들이고 있지 않다고 했다(Ogata, 1965; Johnson, 1986).

〈표 4-2〉 일본의 대중 정책과 대미 정책 간 갈등과 절충

목표 정책	정치 분야-정치적 독립	경제 분야-경제 부흥	중국 선택
대중 정책	등거리 전략 추진 아시아 정치 중시	중국 대륙 내 잔존 이익 중국 대륙의 잠재적 이익	중공정부
정경분리 정책			경제/정치적 이익 확보
대미 정책	샌프란시스코 강화조약 승인 국제 사회 복귀	미국의 경제 원조 해외시장 진출(동남아 포함)	중화민국 정부

출처: 필자작성

하고 미국의 정치적 지배에서 벗어나는 것 역시 내용적 측면에서 정치적 독립이었다. 일본은 중공과의 관계에서 아시아 국가들의 협력을 강조해왔다. 또한 전전 중국 진출 이후 중국 대륙에 남겨둔 경제적 이익, 잠재적 시장 가능성 등은 일본의 경제 부흥에 있어서도 유용한 자원이 될 수 있었다. 따라서 중공과의 접근을 통해서도 일본의 국가적 목표를 달성할 수 있다는 점에서 중공을 무조건적으로 배제할 필요는 없었다.

더욱이 미국으로부터의 경제 원조가 감소하고 있는 상황에서 중국과의 무역 확대는 경제적 측면에서 더욱 갈등 요소로 작용했다.[13] 이에 미국은 중국 대륙을 포기할 만한 대체 시장을 제공할 필요성을 느꼈고, 이는 결국 일본의 동남아시아 진출로 나타났다. 일본의 동남아시아 진출은 그 지역에서 영향력을 강화하고자 했던 영국이 가장 우려했던 바

13 점령 초기 미국의 원조는 긴급 구호품이었으나 1948년 이후 일본의 경제 자립으로 정책이 전환되면서 일본 경제 부흥 정책이 시행되었고 인플레이션이 가속화되었다. 인플레이션 종결을 위한 긴축 정책으로 닷지Dodge정책이 시행되었고 이후에는 한국전쟁 시 군수물자의 보급과 동남아 무역 육성, 전후 배상과 차관 외교의 지원와 같은 보다 간접적인 경제 원조로 전환되었다(Beasley, 2004: 390).

이기도 하다.

결과적으로 일본은 미국의 압박과 요구를 받아들여 1952년 중화민국과 평화조약을 체결했다. 그러나 이는 미국 정책의 수동적 수용이 아니었다. 미국이 제시한 한계선 내에서 일본이 추구할 수 있는 최대한의 목적을 달성할 정책 공간을 모색했고 그 대안으로 등장한 것이 '정경분리政經分離 정책'이었다. 이런 점에서 미국 정책에 대한 전략적 도전이라는 특징을 찾아볼 수 있다.

정경분리 정책은 정치와 경제를 분리하여 접근할 수 있다는 것으로, 정치는 단절되어도 경제는 지속될 수 있다는 관점의 전환을 꾀한 것이다. 이는 미국의 대중 정책 제한으로 중화민국 정부를 승인하지 않을 수 없는 상황에서, 중공과의 교류를 지속하기 위한 방편이었다.

그러나 아이러니하게도 정경분리 원칙은 속성상 정치적 면과 경제적인 면을 분리하지 않는다. 정경분리는 그 등장부터 중공 정부를 배제하지 않기 위한 정치적인 의도에서 기인한 것이다. 또한 향후 중공 정부 또는 중국 전체와의 정치적 관계 수립의 발판으로 경제적 관계를 유지해나가려는 확산 효과를 기대하고 있었다. 표면적으로 정치와 경제를 분리하겠다는 정책은 미국의 우려를 완화시키고 경제적 이익을 놓치지 않으면서 중국 선택 문제를 유예시킴으로써 일본의 대중 정책의 유연성을 확대시킨 것으로 볼 수 있다.

일본의 정경분리 정책은 대미 정책과 대중 정책을 절충하기 위한 전략적 정책이었으며, 중화인민공화국과 중화민국과의 관계를 유지시켜나가면서 중국 대표 선택을 유예시키려는 의도를 담은 것으로 등거리 전략을 미국의 요구에 맞게 변형시킨 정책이었다고 볼 수 있다.

3. 요시다 서한에 담긴 등거리 전략

1951년 10월 30일 요시다는 의회에서 어떤 중국 정부와 평화조약을 맺을지 구체적인 언급을 피하면서 중국 본토와의 무역 증진을 위해 상하이에 일본 무역사무소를 개설할 가능성이 있다고 언급했다. 이는 미국과 중화민국에게 일본이 중공으로 접근한다는 것을 의미하는 큰 충격이었다. 덜레스는 요시다에게 회담을 요청했다.

1951년 12월 12일 덜레스는 일본 외무성 외무사무차관 이구치 사다오井口貞夫와의 회담에서 중화민국을 중국 전체를 통치하는 정부가 아니라 대만을 통치하는 정부로 한정할 것을 약속한다. 그리고 다음날 요시다는 덜레스에게 중화민국과의 조약 체결을 약속했다. 일본의 구두 합의를 얻은 덜레스는 영국과의 협상을 통해 이해를 얻고자 했다. 그러나 역시 중국 선택에 대한 입장차를 확인할 뿐이었다. 결국 영국은 미국을 설득할 수 없음을 확인한 뒤 주일 영국 대사였던 드닝Sir Esler Dening은 '미국은 우리가 좋아하든 말든 상관없이 (일본과 중화민국 간의 조약을) 진행해나갈 것으로 보인다. 일본인들은 분명 그것을 좋아하지 않는다. 그러나 그들은 아마도 압력 하에서 받아들일 것이다'라고 보고했고, 영국 정부는 덜레스와의 회의는 더 이상 필요하지 않다고 판단했다(Hosoya, 1984: 256).

1951년 12월 18일 덜레스는 한국을 방문한 뒤 요시다와 두 번째 만남을 가졌다. 이때 덜레스는 요시다에게 요시다 서한의 초안이 되는 덜레스의 메모를 건넨다. 미국의 기록에 따르면 요시다 서한은 덜레스 메모를 일본 수상이 편지 형태로 다시 작성한 것이었다고 한다(FRUS, 1951: 1445-1446). 이로 인해 요시다 서한이 덜레스에 의해 일방적으로 작성되었다는 행위만 강조되어, 일본 정부의 미국에 대한 추종 외교의 대표적 사례로 언급되게 되었다.

그러나 일본 정부와 미국 정부 사이의 중국 선택 문제에 대한 교섭의 전후 배경을 살펴보면, 이미 일본 정부의 입장과 중화민국 정부의 입장이 반영된 내용으로 구성되어 있음을 알 수 있다. 따라서 요시다 서한이 덜레스 메모와 거의 일치한다면, 덜레스 메모 역시 이미 일본의 입장을 반영하여 작성되었을 가능성이 있다. 그렇다면 요시다 서한은 덜레스에 의해 일방적으로 작성된 요시다의 각서가 아니라, 사전 교섭에 의해 절충된 중국 문제에 대한 결정을 미국의 필요에 의해 문서화한 것이었다는 추측을 제기해볼 수 있다.

흥미로운 것은 이 서한에는 미국과 일본의 입장만이 아니라 중화민국 정부의 입장이 담겨 있어, 이 세 정부의 입장이 절충되는 과정 속에서 중공 정부에 대한 일관되지 않는 입장이 나타난다는 것이다. 중공 정부와 조약을 맺지 않겠다는 것이 요시다 서한의 핵심 내용으로 강조되어왔지만, 본 서한에는 동시에 향후 상황의 전개에 따라 중공 정부를 배제하지 않을 수 있는 근거들이 상존하고 있다. 다시 말해 요시다 서한에 등거리 전략의 대중 외교 원칙이 드러나고 있는 것이다.

우선, 가장 주목된 요시다 서한의 핵심 내용은 마지막 문장에 명시되어 있다. 중국 공산 정권은 중소 동맹을 체결하여 일본 정부의 전복을 꾀하는 위협 세력이므로 일본은 중공과의 양국간 조약을 체결할 의도가 없음을 확인하고 있다.

> 1950년 모스크바에서 체결된 중소우호동맹 및 상호원조조약은 사실상 일본을 향한 군사동맹입니다. 실제, 중국의 공산정권은, 일본의 헌법제도 및 현재의 정부를 강력한 힘으로 전복시키려고 하는 일본 공산당의 계획企圖을 지원하고 있다고 믿을 만한 이유가 다분합니다. 이러한 고려에서 저는

일본 정부가 중국 공산정권과 2국간 조약을 체결할 의도를 갖고 있지 않음을 확언합니다(外務省アジア局中国課監修, 1970: 470).

요시다 서한은 바로 이 마지막 문장이 핵심으로 대표되면서, 중공정권을 배제하고 일본-중화민국 평화조약을 체결할 것을 약속한 각서로 인식되어왔다. 분명 이 문구만 본다면 일본 정부가 중국 대표로서 중화민국을 선택하기로 결정한 것으로 해석할 수 있다. 그리고 요시다 역시 서한을 작성한 당시의 상황 하에서는 중화민국을 선택할 수밖에 없었음을 시인하고 있다.

대만 국민 정부는 그 현실에 지배하는 범위는 좁아도 전에 기록한 대로, 중국 사변 이후의 우리 교전상대 정부이며, 국제연합을 점하는 위치도 중요한 이상, 종전 시 우리 국민을 무사히 중국에서 인도해준 정의情誼를 생각하면, 강화의 대상으로서 이를 무시하는 것은 도저히 불가능했다. 아울러 당시 나로서는 이 선택의 문제는 서둘러 이를 처리하는 것을 피하고, 가능하면 연장하여 정세의 변화를 확인하고 싶다고 생각했다.

1. 미국의 평화조약 비준과의 연계
2. 국제연합에서 베이징 정부를 침략자로 낙인하여 교전 상대가 됨
3. 소련과의 동맹조약에서 일본을 공동의 가상적국으로 취급하고 있음

따라서 조급하게 태도의 표명을 필요로 하는 한, 반드시 국민 정부를 상대로 하는 평화조약을 체결하는 것 외에는 당시 나아갈 곳이 없었다(吉田茂, 1958: 73).

그러나 요시다는 여전히 등거리 전략의 내용을 견지하려는 의도를 가지고 있었다. '가능하면 이 선택의 문제를 피하고 연장하고 싶었다'는

것이다. 이러한 그의 등거리 전략은 그동안 다루어지지 않은 요시다 서한의 다른 문장들에서 보다 명확히 확인할 수 있다.

우선, 첫 번째 문단에서는 어느 한 정부가 아닌 중국과의 관계를 궁극적인 목표로 설정하고 있다. '일본 정부는 궁극적으로 일본의 이웃 국가인 중국과 사이에 전면적인 정치적 평화 및 통상관계를 수립하기를 희망'한다고 기술함으로써, 중국을 대표한다면 두 정부 중 어느 하나 또는 모두와 관계를 수립하는 것을 궁극적으로 희망하고 있음을 밝히고 있다.

두 번째 특징은 국제연합에서의 대표성을 중시하고 있다는 것이다. 이는 일본 정부의 자의적 선택이 아닌 국제 사회의 선택을 고려한 결정임을 강조한 것이다. 이 근거는 만약 중화인민공화국이 국제 사회에서 중국의 대표로서 지위를 획득하게 되는 경우, 일본과 중화인민공화국의 정상화가 가능하다는 해석을 가능하게 한다. 그리고 실제로 1971년 중공의 국제연합 가입 이후 1972년 일본과 중화인민공화국의 국교정상화에서도 주요한 근거로 사용된다.

> 국제연합에서 중국의 의석, 발언권 및 투표권을 갖고, 약간의 영역에 대해 실제로 시정능력을 행사하고, 또한 국제연합가맹국의 대부분과 외교관계를 유지하고 있는 중화민국 국민 정부와 이러한 관계를 발전시켜가는 것이 현재 가능하다고 생각합니다.
>
> 중국의 공산정권에 관해서는, 이 정권은 국제연합에 의해 침략자로 현재 비난받고 있어, 그 결과, 국제연합은 그 정권에 대한 특정 조치를 권고하고 있어 일본은 현재 이에 동조하고 있습니다.
>
> 또한 다수국간 평화조약의 효력발생 후에도 그 제5조(a)(iii)의 규정을 따라 이를 계속할 계획입니다. 이 규정에 의해, 일본은 국제연합이 헌장에 따

라 취하는 어떠한 행동에 대해서도 국제연합이 온갖 원조를 제공함과 동시에, 반대로 국제연합이 방지행동 또는 강제행동을 취하는 어떠한 국가에 대해서도 원조의 공여를 보류해야 할 것을 약속합니다.(外務省アジア局中国課監修, 1970: 469-470, 밑줄은 필자 표시).

이와 같이 샌프란시스코 강화조약과 국제연합의 결정에 기반한 선택을 강조함으로써 일본이 국제 사회의 선택을 고려하여 중국 문제를 선택하겠다는 취지를 반영하고 있다.

셋째, 요시다 서한의 핵심 내용이며 이후 일본과 중화민국의 평화조약에서 거의 그대로 조문화된 다음의 문구에서도 중화인민공화국을 배제하지 않으려는 의도가 반영되어 있다.

이 2국간 조약의 조항은, 중화민국에 대해서는 중화민국 국민 정부의 지배하에 있고, 또는 금후 들어가게 될 모든 영역에 적용되는 것입니다(外務省アジア局中国課監修, 1970: 469).

이는 현재 또는 미래에 중화민국 국민 정부의 지배하에 있는 영토에 적용된다는 의미로, 중화인민공화국의 지배하의 영토에는 적용되지 않음을 의미하는 것이다. 이 문구는 중요하면서도 논란의 여지가 있어 다음 절에서 보다 자세히 다루도록 하겠다.

요약하자면, 요시다 서한은 미국의 압력에 의해 일본이 어쩔 수 없이 서명한 것으로 알려져왔지만, 요시다 서한의 내용에는 일본 정부의 중국 선택 문제에 대한 등거리 전략이 반영되어 있다. 1952년 1월 25일 국회 본회의에 출석한 요시다 수상은 이른바 요시다 서한에 대한 의원들의 추궁에 대해 요시다 수상의 생각을 반영한 것임을 강조했고, 요시다 서한의 성격에 대해서는 일본 정부의 공문서이나 편지를 보내는 것은 국회의 승인 절차를 필요로 하지 않는 것이라고 언급했다.

> 이에 대해 미국 정부는 당연히 일본 정부의 정책을 이해할 뿐만 아니라, 우리가 이 의견을 덜레스 씨에게 말했던 바, 편지로 써줄 수 있는가, 이는 그렇게 하는 것이 미국 국회에서 비준을 신속히 하는 효과가 있다고 하는 설명에서, 서면으로 한 것입니다. 만약 압박을 받았다고 한다면…… 이것뿐이며, 서면을 써준다고 하는 희망에 응한 것뿐입니다. 이를 왜 압박이라고 하는 것인지 저는 모르겠습니다(1952. 1.25 참의원 본회의 6호: 5, 밑줄은 필자 표시).

요시다는 '그것(요시다 서한)이 미국 상원의 조약심의를 조금이라도 촉진하는 데 도움이 되었으면 좋겠다고 생각했'으며, "당시 나의 생각을 있는 대로 기술한 것에 지나지 않는다"고 언급했다(吉田茂, 1958: 74). 이 서한은 1952년 1월 16일 공표되었고, 미국에서는 1월 21일부터 일본국과의 평화조약의 심의를 개시하여 3월 20일 비준했다. 그리고 덜레스가 주장한 대로 요시다 서한은 미국 상원에 긍정적인 영향을 미쳐 샌프란시스코 강화조약은 순조롭게 비준되었다.

4. 일본과 중화민국의 평화조약 체결

1) 조약 체결의 시점: 샌프란시스코 강화조약 비준 이전

요시다 서한은 1952년 1월 16일 미국 주대만 공사를 통해 중국 외교부장 예공차오葉公超에 전달되었다. 그리고 서둘러 일본과 중화민국 간의 교섭이 시작되었다. 누구보다도 일본의 중국 대표 선택을 재촉한 것은 중화민국 정부였다. 덜레스-모리슨 합의로 중화민국 역시 샌프란시스코 강화조약의 강화 국가에서 배제되자 미국을 비난했고, 중국 대표의 선택이 일본 스스로에 의해 이루어진다는 사실에 '모욕감'을 느낀다고 항의했다. 중화민국은 비록 샌프란시스코 강화조약에는 초청되지 않더라도, 차선책으로 일본-중화민국 강화조약이 샌프란시스코 강화조약 발효 전에 체결되어야 한다는 것을 지속적으로 강조해왔다.

1951년 9월 8일 샌프란시스코에서 서명된 강화조약은 일본 국내에서 11월 18일에 국회에서 승인, 비준되었다. 조약 발효는 1952년 4월 28일 오후 10시 반이었다. 1951년 9월 17일 랭킹Karl L. Rankin 주대만 미국공사는 일본 외무성과 중화민국 간 조약 체결을 위한 교섭 개시를 권고받았고 이에 대해 중화민국 측은 "일본과의 2국 조약은 먼저 미국과 그 조문 및 수순을 교섭하여 정할 것이며 일본과는 직접 길게 교섭할 생각이 없다"며 대일 강경자세를 고수했다.

그러나 이러한 강경자세는 조약 체결 시점에 대한 중화민국의 입장 때문에 지속되지 못했다. 일본은 중국 선택 문제를 가능한 한 연기하려고 했다. 요시다 서한을 통해 중화민국과의 조약 체결을 약속하기는 했지만, 중화인민공화국과의 관계를 전면적으로 차단하지 않으려는 등거리 전략은 요시다 서한 작성 이후에도 지속되었다. 또한 국제 사회가 결정한 다음에 일본이 선택하겠다는 입장을 반복함으로써 가능한 한 중국을 대표하는 어느 한 정권만을 선택하는 결정을 미루고자 했다. 이러한 입장에서, 일본과 중화민국 간의 평화조약도 서두를 필요가 없었다. 게다가 일본은 중화민국과의 평화조약과 샌프란시스코 강화조약은 완전히 별개라고 생각하고 있었다. 따라서 샌프란시스코 강화조약 발효 전에 체결되어야 한다는 중화민국의 주장은 일본 측 입장에서는 큰 의미가 없었다.

교섭은 1952년 2월 19일부터 4월 중순까지 타이베이에서 진행되었고, 중화민국의 샌프란시스코 강화조약 발효 전에 체결되어야 한다는 교섭 조건에 따라 4월 28일 샌프란시스코 조약 발효일에 일본과 중화민국 간 평화조약이 조인되었다. 그러나 이 조약에 대한 양국의 입장은 여전히 상이했다. 중화민국 정부는 이 조약을 통해 중국 대표로서 샌프란시스코 체제 안에 들어간 것으로 생각했지만, 일본은 이 조약은 중화민국과의 평화조약이며 중국의 대표로 중화민국을 최종적으로 선택한 것은 아니라고 생각했다. 이러한 일본의 입장은 다음 절에서 살펴볼 조약 적용 범위에도 구현되어 있었다.

2) 조약의 적용 범위: 현재 지배하에 있고, 또는 향후 들어가게 될 영역

샌프란시스코 조약과 요시다 서한을 기반으로 시작된 일본과 중화민국의 평화조약 교섭은 중국 측의 조속한 조약 체결의 요구에 맞춰 신속하게 처리되어나가고 있었다. 교섭 과정 중 가장 많은 시간과 노력이 필요했던 문제는 조약 적용 범위에 관한 문제였다. 중화민국은 중국 전체를 대표하는 유일한 합법정부라는 입장을 일본이 받아들이기를 원했고, 일본은 중화인민공화국을 염두에 두고 조약의 적용 범위를 대만으로 축소하고자 했다.

적용 범위에 관한 조항의 원문은 이미 요시다 서한 이전에 중화민국에서 작성한 것이었다. 일본 정부에 중화민국을 선택할 것을 압박했던 미국은 중화민국 측에 일본국과 중화민국 간의 조약을 체결할 때 조약 적용 범위가 문제가 될 것이라 생각했다. 미국은 중화민국 측에 적용 범위에 관한 문구를 작성할 것을 요구했고, 이에 1951년 9월 22일, 장제스 주석의 최고회의에서 조약의 적용 범위에 관한 두 가지 내용의 문구를 채택했고, 두 개의 안은 9월 26일 미국 측에 전달되었다(殷燕軍, 1996: 238).

A. 본 조약은 중화민국의 모든 영토에 적용한다. 국제공산주의의 침략의 결과에 의해 공산군에 점령되어 있는 지역에 대해서는, 중화민국은 일단 당해지역을 지배하에 둔 경우, 동지역에도 곧바로 동조약이 적용된다.

B. 중화민국에 관해서는, 중화민국 국민 정부의 지배하에 현재 있고, 그리고 금후 들어가게 될 모든 영역에 적용된다(顧維鈞, 1989: 715-716).

1951년 10월 19일 미국 국무성은 B안이 일본 측에서 받아들이기 쉬울 것이라 생각했고 중화민국이 실제 지배하에 있는 모든 영역에 적용하는 것을 의미한다고 확인했다(顧維鈞, 1989: 245). 그리고 1951년 10월 24일 중화민국은 '쌍방은 실제 현재 지배하에 있고, 그리고及び, and 금후 들어가게 될 모든 영역에도 적용된다'(顧維鈞, 1989: 245)고 수정했고, 이 문구는 미국을 통해 일본 정부로 전달되어 요시다 서한에 포함되었다. 그런데 요시다 서한에서는 이 문구가 '현재 지배하에 있고, 또는又は, or 금후 들어가게 될 모든 영역에도 적용된다'로 변화되었다.[14] 그로 인해 이 조항에 대한 일본과 중화민국 간의 견해가 상이하게

14 여기서 今後入るべき의 해석은 중요하고도 민감하다. '금후 들어가게 될' 로 번역된 이 일문은 '금후 들어가야 할'로도 번역될 수 있을 것이다. 필자는 중국 본토를 지시하고 있는 이 영역이 '금후 들어가야 할' 영역을 의미했다면, 일본 측이 요시다 서한에서 받아들일 수 없었던 표현이라고 생각한다. 따라서 본 연구에서는 이를 '들어가게 될' 영역이라고 표현한다. 이는

된 것이다. 이 문구는 미국과 중화민국 간 그리고 일본과 미국 간의 교섭에서는 예기치 못했던 문제였다(殷燕軍, 2007). 요시다 서한에서의 '또는'이라는 문구가 의도적인 수정이었는지, 번역상의 오기로 인한 실수에 의한 것인지는 아직 명확히 알 수는 없지만, 일본 측이 향후의 중국 정세에 대해 가능한 한 조심스러운 입장을 취하면서 적용 영역의 최소화를 희망하고 있었던 것은 분명하다.

또한 주목해야 할 것은 '들어가게 될 영역今後入るべき'이었던 요시다 서한의 문구가 일본-중화민국 평화조약에서 '금후 들어가는今後入る'이라는 문구로 변화한 것이다. 이에 대한 논의는 충분히 이루어지지 않고 있지만, 중국 본토를 '들어가게 될' 영토로 해석 가능한 주관적인 표현이 '들어가는'이라는 표현으로 객관화되면서, 일본이 중화민국의 대륙반공정책을 지지한다고 해석될 가능성을 조금이나마 감소시킨 것으로 보인다. 이는 '또는'과 '그리고'의 문제보다 중국 본토와의 직접적인 관계를 맺는 표현이라는 점에서 주목할 필요가 있다.

결국 조약은 이후 중화민국 정부가 중국 본토를 지배하게 될 경우 그 영토에도 적용된다고 해석된다는 합의하에 일본 측이 요구했던 '또는 금후 들어가는 모든 영역' 又は今後入るすべての領域'으로 결정되었다.

〈요시다서한〉 표현

일문) 中華民国国民政府の支配下に現にあり又は今後入るべきすべての領域に適用があるものであります。

중문) 这个双边条约的条件将适用于现在､或以后可能属中华民国国民政

이후 본문에서 다루어지는 일본-중화민국 조약에서 '들어가는 영역'으로 변화하게 되는 것과 마찬가지로, 일본의 중국 본토에 대한 주관적 판단을 최소화하려는 의도에 기반한 것이라 생각된다.

府管辖的全部领土。

〈일본-중화민국 평화조약 교환공문〉 제1호

일문) 中華民国政府の支配下に現にあり、又は今後入るすべての領域に適用がある

중문) 應適用於現在在中華民國政府控制下或將來在其控制下之全部領土

중요한 것은 일본이 결국 중국 전체의 대표로 중화민국을 승인하지 않았지만, 중화민국은 향후 중국 전체를 지배할 것을 염두에 두고 중국의 대표로 일본과의 강화조약을 체결한 것으로 생각했다는 점이다.

> 조인된 일화평화조약(일본-중화민국 평화조약)은 14개조의 4개조의 정식 조문 외에 의정서, 교환공문 그 외에 복잡한 형식을 취했지만, 요약하면 그 조약은 대만 및 평후제도를 현재 지배하고 있는 국민 정부와의 조약이며, 장래에는 전면적인 조약을 체결하고 싶지만, 조인된 조약으로서는 국민 정부를 전중국의 대표 정권으로 승인한 것이 아니었습니다. 이점에 대해서는 조약안 심의의 중참양원에서도 저는 기회가 있을 때마다 이를 명확히 했습니다(吉田茂, 1958: 76).

일본의 입장에서는 당시 상황으로는 중화인민공화국에 대한 언급을 최소화하는 한편, 향후 중화민국이 본토를 지배하게 되는 경우에는 본 조약이 중국 전체에 적용되게 되는 것이므로 어떠한 중국 정세의 변화에도 일본이 의도했던 바를 실현할 수 있는 최상의 표현이었다고 볼 수 있다. 중화민국의 요청에 따라 일본-중화민국 평화조약은 샌프란시스코 강화조약 발효일인 1952년 4월 28일 조인되었고, 8월 5일 타이베이에서 비준서가 교환되었다.

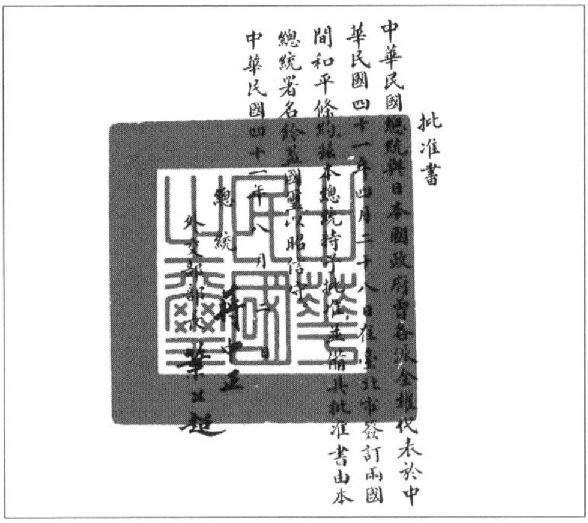

批准書

中華民國總統與日本國政府曾各派全權代表於中華民國四十一年四月二十八日在臺北市簽訂兩國間和平條約該本總統將予批准並備其批准書由本總統署名鈐蓋國璽以昭信守

中華民國四十一年八月五日

總統 蔣中正

外交部部長 葉公超

〈그림 4-1〉 1952년 일화평화조약 비준서

3) 일본–중화민국 평화조약의 한계와 중화인민공화국과의 관계

요시다 정부의 중국 선택 문제는 일견 요시다 서한과 중화민국과의 평화조약으로 중화민국 정권을 선택하는 것으로 일단락된 것으로 보였지만, 실질적으로는 중국 본토에 대한 개입을 최소화하고 중국 선택 문제를 가능한 한 연기하려는 의도를 담은 절차상의 타협이었다.

1952년 3월 27일 중화민국과의 평화조약 교섭이 한창 진행되고 있을 당시, 국회 예산위원회에서 아라키 쇼자부로荒木正三郎 위원장이 요시다 수상에게 중화민국과의 평화조약 교섭은 "대만 정부를 중국의 정부로 인정하여 평화 교섭에 임하는 것입니까?" 라고 질문했다. 이에 대한 요시다 수상의 답변은 중화민국과의 관계 개선과 중국 선택 문제에 대한 일본 정부의 분리된 입장을 명확히 보여준다.

이(일본–중화민국 평화조약 교섭)는 제가 덜레스 서한(요시다 서한)에 명확히 한 대로, 대만과 펑후제도에서 현재 통치의 실체를 행사하고 있는 대만 정부와 선린관계에 들어가고 싶다고 하는 생각에서, 조약의 교섭에 임하고 있는 것입니다. 중국 전체라든가, 중국을 대표한다고 하는 의미는 아닙니다.(1952.3.25 予算委員会 27호: 6)

3개월 후, 1952년 6월 26일 국회 예산위원회에서 요시다 수상은 일본 정부는 전체 중국과의 선린외교 관계임을 강조하며, 요시다 서한과 일본-중화민국 평화조약 체결 당시 향후 중화인민공화국까지 포함하는 '전체 중국'과의 관계를 염두에 두고 있었음을 강조했다.

취지는 선린외교라고 하는, 중국과의 관계는 가장 중대한 것이라 생각해 우선 그 일보로서 중화민국 정권과의 사이에 조약관계에 들어갔기 때문에, (중략) 우리들의 계획하고 있는 바는 일본이 전체 중국과의 사이에 선린외교라고 할까요, 다년간 관계를 부활시키고 싶다, 그 취지에서는 조금도 변함이 없습니다. 서한을 쓴 때도, 혹은 보냈을 때에도, 또한 중화민국과의 조약관계에 들어갔을 때도 취지로서는 결코 서한의 취지에 반하지 않을 목적으로 행한 것입니다. (중략) 이는 조약에도 분명히 기록하고 있습니다만, 현재 중화민국 정권이 지배하고 있는 땅위에서 일어나는 사실을 인정하고, 그 지배를 받고 있는 영토를 가진 중화민국과의 사이에 조약관계에 들어간다(는 것입니다). 장래는 장래입니다. 그러나 목적은 마지막에는 하나의 중국 전체와의 조약관계에 들어가는 것을 희망합니다.(1952.6.26 外務委員会 43호: 7-8, 밑줄은 필자 표시)

당시 상황에서의 중화민국과의 관계 개선을 전체 중국과의 관계 개선의 일보 전진으로 의미를 부여함으로써, 중화인민공화국을 배제하지 않겠다는 뜻을 변함없이 추구하고 있었던 것이다.

그러나 일본의 유보적인 입장에도 불구하고 일본과 중화인민공화국 간의 정치적 관계는 단절되었다. 일본의 등거리 전략의 의도와는 달리, 중국에서는 일본의 중화민국과의 우호는 중화인민공화국의 배제를 의미했다. 예컨대, 요시다 서한에 대해 당시 중화인민공화국 외교부 부부장 장한부章漢夫는 "이 서한이야말로 일본 반동정부와 미국 제국주의가 결탁하여 중국 인민과 중국 영토에 대해 침략전쟁을 준비하고 있는 것을 분명히 한 증거이며, 샌프란시스코 강화조약에 이어 이루어진, 중화인민공화국에 대한 가장 중대하고 가장 노골적인 전쟁 도발 행위이다"라고 강하게 비난했다(殷燕軍, 1996: 242). 또한 일본과 중화민국의 평화조약이 체결되자 저우언라이는 5월 5일, "요시다 정부는……주인 미국지도로 대만과 결탁하여, 그들이 맺은 조약을 '현재 중화민국 정부의 지배하에 있고 또는 장래 그 지배하에 들어가게 될 모든 영토에 적용한다'라는 완전히 제정신으로 한 행동이라고 생각할 수 없는 것과 같은 것마저 언급하며, 중앙인민정부와 중국인민을 공공연히 모욕하고 적시하는 요시다–장제스의 '평화조약'에 대해서는 단호히 반대하는 태도를 견지한다"(外務省アジア局中国課監修, 1970: 39-40)며 일본 정부에 대한 강한 분노를 표시했다.

일본 정치계와 경제계에서는 중국 대표 선택에 대한 상반된 인식이 지속되어 나타났다. 요시다 후임으로 1954년 취임한 하토야마 이치로鳩山一郎 수상은 요시다 정부의 정책을 대미일변도 정책이라 공격하고 대 공산권과의 관계를 중시하며 1956년 소련과 국교정상화(소일공동선언)를 이루었다. 국내외적으로 요시다의 등거리 전략은 중화민국을 선택한 것으로 해석된 것이다.

한편, 경제적인 측면에서의 일본과 중화인민공화국의 관계는 진전되었다. 일본의 등거리 전략에서 중국 문제와 관련될 때마다 언급된 '선린우호'관계는 경제, 무역관계로 나타났다. 일본은 중국과 오래전부터 선린관계를 맺어오고 있음을 강조하며, 어느 정부도 배제하지 않으려고 노력했다. 정치는 단절되어도 경제는 지속된다는 정경분리 정책이다.

〈표 4-3〉과 같이, 일본의 중화인민공화국의 무역은 1952년 중화민국과의 평화조약으로 수출은 급격히 감소했으나 1953년부터는 다시 증가하기 시작했다. 중화인민공화국으로부터의 수입은 1952년 이후 증가 추세에 있었다.

일본과 중화인민공화국의 경제적 관계는 더욱 심화되어 일본 내 중화인민공화국과의 국교정상화를 요구하는 목소리가 강화되었으며 1972년 일본과 중화인민공화국의 국교정상화에서 주요한 역할을 하게 된다. 그리고 놀랍게도 일본 정부는 일본과의 국교정상화를 통해 중국 대표로 인정받고자 하는 중화인민공화국에 대해 중화민국과의 평화조약이 중국 전체와의 교섭으로 해석될 수 있으며, 따라서 중화인민공화

〈표 4-3〉 일본과 중화인민공화국의 무역 추이

년도	수출	수입	합계
1949	0	0	0
1950	19,633	39,328	58,961
1951	5,828	12,606	27,434
1952	599	14,903	15,502
1953	4,539	29,700	34,239
1954	19,097	40,770	59,867

출처: 日中貿易促進議員連盟, 1967: 521-522 참조, 필자 재구성.

국은 배상청구 포기와 같은 중화민국이 약속한 조항을 받아들여야 한다고 주장했다. 일본과 중화민국 간 평화조약 내 절차상 타협으로 인한 해석의 모호성을 이용하여 중화인민공화국보다 유리한 위치를 차지하고자 한 것이다. 이것은 일견 1952년 일본–중화민국 평화조약의 적용범위 최소화를 주장했던 것과 상반된 모습을 보여준다. 그럼에도 불구하고, 1952년 중화인민공화국과의 관계를 유지하려고 했던 등거리 전략의 원칙은 1972년 중화인민공화국과 국교 수립 시 중화민국과의 관계를 유지하기 위한 정책을 마련하는 과정에서 유사한 양상을 나타냈다. 중국 선택 문제라는 관점에서 본다면, 중국의 두 정부와의 관계를 지속하려는 일본 정부의 대중국 정책은 1950년대 이후 지금까지도 유지되고 있다고 하겠다.

5. 등거리 전략의 한계와 중일관계

전반적으로 미국 점령기 하의 일본은 미국의 동아시아 정책과 외교정책에 의거하여 국내 질서를 복원하고 대외관계를 정상화시켰다. 패전직후인 1945년부터 샌프란시스코 강화조약을 통해 독립하게 된 1952년 이후에도 일본의 외교정책에 대한 미국의 영향력이 강력했다는 것은 부인할 수 없는 사실이다. 하지만 이 시기 일본의 정책을 미국일변도 정책이라든지 전략부재적인 정책이었다고 단순화한다면, 한 국가의 외교정책을 지나치게 수동적이고 단순하게 바라보게 될 위험이 있다.

그중에서도 특히 중국 대표 선택 문제와 관련한 요시다 정부의 정책은 미국 추종외교나 미국일변도 정책이라기보다는 실용주의적 등거리 전략이었다고 볼 수 있다. 중화민국과 중화인민공화국 중 어느 한 정부를 선택하기보다는 어느 정부와도 관계를 수립할 수 있다는 의도적인 개방적 정책이다. 일본 정부는 정치적 독립과 경제적 부흥을 추구한 일본 정부의 전후 정책, 미국과 영국을 비롯한 국제 사회의 대중 정책의 불일치, 그리고 일본과 미국의 중공에 대한 인식의 차이에 의해 딜레마를 겪게 되었다. 그 해결책으로 일본 정부는 정경분리 정책을 통해 외교공간을 확보하는 등거리 전략을 수정된 형태로 구현하고자 했다. 정경분리 정책은 등거리 전략의 현실적 한계를 반영한 것이지만, 실질적으로 정치와 경제의 분리를 원했던 것이 아니라 적어도 중공과의 경제적 교류를 잃지 않기 위한 것이었다는 점에서 현실적 한계를 고려한 등거리 전략의 차선책이었다고 볼 수 있다.

그러나 중화민국과 중화인민공화국에서 받아들이는 입장은 이와 상이했다. 두 정부 모두 중국 선택 문제는 택일 문제로 인식하여, 한 정부를 선택하는 것은 그 정부를 중국 대표로 승인하는 것을 의미했으며 곧 다른 정부를 불승인하는 것으로 받아들여졌다. 이것은 이후 중국 정부의 '하나의 중국' 정책으로 표방된다. 이러한 점에서 볼 때 일본의 등거리 전략은, 요시다의 의도로만 강조된 것으로, 중국 본토로의 접근이 차단될 우려를 달래기 위한 것으로 역할이 한정되었다고 볼 수 있다.

1972년 일본은 중화인민공화국과 국교정상화를 실현하면서, 중화민국 정부와의 국교가 단절되었다. 이후 중화인민공화국이 중국으로 인정되어 중일관계는 일본과 중화인민공화국의 관계가 대표하고 있다. 그러나 일본이 1972년 중화민국에서 중화인민공화국으로 국교 상대를 변경했을 때 이루어진 논의는 1952년에 중화민국과의 평화조약 체결 시에 내세운 근거와 상당 부분 일치한다. 특히 일본 정부는 국제연합에서의 대표성을 주요하게 고려했으며, 우호관계의 증진을 명분으로 삼고, 중화민국과의 관계를 유지하려고 했다. 이러한 일관된 입장은 1970년대 초 대중 정책 추진에 있어 가장 큰 제약이었던 미국과 중국의 갈등이 완화되는 조짐이 보이자마자 일본 정부가 신속하게 중화인민공화국과 국교정상화를 실현했던 이유를 설명해준다.

본 연구를 통해 요시다 정부의 대중 외교에는 일본의 국가 이익을 추구하려는 전략적 사고가 존재했음을 확인할 수 있었다. 이는 일본의 외교정책이 미국에만 종속 내지 의존한 것이 아니며, 제한된 상황 속에서 일본의 국익을 극대화하기 위한 정책 공간을 확보하려는 노력을 해왔음을 의미한다.

3부

냉전기 중일관계의 특수성: 1950-1960년대

중일 민간 경제외교와 정경분리 정책[1]

5 장

1. 정경분리와 정경불가분

일본은 1952년 일화평화조약을 통해 중화민국과 외교관계를 수립했다. 그러나 일본은 중국 대륙의 중화인민공화국 정부와의 관계를 유지해야 할 필요가 있었다. 제2차 세계대전의 기간 동안 중국 대륙에 남겨진 일본의 재산과 일본인들의 문제와 당시 인구가 약 7억 명에 달하고 있던 중국 대륙에서의 경제 발전의 기회 등 중국 대륙과 관련된 일본의 이해관계가 매우 높았기 때문이다.

이러한 국제 환경 속 제약과 현실적 이익의 딜레마를 극복하기 위해 일본은 중화민국과 외교관계를 유지해가면서도 중화인민공화국 정부와 민간 경제 협력을 중심으로 관계를 발전시켜가고자 했다. 그러한 정

1 5장의 내용은 Oh, Seung-Hee and Eunbong Choi. 2015."Separating Economy from Politics? Japan's Coexistence Strategy with Two Chinas in the 1960s." *KJIS* 13(2)의 내용을 수정 및 보완한 것이다.

책이 가능하도록 일본 정부는 이른바 정경분리 정책을 수립하여 정치와 경제를 분리[2]된 시각으로 접근하려고 시도했다. 바로 '정경분리' 원칙이다.

이에 반해 중화인민공화국 정부는 경제 분야의 교류를 통해 궁극적으로 중일 간 국교를 정상화하고자 했으며, 이는 정치와 경제는 분리될 수 없다는 '정경불가분' 원칙으로 제시되었다. 모순되는 것처럼 보이는 두 정책은 사실상 "중일 간 관계를 지속해야 한다"는 필요성에 기반한 같은 목적을 가진 정책이었다. 국교정상화로 나아가는 과정에서 일본과 중국 정부는 경제적 관계를 지속하고 발전시켜나가고자 한 것이다.

여기에서는 1972년 중국과 일본의 국교가 정상화되기 전 중일 간 관계의 형성과 발전 단계 과정에서 나타나는 일본 정부의 정경분리 정책을 외교청서를 통해 살펴본다. 일본 외무성은 국제 정세의 추이 및 일본이 시행한 외교 활동의 개관을 정리하여 외교청서를 발간하고 있다. 1957년 9월 제1호가 발간된 이후 매년 발간되어 그 내용을 외무성 홈페이지에 게시하고 있다. 주요 내용으로 지난해의 일본의 외교 활동을 지역별로 국가별로 정리하고, 해당 년도의 주요 외교문서와 무역 데이터, 인적 교류 데이터 등의 자료들을 제공한다. 이러한 일본 외무성의 공식 문서에 나타난 일본 정부의 중국에 대한 입장과 실제 데이터들을 분석함으로써 과거 1950년대, 1960년대의 중일관계의 기본적이고 핵심적인 내용들을 이해할 수 있을 것으로 기대한다.

일본 정부의 정경분리 정책을 분석함으로써 일본의 독자적인 대중외교정책의 존재와 특성을 확인할 수 있다. 방법론적으로는 기존 연구와 외교청서 내용을 질적으로 분석함과 동시에 외교청서에 대한 양적

2 여기서 분리separation는 외교관계와 경제교류의 디커플링decoupling을 시도하면서 동시에 등거리equidistance 전략을 취하기 위한 것이었다.

연구방법을 활용하여 일본의 정경분리 정책을 종합적으로 살펴본다.

2. 중일 민간 경제 협력

일본과 중화인민공화국간의 민간 경제 협력은 1972년의 일본과 중국의 국교정상화 이전의 중일관계를 설명하는 핵심 내용으로 연구되어 왔다. 중일관계에 관한 기본적 내용을 확립한 다나카 아키히코田中明彦는 20여 년간의 중일 민간 무역을 형성-단절-재개의 과정을 거쳤다고 보며 일본과 중국의 정치적 배경 하에서 민간 무역이 어떠한 영향을 받아왔는지 설명하고 있다(田中明彦, 1996). 또한 중일관계에 관한 전반적인 내용을 정립한 모리 가즈코毛里和子는 냉전 상황, 일본의 대미 관계, 대 중화민국 관계 등 다양한 제약 속에서도 민간 관계가 다각도로 모색되어왔음을 지적했다(毛里和子, 2006; 68).

민간 경제 협력의 존재에 관해서는 기존 연구들이 언급하고 있지만, 이러한 민간 경제 협력이 중일 정상화로 이어지는가에 대해서는 입장이 상이하다. 다나카는 1968년 이후 중국의 문화대혁명의 심화와 대일 강경자세로 인해 민간 경제 협력이 한계에 다다른 것으로 보고 있다. 모리는 민간 경제 협력이 L-T무역과 우호협력이라는 두 개의 체제로 비교적 안정적으로 유지되어왔다고 보았고, 이러한 민간 경제 협력이 가능했던 것을 민간 레벨의 우호성에서 찾으며 논의를 맺고 있다. 1972년의 국교정상화와 관련해서 부정적인 영향을 미친 것으로 보지는 않지만 어떠한 연계가 있다고는 언급하지 않고 있다.

중일관계의 대다수의 논의는 1972년의 중일국교정상화에 관한 설명을 닉슨 쇼크로 시작되는 것으로 보고 있다. 닉슨과 키신저의 대중 접근이라는 깜짝 발표와 1972년 초의 중국 대륙의 방문이 일본과 중화인민공화국의 국교정상화의 시작인 것처럼 여겨지곤 한다. 이러한 연구들은 주로 국제 질서의 변화를 기본 틀로 삼고 중일 양국관계에서 발생한 특징적인 사안들을 보조 축으로 설정하고 있다(毛里和子, 2006; 添谷芳秀, 1995; 한국국제정치학회 중국분과편, 2008). 물론 미중 접근이 중일국교정상화의 우호적인 분위기를 조성한 것은 분명하다. 그러나 중국과 일본 간의 독자적인 노력이 상대적으로 간과되어왔음을 주의해야 한다(殷燕軍, 2007). 또한 기존의 설명은 지나치게 외부적 요인만을 강조하여 중일 양국 간의 국교정상화로의 과정을 간과하게 만든다. 이에 본 연구는 1972년 중일국교정상화의 내부적 요인과 외부적 요인을 함께 검토하는 시각을 제공하고자 한다. 특히 내생적 요인endorgenous factor으로 중일 간 민간 경제 협력을 집중적으로 살펴본다.

정경분리 정책에 관해서는 학문적인 연구가 거의 진전되지 못하고 있다. 최은봉·오승희(2011)의 연구에서는 정경분리 정책이 일본이 중화인민공화국과 중화민국 모두로의 접근을 위한 '등거리 전략'을 추구하기 위한 정책에서 도입된 것으로 설명하고 있다. 등거리 정책은 중화인민공화국을 배제하지 않으려는 일본의 의도를 확인한 영국 정부가 일본 정부에 제안한 정책안이다(Hosoya, 1984: 249). 실제로 정책으로까지 입안되거나 정확한 명칭으로 표방되지는 않았지만 사실상 등거리 정책의 내용을 추구했다는 점에서 '등거리 전략'이라 볼 수 있다. 주요 내용은 첫째, 중화인민공화국을 배제하지 않겠다는 것이고, 둘째, 중국 선택을 가능한 한 연기한다는 것이다.

정치와 경제가 분리되어 접근한다는 기능적인 측면에서 정경분리라는 용어가 중일관계와 현재의 남북한 관계를 설명하는 것으로 빈번하게 등장하고 있다. 그러나 정경분리 이면에 담겨진 목적을 살펴보면 정경분리 정책이 가진 특징을 다음과 같이 살펴볼 수 있다.

첫째 정경분리 정책은 정치와 경제가 관련이 없다고 문자 그대로 생각하는 것이다. 이는 정치 영역과 경제 영역이 완전히 분리되어 상관관계가 나타나지 않을 것임을 의미한다.

둘째, 정경분리 정책은 경제적인 교류는 지속되어야 한다는 목적으로 도입된 것으로 정치적 관계가 긍정적이든 부정적이든 상관없이 경제적 관계가 긍정적으로 유지되기 위한 것이다. 이 경우는 정치와 경제가 분리되지 않음을 의미한다. 따라서 정치적 관계와 경제적 관계가 유의미한 관계를 나타낸다. 4장에서 살펴보았듯이, 1972년 이전의 중일관계에서의 정경분리는 그 등장부터 중화인민공화국 정부를 배제하지 않기 위한 정치적인 의도에서 기인한 것이다(최은봉·오승희, 2011: 200). 표면적으로 정치와 경제를 분리하겠다는 정책은 미국의 우려를 완화시키고 경제적 이익을 놓치지 않으면서 중국 선택 문제를 유예시킴으로써 일본의 대중 정책의 유연성을 확대시킨 것으로 볼 수 있다(최은봉·오승희, 2011: 200).

여기에서는 정경분리에 대한 두 번째 의미에 주목하여 중일 간 정치적 관계와 경제적 관계가 경험적으로 검증되는지 확인한다. 일본의 정경분리 정책이 어떻게 의도되었으며 어떤 결과로 나타났는지, 또한 그 의도와 결과의 관계는 유의미한지 밝혀내고자 한다.

정치와 경제관계의 일반적인 논의에 따르면 정치적 관계와 경제적 관계가 같은 방향으로 나타날 가능성이 높다. 하지만 정경분리 정책이 나타난다면 이러한 정치와 경제 관계가 유의미하지 않거나 상이한 방향으로 나타날 수 있음을 의미한다. 특히 정치적 관계가 긍정적이든 부정적이든 상관없이 경제적 관계가 긍정적으로 유지되기 위한 것이라는 정경분리 정책의 의미를 기반으로 다음과 같은 가설을 설정한다.

가설 1: 중일 간 정치적 관계가 긍정적이면 중일 간의 경제관계는 향상될 것이다.

정경분리 정책은 정치와 경제가 완전히 분리되어 관계가 없다는 것이 아니라 경제관계는 지속되거나 발전되어야 한다는 인식에 기반하고 있다. 따라서 정치적 경제관계가 긍정적일 경우 경제관계도 긍정적인 영향을 미칠 것으로 예상할 수 있다.

가설 2: 중일 간 정치적 관계가 부정적일 경우 중일 간의 경제관계에 미치는 영향은 크지 않을 것이다.

정치적으로 부정적인 관계이더라도 경제관계는 지속되어야 한다는 것이 정경분리 정책의 핵심이다. 따라서 중일 간 정치적 관계가 부정적일 경우에는 경제적 변수에 미치는 영향이 크지 않을 경우 정경분리 정책이 나타나고 있는 것으로 확인할 수 있다.

가설 3: 민간 경제제도의 확립은 중일 간 경제관계에 유의미한 영향을 나타낼 것이다.

정경분리 정책의 시행을 위해 일본 정부는 민간 차원의 경제 협력을 위한 제도들을 운영하고자 했다. 이러한 민간 경제제도가 그 설립 의도대로 경제관계를 활성화시키는 역할을 했는지 살펴볼 필요가 있다.

3. 외교청서 내용 분석

본 연구에 필요한 데이터를 수집하기 위해 제1차년도 외교청서인 1957년도 외교청서부터 중일국교정상화가 체결되기 전 해인 1971년도를 다룬 1972년도까지 16년간의 외교청서를 분석했다. 외교청서는 전년도의 내용을 정리한 것이기 때문에 본 연구가 다루는 대상년도는 1956년부터 1971년이다.

외교청서 중 '아시아관계' 내 중화민국과 중화인민공화국 관련 부분의 내용을 분석한다. 중국에 대해 기록한 내용을 분석함으로써 중일 간에 있었던 주요 사건들과 이에 대한 일본 정부의 공식 입장을 확인해본다. 종속변수로서 중일 간 경제관계 데이터는 외교청서 '부록'에 제시된 일본의 대對중화인민공화국 수출입 통계 수치를 활용했다. 1956년부터 1971년까지 '대중 수출', '대중 수입', '대중 수출입합계' 라는 세 가지 종속 변수를 설정했다. 각 수치는 통관 기준으로 작성되었으며 백만 달러 단위로 정리했다.

외교청서 내 '아시아관계' 혹은 '공산권과의 관계'에 수록된 중화인민공화국 관련 부분을 문장 단위로 다음의 분류에 따라 나누었다. 대부분의 경우 한 문장에 하나의 사실을 나타내고 있었다. 단 한 문장에 서로 다른 두 가지 사실을 나타내며 다른 분류에 해당하는 경우 각각 포함시켰다. 이는 중복으로 처리한 것이 아니라 다른 사실을 분리한 것임을 의미한다. 예를 들어, "우리나라의 중국 정책은 한편으로 중화민국과의 사이에 평화를 체결하고, 중화민국과 외교관계를 유지하고 있다는 사실과, 한편으로 약 7억의 인구가 있는 중국 대륙의 사이에서도 사실상 각종의 관계를 맺지 않으면 안 된다는 사실을 전제하고 있다"는 언급은 전반부는 일대(일본-대만정치관계임을 명기, 이하 일대관계로 명명함) 정치관계(긍정)에 후반부는 중일정치관계(긍정)에 각각 포함된다.

1957년도 외교청서부터 1972년도 외교청서에 나타나는 내용들을 정리하면 아래의 〈표 5-1〉로 분류된다.

첫째, '중공의 국제적 위상(긍정)' 변수는 일본이 중화인민공화국의

〈표 5-1〉 외교청서 내용분석 분류표

범주	세부분류	주요 내용
국제적	중공의 국제적 위상(긍정)	중공 승인 국가, 공산권 및 아시아 내에서의 지위
	중공의 국제적 위상(부정)	핵실험 비난, UN에서의 불안정한 지위
양자관계: 일본-중화민국 정치관계	일대정치관계(긍정)	중화민국과의 정치적 교류, 인사교류, 경제적 중요성 강조, 자유민주주의 가치 공유사실 확인 등
	일대정치관계(부정)	센카쿠 분쟁, 갈등 사건 발생
양자관계: 일본-중화인민공화국 정치관계	중일정치관계(긍정)	중공과의 협정체결, 인적 교류, 경제적 중요성 강조
	중일정치관계(부정)	협정의 파기, 중공 비난발언, 갈등 사건의 발생(나가사키사건, 센카쿠 영토 분쟁 등)
중국	대일 비난발언횟수	대일비난 발표, 책임추궁 등
기타*	중립적 발언	중립적 서술, 입장이 드러나지 않는 서술 등

* 기타는 외교청서의 내용을 모두 포함하기 위해 도입한 것으로 독립변수로는 포함되지 않음.

국제적 위상이 높아지고 있다고 인식하는 내용이다. 중화인민공화국을 승인한 국가가 증가했거나, 공산권에서 중화인민공화국의 중요성이 높아지고 있다는 언급, 중화인민공화국이 아시아 국가들과의 교류를 활발히 하면서 지위를 높이고 있다는 내용 등이 포함된다.

둘째, '중공의 국제적 위상(부정)' 변수는 국제 사회의 중화인민공화국에 대한 부정적인 인식이 있다고 일본 정부가 인식하는 내용이다. 중화인민공화국의 핵실험으로 인해 국제 사회가 비난하고 있는 경우, UN에서 중화인민공화국이 중국 대표로 인정되지 않고 있음을 지적하는 내용 등이 포함된다.

셋째, '일대정치관계(긍정)'는 일본과 중화민국의 관계가 긍정적이라고 기술한 부분이다. 중화민국과의 정치적 관계가 긍정적이라고 평가하거나, 인사 교류가 증가했다고 기술한 경우, 중화민국의 경제적 중요성을 강조한 경우, 자유민주주의 가치를 공유하고 있음을 강조한 부분이 이에 해당되었다.

넷째, '일대정치관계(부정)'는 일본과 중화민국의 부정적인 관계가 있었다고 기록한 부분이다. 센카쿠/댜오위다오 분쟁이나 정치적 갈등 사건이 발생한 경우의 내용을 포함한다.

다섯째, '중일정치관계(긍정)'는 일본과 중화인민공화국 간의 긍정적인 관계를 나타내는 부분이다. 중일 간 새로운 협정이 체결되었거나, 인적 교류가 활발했다는 언급, 중화인민공화국과의 경제적 관계가 중요하다고 인식한 부분들이 해당된다.

여섯째, '중일정치관계(부정)'는 중일 간 협정이 파기되었거나 지체되고 있는 상황, 일본의 중화인민공화국 정부에 대한 비난 발언, 나가사키국기사건이나 센카쿠/댜오위다오 분쟁과 같은 갈등 사건에 관한 언급을 포함한다.

일곱 번째, '대일비난발언'으로 중국 정부가 일본 정부를 비난하거나 강력하게 항의했다고 기록한 내용이 나타난 경우의 횟수를 수치화했다.

독립변수들 중에서 중공의 국제적 위상, 일대관계와 중일관계를 긍정과 부정으로 나눈 이유는 긍정으로 언급한 횟수와 부정으로 언급한 횟수를 분리하여 생각할 필요가 있다고 생각했기 때문이다. 발언횟수는 등간척도로서의 의미가 있기 때문에 이를 단순히 더하여 중화인민공화국의 국제적 위상이 높았다거나, 일대관계 중일관계가 긍정적 혹은 부정적이었다고 평가한다면 심각한 왜곡이 일어날 수 있다. 가령 1965년에 중일관계에 관해 긍정적 발언이 6번, 부정적인 발언이 6번 나타났는데, 이를 단순히 더하여 0으로 된다면 중일관계에 관해 아무런 언급도 없었던 것과 차이를 확인할 수 없다.

또한 각 범주의 긍정 변수들과 부정 변수들을 더하여 전체 긍정변수 또는 부정변수로 조작화하지 않았다. 이는 중공의 국제적 위상(긍정)변수, 일대관계(긍정) 변수, 중일관계(긍정) 변수가 같은 방향으로 나타나지 않을 수도 있음을 고려했기 때문이다. 특히 일본과 중화민국의 관계가 긍정적일 경우 일본과 중국의 관계는 부정적이 될 수도 있으며, 또 그렇지 않을 수도 있다고 생각한다.

이에 각 변수들이 개별 의미를 갖는 변수라고 보고 각 변수가 미치는 영향을 확인하기 위해 다중회귀분석을 실시했다. 다중회귀분석의 모델은 다음과 같다.

- 모델: $Y_{1\sim3}$ = α + β1 * 중공국제적위상(긍정) + β2 * 중공국제적위상(부정) + β3 * 일대관계(긍정) + β4 * 일대관계(부정) + β5 * 중일관계(긍정) + β6 중일관계(부정) + β7 * 중국의 대일비난발언 + ε

한편, 가설 3의 검증을 위한 '무역협정제도의 등장'변수는 1962년의 L-T무역협정과 우호무역협정 체결을 기점으로 시기를 구분했다. 1956년~1961년까지를 0(무역협정제도 이전)으로 코딩했고, 1962~1971년을 1(무역협정제도 이후)로 코딩했다.

4. 중일 정치와 경제의 관계

정치적 요인이 중일 간 무역관계에 영향을 미치는지, 그렇다면 어떤 요인이 영향을 미치는지 확인하기 위해 다중회귀분석을 시도했다.

다중회귀분석 결과, 〈표 5-2〉에서 보듯이, 분산분석의 결과인 F값의 통계적 유의미성은 일본의 대중수출(11.113**), 대중수입(8.208**), 수출입합계(7.719**) 모두에서 나타났다. 본 연구에서 설정한 독립변수들이 중일 간 경제관계를 설명하는 데 적실성을 가지고 있다고 볼 수 있다.

좀 더 구체적으로 살펴보자면, 특히 세 가지 종속변수에 대해 일대정치관계(긍정) 변수가 유의확률 0.01 이하 수준에서 통계적으로 유의미한 영향을 미치는 것으로 나타났다. 이는 1962년까지 중화인민공화국과의 관계를 아시아관계보다는 공산권과의 관계로 보았고, 중화민국과의 관계에 관한 언급이 거의 없었던 것이 1962년을 이후 큰 성장을 보이는 무역관계와 매우 유사하게 나타나기 때문에 나타난 결과로 해석된다.

이러한 일본과 중화민국 간 긍정적인 언급의 증가는 중화인민공화국과의 경제관계가 진전되면서 중화민국과의 관계 역시 긍정적으로 유지하기 위한 것으로, 중화인민공화국과 중화민국 모두와의 관계를 유지하고자 하는 일본 정부의 등거리 정책이 나타난 것으로 볼 수 있다. 이 역시 정치적으로는 한 정부를 선택한 상황이지만 이와는 별개로 경제관계는 두 정부와 지속되어야 한다는 정경분리 정책이 적용되고 있는 것으로 볼 수 있다.

더 나아가 일대 간 관계의 증진은 중일 간의 관계에 위협을 준 것이 아니라 오히려 자극을 줌으로써 경쟁적으로 무역관계를 증진시키는 원동력이 되었다는 해석의 가능성을 생각해본다.

중일정치관계(긍정) 변수는 중일 간 경제관계에 긍정적인 영향을 미치는 것으로 나타났다. 수출과 수입에서는 통계적으로 유의미하지는 않았으나, 수출입합계에서는 유의확률 0.05이하 수준에서 유의미한 것으로 나타났다. 매년도 중일관계에 관한 긍정적인 언급이 나타나고 있

〈표 5-2〉 일본-중공 무역관계에 대한 다중 회귀분석

종속변수 / 독립변수	MODEL 1 대중수출	MODEL2 대중수입	MODEL 3 수출입합계	MODEL 4 수출입비중	MODEL 5 수출입비중
중국 국제적 위상 (긍정)	-212.525* (91.182)	-148.316* (60.028)	-83.753 (51.908) -355.293* (119.736)	-0.393* (0.420)	-0.522 (0.228)
중국 국제적 위상 (부정)	220.250 (176.155)	224.127 (115.970)	-53.589 (64.957) 425.880 (231.321)	0.420 (0.202)	0.471 (0.215)
일대정치관계 (긍정)	28.530** (5.230)	17.901** (3.443)	97.199 (17.614)** 45.849** (6.868)	0.340** (0.055)	0.411** (0.103)
일대정치관계 (부정)	-34.509 (38.056)	-28.191 (25.054)	-31.857 (30.672) -67.699 (49.974)	-0.195 (0.095)	-0.177 (0.100)
중일정치관계 (긍정)	22.253 (9.982)	10.062 (6.572)	34.917 (17.709) 35.459* (13.108)	0.140* (0.055)	0.164* (0.063)
중일정치관계 (부정)	-5.094 (10.719)	1.001 (7.057)	-16.131 (22.299) -3.477 (14.076)	0.116 (0.069)	0.103 (0.072)
중국의 대일 비난 발언	25.570 (28.622)	-2.693 (18.843)	54.421 (32.596) 24.780 (37.585)	0.031 (0.101)	0.050 (0.106)
무역제도의 도입					-0.462 (0.561)
상수	-33.374 (65.872)	16.579 (43.366)	-38.411 (86.500)	-0.435 (0.448)	-0.437 (0.457)
F값	11.113**	8.208**	7.719**	7.406**	6.306*
결정계수(R제곱)	0.907	0.878	0.871	0.866	0.878
사례수(N)	16	16	16	16	16

1) 셀의 수치는 비표준화 회귀계수(B)와 표준오차(괄호 안)를 의미함.

2) * $p<0.05$, ** $p<0.01$

기는 하지만, 1966년 이후 중화인민공화국의 문화대혁명과 거듭되는 핵실험 등으로 긍정적인 언급의 횟수가 나타나기 어려운 상황이 지속되어 일대정치관계(긍정)보다 적은 영향력을 미치는 것으로 보인다.

중일정치관계(부정) 변수는 중일 간 수출과 수출입합계에 부정적인 영향을 미치는 것으로 나타났다. 하지만 그 관계가 통계적으로 유의미하지는 않은 것으로 나타났다. 이는 중일관계에 관한 부정적인 언급 횟수가 많아질수록 중일 간 수출입이 감소하는 것으로 나타난다는 점에서 정경분리 정책이 나타나지 않은 것으로 볼 수 있다. 하지만 이 회귀모델의 독립변수들 중에서 표준화 회귀계수가 가장 낮고(수출입합계의 경우 -0.030), 유의확률도 0.811라는 점을 고려해 볼 때 중일관계(부정) 변수가 중일 경제관계에 미치는 부정적인 영향이 높지 않다고 볼 수 있다. 오히려 수입의 경우에는 같은 방향으로 나타났는데, 이는 중일정치관계가 부정적일 때 수입이 증가할 수도 있다는 것을 의미한다. 그러나 이 역시 유의확률이 0.891로 매우 높고 표준화계수도 0.023으로 매우 낮아 영향력도 낮고 통계적으로 유의미하지 않다.

중일정치관계(부정) 변수는 정경분리 정책의 특성에 대해 다시 한 번 생각해보게 한다. 단지 정치적으로 부정적인 관계라고 하더라도 '경제적으로는 부정적인 영향을 미치지 않는다'고 보기보다는, 정치적 부정적인 요소가 경제적으로 부정적인 영향을 미치는 정도를 낮추기 위한 것이라는 정경분리의 소극적, 제한적 이해를 필요로 한다.

가설2의 정치적 부정적 관계와 중일 경제관계에 관해서는 '중국의 대일비난발언' 변수를 통해 보완하여 설명할 수 있다. 중국의 대일비난발언 횟수가 증가하여도 중일 간 수출과 수출입총합은 증가하는 것으로 나타났다. 다만 통계적으로 유의미한 수준은 아닌 것으로 나타났다.

이러한 역사적 경험을 바탕으로 1962년 중일 간 경제관계의 지속적 발전을 위한 합의가 나타났고, L-T무역과 우호상사 무역 등으로 제도화되면서 중일 간 경제관계는 이전 수준을 회복하고 다시 증가 추세로 나아갔다.

1960년대 후반의 중국의 국내 정치적 혼란은 1967년부터 1968년까지 2년 동안 중국에서 일본으로의 수입을 감소시키기고 일본에서 중국으로의 수출은 1967년 1년간 감소로 나타났다. 그러나 그 감소폭이 매우 작으며 경제제도 도입 이전에 비해 부정적인 영향이 최소화된 것으로 해석할 수 있다.

5. 정경분리 정책의 의도와 결과

이 장에서는 일본의 정경분리 정책의 의도와 결과를 경험적으로 비교함으로써 정경분리 정책에 담긴 의미를 재발견할 수 있었다. 정경분리 정책의 의미는 다음과 같이 세 가지로 나누어 살펴볼 수 있다.

첫째, 명목상의 정경분리이다. 정경분리 정책의 명칭 그대로 정치와 경제가 분리된다는 것을 의미한다. 이 경우 정치와 경제 간에는 긍정적인 관계도 부정적인 관계도 존재하지 않으며 통계적으로 유의미하지 않을 것으로 예측된다. 실제로 일대정치관계(긍정)를 제외한 대부분의 독립변수들은 종속변수인 중일 간 수출입수치와의 관계에서 낮은 영향력을 가지며 통계적으로도 유의미하지 않은 것으로 나타났다.

둘째, 정경분리 정책은 중일 간 경제관계의 발전을 위한 것이다. 이는 정치적 관계가 긍정적이든 부정적이든 중일 간 경제관계는 긍정적으로 나타날 것을 요구한다. 본 연구에서는 정치적 긍정적 관계가 경제적으로 긍정적인 관계를 나타내는 것으로 확인되었고(가설1), 수출입 전체의 경우 통계적으로 유의미하게 나타났다. 또한 중화인민공화국이 일본에 대한 비난발언과 중일 간 수출입수치가 같은 방향성을 나타내고 있는 것으로 나타났다. 이는 정치적으로 부정적인 요인이 경제적으로 비화되지 않는 상황을 부분적으로 보여주는 것이라 생각된다.

셋째, 협의의 정경분리 정책의 의미로 정치적으로 부정적인 관계가 경제적으로 부정적인 관계로 연계되는 것을 최소한으로 억제하기 위한 것이라는 해석이 가능하다. 본 연구에서는 중일관계(부정) 변수가 중일 간 무역수치와 부정적인 관계로 나타나는 것을 해석하는 과정에서 설명되었다. 비록 중일관계에서 부정적인 언급이 증가한 것이 중일 간 무역수치의 감소의 경향으로 나타나기는 했지만, 그 경향도 매우 낮은 것으로 확인되고 통계적으로 유의미한 것이 아니었다(가설2). 또한 1960년대 후반 중국의 국내적 정치 혼란 속에 부정적인 사건이 발생했을 때 수입이 단기간 약간의 감소로 나타났지만 수출의 감소세가 약하여 전체적으로는 증가 경향을 유지하고 있는 사실을 설명할 수 있다.

이 장에서의 분석 결과는 세 번째 의미의 정경분리 정책, 즉 협의의 정경분리 정책이 연구 가설과 연구 모델을 가장 적합하게 설명할 수 있음을 보여준다.

또한 이러한 정경분리 정책은 이를 시행하기 위한 제도를 통해 유의미한 영향력을 행사할 수 있었다. 중일 간 경제관계는 1962년 L-T무역과 우호무역이라는 민간 무역제도의 도입 전후로 매우 다른 양상을 나타내고 있다. 무역제도 이전의 중일관계는 정경분리보다는 정경불가분의 현상이 나타났지만, 1962년 이후로는 정경분리 정책이 정착되어 중국의 문화대혁명, 일본인 납치사건 등 양국 간 불미스러운 사건들이 나타났음에도 경제적 관계는 발전 추세를 나타낼 수 있게 했다.

이번 경험적 분석의 가장 큰 발견은 일대정치관계(긍정) 변수였다.

일본과 중화민국의 정치적 관계가 긍정적일수록 일본과 중화인민공화국의 경제관계가 긍정적이였으며 통계적으로 유의미했다. 이는 일본정부가 중화인민공화국과의 관계를 증진해나가는 과정에서 중화민국정부를 의식하지 않을 수 없었음을 의미하며, 중화민국과 중화인민공화국 정부 모두와의 관계를 유지하려는 등거리 정책을 표방하고 있음을 경험적으로 확인했다.

이 장에서는 기존에 질적으로 연구되어온 중일관계를 경험적으로 분석했다는 데 의의가 있다. 그러나 다음과 같은 한계를 가지고 있다. 우선 내용 분석 방법에 대한 한계가 있을 수 있다. 연구자의 능력에 따라 내용 분석의 데이터가 상이해질 가능성이 있다. 이 장에서는 이점을 주의하여 여러 가지 범주의 분류의 가능성을 생각해보았고, 문장 단위로 분석함으로써 해당 사실이 언급된 횟수를 가중하여 등간척도로 구성했다. 가능한 한 외교청서의 내용을 그대로 반영하여 자의적 해석을 최소화하고자 했다.

또한 분석 대상의 사례수가 많지 않다는 점이 한계가 될 수 있다. 1956년부터 1971년까지의 16년간의 데이터를 분석했고 일부 변수에서는 충분한 수치가 도출되지 않았다. 그러나 중일 간 국교정상화가 나타나기 이전까지 외교청서를 통해 중일 간 외교관계와 정경분리 정책을 조사한다는 연구의 목적에 비추어본다면 샘플 조사나 표본 추출이 아닌 전수조사에 해당된다는 점에서 연구의 정확성과 신뢰도는 높다고 볼 수 있다. 해당 년도에 어떠한 변수가 언급되지 않았다는 점이 갖는 의미까지 고려한다면 향후 각 변수를 다양하게 활용할 수 있을 것으로 기대한다.

본 연구는 일본 외교청서를 기준으로 외교정책을 살펴보는 것으로 범위를 한정시켰다. 같은 연구 목적을 외교청서가 아닌 이 시기의 정경분리 정책을 평가할 만한 데이터를 활용하여 분석한다면 본 연구의 결과를 보완할 수 있을 것이라 기대한다.

마지막으로 대부분의 국가들 간의 경제관계도 그러하듯이 일본과 중화인민공화국의 무역관계는 기본적으로 시간이 지날수록 증가되는 추세를 보이고 있다. 따라서 년도별 중일 간 무역관계의 증가 추세의 영향력을 제외할 수 있다면 더욱 정확한 분석이 가능할 것이다.

1972년 중일 국교정상화로 인해 일본과 중화인민공화국 간의 정경분리는 종료되었다. 그러나 1972년부터는 중화민국과의 사이에 정경분리 정책이 도입되어, 일본은 중국 대륙과 중화민국 양 정부 모두와의 경제 교류를 지속해나가고자 하는 외교 정책을 지속해나가고 있다. 대상을 달리한 정경분리 정책은 아직도 유지되고 있는 것이다. 그 외에도 북한과 같이 일본과 국교를 수립하지 않은 나라나 한국과 북한의 경우와 같이 정치적으로 부정적이거나 불안정한 관계에 놓여 있는 국가들과의 관계에서 정경분리 정책이 제안되거나 사용되고 있다. 정치와 경제가 보다 밀접해지고 있는 상황에서 향후 정치와 경제의 관계에 관한 심도있는 질적, 양적 후속 연구들이 등장할 것이라 생각한다.

6 장

중일국교정상화의 문화적 이해[1]

1. 중국과 일본의 민간교류

이 장에서는 중국과 일본의 국교정상화 과정에서 전개된 문화교류의 역할과 정치성에 대해 논한다. 중일국교정상화(1972년)는 미중 화해를 바탕으로 한 데탕트 국면에서 미중국교정상화(1979년)에 앞서 진행되었다. 1970년대 초반에 나타난 국제 정세의 변화를 일본과 중국이 신속하게 적용할 수 있었던 것은 이전까지 진행되어왔던 중일 민간 교류 덕분이었다.

당시 중화인민공화국과 중화민국은 각자 중국의 대표 정부임을 주장하는 '하나의 중국One China' 원칙을 내세우고 있었다. 일본은 미국과의 협조 체계를 고려하여 자유주의 진영의 국민당 정부와 국교를 맺고

1 6장의 내용은 오승희, 최은봉, 2018, "'정경분리'와 '이민촉관'의 공존: 중일국교정상화의 문화적 이해." 『문화와 정치』 5(4)의 내용을 바탕으로 작성한 것이다.

있었다. 그러나 미국과는 달리, 일본 정부는 중화민국을 외교적으로 승인하면서도 중화인민공화국과의 교류를 지속해나가기 위한 '일본 방식'을 발전시켜왔다(平川幸子, 2012).

그렇다면, 일본 정부는 왜 미국과 중화민국의 반대에도 불구하고 중화인민공화국과 교류하고자 했는가? 무엇보다도 일본 정부는 전후 처리 과정에서 중화인민공화국과 협력할 필요성이 있었다. 중국에 남겨진 일본인들의 귀환 문제를 논의해야 했다. 또한, 현실적으로 중화인민공화국이 중국 대륙의 넓은 영토와 당시 약 7억 명 이상의 인구를 통치하고 있다는 사실도 무시할 수 없었다. 게다가 경제 협력을 통한 발전 가능성이 큰 시장이라는 기대감으로 중화인민공화국과의 관계 개선이 필요했으며, 경제계로부터의 요구도 강화되고 있었다(오승희, 2017).

일본 내부에 중화인민공화국을 지지하는 친중국파와 중화민국을 지지하는 친대만파가 형성되고, 일본 정부는 친중국파와 친대만파의 압력과 요구를 반영하며 중화민국과 관계를 유지해나가면서 중화인민공화국과의 관계를 개선해나갔다(최은봉·오승희, 2012b).

중국 문제에 대한 일본의 방식은 기본적으로 중화민국을 외교적으로 승인하지만, 중화인민공화국과의 경제 교류는 가능하다는 정경분리政經分離 원칙으로 구체화된다. 중화인민공화국으로의 접근이 제한되었던 냉전기 국제 정세를 반영하여 정치적으로는 중화민국을 선택했지만, 비정부 간 교류는 가능하도록 열어두려는 방안이었다.

한편, 중화인민공화국은 중국의 대표 정부임을 주장하고 있었지만, 1971년까지 국제연합UN을 비롯한 국제 사회에서 중화민국이 중국을 대표하고 있었다. 중화인민공화국은 중국 대표로 승인받는 것이 중요했으며, 일본과의 관계에서도 민간 교류를 통해 정부 간 협력을 강화하는 것을 목표로 했다. 민간 교류를 통해 관官의 협력을 촉진한다는 이민촉관以民促官 정책이다. 이는 민간 영역과 정부 간 영역을 연계하는 것으로, 일본의 정경분리 원칙에 대해서는 정경불가분政經不可分 원칙으로 대응했다(张耀武, 2007).

일본 정부의 정경분리와 중국 정부의 정경불가분 원칙은 표면상으로는 모순되지만, 사실상 양국간 교류 활성화라는 공통된 목표를 지향하는 것이었다. 일본의 정경분리는 미국과 중화민국, 국내의 친대만파에 대해서는 중화인민공화국으로의 접근이 비정부적인 성격을 가진 민간 교류임을 강조함으로써 중화인민공화국과의 교류를 설득하기 위한 논리였다. 또한 '하나의 중국'을 강요하며 중화인민공화국만을 승인할 것을 요구하는 중국 측의 주장에 대해, 중화민국과의 관계를 단절할 수 없는 일본 정부의 입장을 설명하기 위해서도 필요했다. 즉, 하나의 중국론을 주장하는 중화인민공화국과 사실상 두 개의 중국과의 교류를 희망했던 일본 정부의 입장이 분리와 불가분이라는 모순된 표현으로 나타난 것이다.

그렇다면, 정경분리와 이민촉관이라는 모순된 접근 방식은 어떻게 중일국교정상화로 나아가게 되었는가? 기존 연구는 민간 교류 중에서도 특히 경제 교류에 집중한 연구들이 많다. 중일 간 경제 교류는 냉전기 중일관계의 특수성을 설명할 수 있는 중요한 요인이었다(서승원, 2012; 李恩民, 1997; Oh & Choi, 2015 등). 1950년대부터 1960년에 걸쳐 4차에 걸친 중일민간무역협정과 L-T무역, 각서무역 등은 중일 간 경제협력을 가능하게 하는 제도들이었다. 그러나 정부 간 공식적인 접근이 제한된 상태에서 민간을 중심으로 한 교류와 협력의 움직임이 보다 다양하게 모색되었음을 상기할 필요가 있다. 민간 교류에서 경제 협력이 가시적 성과로 나타난 반면, 경제 교류와 함께 진행되었던 다양한 문화 교류의 역할은 상대적으로 간과되어왔다.

이 글은 중일국교정상화를 가능하게 했던 민간 교류의 역할 중에서도 문화교류의 역할에 집중한다. 문화 교류가 경제 협력과 정부 간 협력을 가능하게 했던 정치-경제-문화의 연계성을 확인하며 중일국교정상화의 문화적 측면을 이해하는 것이 이 장의 목적이다.

2. 중일국교정상화의 문화적 이해

기어츠Clifford James Geertz는 『문화의 해석』에서 문화란 사회적으로 설정된 일련의 의미구조들로 이루어져 있다고 강조한다(기어츠, 2010: 24). 특히 1945년 이후 신생국들은 스스로의 정체성을 추구함으로써 사회적으로 공인받고자 하며, 생활 수준의 향상, 효과적 정치 질서, 국제 사회에 영향력을 행사하겠다는 목적을 추구한다(기어츠, 2010: 302). 1945년 이후 일본과 중국도 새로운 국가 건설과 국민 통합을 위한 과제를 안고 있었으며, 이 과정에서 국가 정체성과 이를 뒷받침하는 각종 제도들이 형성되고 발전하고 변화해나간다.

1949년 중화인민공화국이 수립되자 중국을 대표하는 두 개의 정부가 존재하게 되었다. 이전까지 중국을 대표하고 있던 장제스蔣介石의 국민당 정부는 중화민국이라는 국명을 유지하는 중국의 대표 정부라고 주장했다. 국공내전 이후 중국 대륙을 통치하게 된 마오쩌둥毛澤東의 공산당 정부는 중국을 대표하는 유일한 합법 정부임을 주장했다. 중화민국과 중화인민공화국은 국제적으로 단 하나의 정부만을 중국 대표로 선택할 것을 요구하는 '하나의 중국' 원칙을 주장했다.

패전 후 주권 회복 및 독립을 추구하던 일본 정부는 1951년 샌프란시스코 강화회의를 준비하면서 중국 대표권 문제에 직면하게 된다(오승희, 2017). 미국과 영국의 중국 인정 정책의 차이로 인해 중국 초청 문제는 쉽게 결정되지 않았다. 결국, 일본 정부 스스로 선택하도록 남겨졌고, 일본 정부는 국제 사회의 결정을 참고하겠다며 중국 정부 선택을 미루었다(吉田茂, 1958). 그리고 1952년 샌프란시스코 강화조약 발효일인 1952년 4월 28일, 일본과 중화민국은 평화조약(이후, 일화日華평화조약)을 체결하며 외교 관계를 수립했다.

그런데 일화평화조약 체결 전후로 일본 정부는 중국 전체와 협정을 맺은 것이 아니라는 점을 여러 번 강조한다(吉田茂, 1958: 76). 일본 정부의 기본 인식은 하나의 정부만을 선택해야 한다는 '하나의 중국'과 달리, 중화인민공화국과 중화민국 양 정부 모두를 인정할 수 있다고 본 것이다. 이에 대해 중국은 일본이 '두 개의 중국' 혹은 '하나의 중국, 하나의 대만' 정책을 취하고 있다고 항의한다.

1972년의 중일국교정상화는 일본 정부가 '하나의 중국' 원칙을 수용함으로써 중화인민공화국이 중국 유일한 합법 정부로서 정체성을 확보하고 중일 관계에서도 당사자로서의 정당성을 확보하게 되었다는 점이 중요하다. 1972년 이전까지 일본 정부는 중화민국을 외교적으로 승인한 상태에서 중화인민공화국과의 관계를 모색해야 한다는 점에서 정치와 경제를 분리하여 접근하고자 했다. 일본의 정치와 경제 분리는 두 개의 중국 승인 정책이었으며, 하나의 중국을 불인정하는 정책이었다.

그러나 중화인민공화국의 입장에서 '하나의 중국' 원칙은 정체성 문제이자 핵심적 국가 이익이었다. 중일국교정상화 과정에서도 하나의 중국 원칙을 관철시키는 것이 중요했으며, 외교적 접근이 어려운 상황에서 민간 교류를 통해 하나의 중국 원칙을 실현시키고자 했다. 즉, 경제 및 문화 교류를 통해 정치 협력을 이끌어낸다는 정경불가분 원칙이다.

일본 정부는 정치와 경제의 분리를 주장하고 중국 정부는 정치와 경

〈표 6-1〉 본 연구의 분석틀: 정치-〈문화〉-경제

정치	냉전기 이데올로기 대립 정부 승인 및 외교관계 수립	→	중일국교정상화 (1972) 중일평화우호조약 (1978)
문화	**인적 교류의 공간 제공 공존 정체성 확인 및 강화**		
경제	무역협정 체결 경제계 교류 및 협력		

출처: 필자 작성.

제의 불가분을 주장하며 표면적으로 대립하고 있었지만, 현실적으로 양국 간의 교류 및 협력을 지속해나가기 위한 공통된 정치적 의지가 반영되어 있었다. 중일관계의 지속 및 협력 강화를 위해 표면상 정경분리와 이민촉관의 모순은 공존할 수 있었다. 그리고 관계 유지라는 정치적 의지를 실현시킬 수 있었던 공간을 제공했던 것이 바로 문화 교류였다.

이 글은 정치 영역과 경제 영역의 분리 또는 불가분이라는 전략적 접근 방식이 충돌하고 조정되고 공존할 수 있었던 문화 교류의 사례를 분석한다. 중일국교정상화는 외교관계를 수립하는 정치적인 측면과 무역과 상호 이익에 집중하는 경제적 측면, 그리고 정체성 확인 및 인적 교류를 심화해나가는 문화적 측면이 모두 존재한다. 이 장에서는 기존 연구에서 다루어진 정치와 경제 분야의 교류와 협력에 더해 문화적 측면을 함께 다룸으로써 중일국교정상화를 복합적으로 이해한다(표 6-1 참조).

냉전기 정치적 접근이 제한되어 있는 상황에서 경제 교류를 표방하며 진행되었던 민간 교류는 문화, 스포츠, 예술, 교육 분야의 교류가 함께 진행되었다. 중일 간 인적 교류를 비롯한 민간 교류를 촉진했던 단체로는 1949년 발족한 중일무역촉진의원연맹日中貿易促進議員連盟과 1950년 설립된 일본중국우호협회日本中国友好協会의 역할이 컸다.[2]

〈표 6-2〉는 1949년부터 1978년 중일평화우호조약에 이르기까지 중일 간 주요 정치, 경제, 문화 교류 사례를 정리한 것이다. 앞으로 살펴볼 절들에서는 문화적 측면에서 중일국교정상화에 이르는 전환점이 된 나가사키 국기사건, 도쿄 올림픽과 나고야 세계탁구선수권대회 사례를 분석한다. 그리고 문화적 공간의 마련과 인적 교류를 통해 1972년의 중일국교정상화와 1978년 중일평화우호조약에 이르는 과정을 살펴본다. 이를 통해 정경분리와 정경불가분의 원칙이 상호 충돌하고 대립하는 가운데 문화 교류를 통해 상호 인식을 조정하고 정책 변화로 나타나는 중일 관계의 특수성을 이해할 수 있다.

〈표 6-2〉 중일관계: 정치-문화-경제 교류의 연계

시기	주요 사건
1949.10	중화인민공화국 성립
1950.10	중일우호협회창립
1952.04	일화평화조약
06	제1차 중일민간무역협정 조인
1953.02	중국인포로순난자 위령실행위원회 발족
03	중일우호협회, 일본적십자사 등 3단체와 중국적십자회가 <일본인잔류민의 귀국원조문제에 관한 공동 커뮤니케> 발표
05	재중 일본인귀국 제1편 마이즈루舞鶴항 입항
07	중국순난자유골송환선 구로시오마루黒潮丸 출항 <중일무역촉진에 관한 결의> 채택

2 오늘날 중일 우호관계를 도모하기 위한 '중일우호 7단체'로 일본중국우호협회日本中国友好協会, 일본국제무역촉진협회日本国際貿易促進協会, 일본중국문화교류협회日本中国文化交流協会, 중일우호의원연맹日中友好議員連盟, 중일경제협회日中経済協会, 중일협회日中協会, 중일우호회관日中友好会館이 있다. 이들 중 대부분은 중일국교정상화 이전인 1950년대부터 발족하여 활동하기 시작했다. 특히 일본중국우호협회는 1950년 10월 1일 창립하여 방중단 파견, 방일단 맞이, 유학생 교류, 중국어 일본어 교육, 문화, 예술, 교육, 스포츠, 공연 등 개최, 중국 관련 정보 교류 및 출판 등의 사업을 진행해오고 있다(日本中国友好協会, 2018; 日本中国文化交流協会, 2018; 日中友好会館, 2018).

시기	주요 사건
1954.03	중국적십자사대표단 방일(신중국건국후 최초 방일대표단)
09	최초 학술문화시찰대표단 파견
1955.04	반둥Bandung회의에서 저우언라이周恩来 <평화공존5원칙>에 따른 중일국교정상화 희망
05	제3차 중일민간무역협정 체결(일본국제무역촉진협회, 중일무역촉진의원연맹, 중화인민공화국일본방문무역대표단)
12	중국과학원방일시찰단(궈모뤄郭沫若 단장) 방일
1956.05	메이란팡梅蘭芳 중국경극단 초청, 각지에서 공연(아사히신문사 공동개최)
09	중화인민공화국 내의 일본인 전범, 억류자 1000여명 석방, 귀국
10	베이징에서 일본 상품 전시회 개최
1958.03	제4차 중일민간무역협정 체결
05	나가사키 국기 사건 발생(2일) 중국 천이陳毅 외상, 중일경제문화교류 중지 선언
1960.05	중국 무역 3원칙貿易3原則 제시, 우호무역 개시
1962.11	L-T무역L-T貿易 발족
1963.11	중일우호협회中日友好協会 설립
1964.09	중일 쌍방 기자교환 실시(중국 7인, 일본 9인 상주기자 교환)
10	도쿄 올림픽 개최 중화인민공화국 핵실험 성공
1965.08	중일 청년 교류
1968.	각서무역覚書貿易 개시
1971.03	제31회 세계탁구선수권대회, 중국 팀 참가, 핑퐁외교
07	닉슨Richard M. Nixon 대통령, 중국방문 계획 발표(닉슨쇼크)
10	국제연합에서 중화인민공화국의 합법적 지위 회복
1972.09	중일공동성명 조인, 중일국교정상화 실현(29일)
1973.04	중일국교정상화 기념 스모 중국 공연
06	고베神戸시-톈진天津시 우호도시 체결 제1호
1974.04	중일항공협정성립, 제1기 공비유학생 11인 파견
1977.09	<중일평화우호조약체결촉진국민집회> 개최(도쿄東京, 43단체 공동개최)
1978.08	중일평화우호조약 체결
1979.05	중일우호의 배「中日友好の船」랴오청즈廖承志단장 600인 일본 방문
11	국제올림픽위원회IOC: International Olympic Committee에서 중국의 지위 회복

출처: 日本中国友好協会, 2018 참고, 필자 재구성.

3. 일본의 '정경분리'와 중국의 '이민촉관'의 공존

1) 나가사키 중국 상품 전시회(1958): 정치 3원칙과 무역 3원칙

중화인민공화국은 1952년 체결된 일화평화조약을 비난하고, 일본과 중화인민공화국의 국교 수립을 촉구했다(鹿島平和研究所, 1983; 毛里和子, 2006). 일본과 중화인민공화국의 국교 수립에 대한 요구는 민간 경제 영역에서 가능성을 찾기 시작했고, 1950년대 4차례에 걸친 민간 무역협정民間貿易協定으로 전개되었다. 그러나 외교관계가 제한된 상황에서 민간 교류의 한계를 인식하게 되는 사건이 발생한다.

1958년 5월 2일 일본 나가사키長崎 시의 한 백화점에서 중국 상품 전시회가 개최되었다. 그런데 전시회에 게양되어 있던 중화인민공화국의 국기인 오성홍기五星紅旗를 일본 우익단체 청년이 끌어내리는 사건이 발생했다. 이 남자는 바로 체포되었으나 당일 석방되었다. 일본 정부는 중화인민공화국을 승인하고 있지 않은 이상 오성홍기는 국기에 해당하지 않으므로 일본 형법 제92조의 외국국장손괴죄에 해당하지 않는다고 해석한 것이었다.

일본 정부의 해석에 대해 중화인민공화국은 강력하게 항의했다. 이 사건은 중화인민공화국 국기에 대한 모독이며 중화인민공화국을 적시한 것, 즉 중화인민공화국의 정체성을 부정한 것으로 받아들여졌다. 이 사건으로 1958년 5월 12일 일본과 중화인민공화국 간의 무역이 전면 정지되었다(田中明彦 1996).

1958년 8월 중화인민공화국 정부는 '정치 3원칙政治三原则'을 제시하여 단절 의지를 재확인했다. 정치 3원칙은 (1) 즉시 중국을 적시하는 언동과 행동을 정지하고, 다시 반복하지 않을 것 (2) '2개의 중국'을 둘러싼 음모를 중지할 것, (3) 중일 양국의 정상적인 관계 회복을 방해하지 말 것을 강조하며 정경불가분의 원칙을 분명히 한 것이다(日本外務省中国課, 1970).

그런데 시간이 지날수록 전면적인 관계 단절은 중화인민공화국에도 타격을 주었다. 특히 중화인민공화국은 대약진운동의 실패로 극심한 경제적 곤란을 겪고 있었고(田中明彦, 1996), 일본과의 경제 교류의 단절은 경제 발전에 큰 걸림돌이 되었다. 이에 1960년 8월 27일 저우언라이周恩來 총리는 '무역 3원칙'을 제시한다. 무역 3원칙이란 (1) 무역과 그 외 모든 협정은 정부 간 협정을 원칙으로 한다. (2) 불가능한 단계에서도 우호를 기초로 한 민간 기반의 거래는 가능하다 (3) 개별적 배려에 입각한 중소기업과의 무역은 계속한다는 것으로 정부 간 협정, 민간 계약, 개별적 배려라는 세 가지 항목에 기반한 무역 관계를 인정한 것이다(鹿島平和研究所, 1983).

정부 간 협정과 민간 계약, 개별적 배려로 나누어 접근한 것은 중국 측에서도 정경분리 원칙을 다소 반영했음을 의미한다. 특히 우호를 기초로 한 민간 기반의 거래가 가능함을 통해 정경분리와 정경불가분의 대립은 양국 간의 교류 지속을 위해 완화되었다.

나가사키 국기 사건 이후로 양국은 교류의 지속성을 확인하며 정경분리와 정경불가분의 견해를 좁혀나가기 시작했다. 장기적으로는 이민족관을 지향하지만, 단기적으로는 정경분리가 가능할 수 있다는 것이다. 이후 일본에서는 1960년대 중국에 대한 '정경분리 정책'[3]이 공식화되어 외교청서에도 중일 관계에 대한 기본 입장으로 제시된다(日本外

3 정경분리 정책에 대한 보다 자세한 연구는 添谷芳秀, 1995; 田中明彦, 1996; 毛里和子, 2006; 高世鷹, 2010, 서승원, 2011, Oh and Choi, 2015 등 참조.

務省, 1964).

일본과 중화인민공화국의 무역 재개의 효과는 1962년부터 나타나기 시작했다. 1962년 11월 9일 중화인민공화국의 랴오청즈廖承志와 일본의 다카사키 다쓰노스케高碕達之助 간에 각서가 체결되었고 이들의 이름을 딴 L-T무역이 성립되었다. 이에 따라 1964년 8월 주재원의 외교관 대우는 부여하지 않는 연락사무소가 개설되었다. L-T무역은 1962년부터 1967년까지 5년간의 무역 관계의 기반이 되었다. 또한 우호무역은 저우언라이 무역 3원칙 중 세 번째 항목에 근거하여 시작되었다(外務省, 1963). 중화인민공화국의 국제무역촉진위원회와 일본 측의 중일무역촉진회와 일본국제무역촉진협회, 그리고 국제무역촉진협회 간사이關西 본부를 중심으로 개별적 배려에 입각한 우호무역이 추진된다. 저우언라이 총리는 정치 3원칙, 무역 3원칙, 정경불가분 원칙을 중일관계의 기본 원칙으로 제시했다.

2) 가네포(1963)와 도쿄 올림픽(1964): 정경분리에서 불가분으로

1964년 일본은 아시아 최초로 올림픽을 개최했다. 올림픽 개최를 바탕으로 일본은 고도 경제 성장을 이루어 세계 2위의 경제 대국으로 발돋움한다. 그리고 중화인민공화국은 1964년 첫 번째 핵실험을 성공시키며 핵보유국으로 등장한다. 이후 1960년대 아시아-아프리카 신생 독립국들과의 관계를 강화해나가며 중국 대표로서의 정체성을 강화해 나간다. 정치적 영향력을 강화하는 중화인민공화국과 경제적 영향력을 강화하는 일본의 행보는 도쿄 올림픽 참가 여부를 둘러싼 논란을 통해 확인할 수 있다.

일본은 1940년 제12회 올림픽을 개최할 예정이었다. 1940년 올림픽은 일본 건국 2,600년을 기념한다는 의미를 담아 추진되고 있었다. 1936년 7월 31일 국제올림픽위원회 총회에서 도쿄 개최가 결정되었으나, 1937년 루거우차오蘆構橋 사건 이후 전개된 중일전쟁의 심화로 일본 정부는 1938년 7월 15일 올림픽 개최를 포기했고 결국 제12회 올림픽은 전쟁 중에 개최되지 못했다(The Organizing Committee, 1966; 橋本一夫, 2014).

1940년 제12회로 예정되었던 도쿄 올림픽은 1964년 10월 10일부터 24일까지 제18회 올림픽으로 개최되었다. 1964년 도쿄 올림픽은 '세계는 하나'를 슬로건으로 내세운 아시아에서 열린 첫 번째 올림픽으로, 93개국 5,151명의 선수가 참가했다(The Organizing Committee, 1966). 그런데, 아시아에서 처음으로 주최한 올림픽에 인도네시아, 중화인민공화국, 북한이 참석하지 않았다(국립중앙도서관, 1982). 중국과의 관계에서 살펴보면, 24년 전 1940년 도쿄 올림픽은 중일전쟁으로 인해 개최되지 못했고, 1964년 경기에는 중화인민공화국이 참석하지 않았다.

왜 중화인민공화국은 1964년 도쿄 올림픽에 참가하지 않았는가? 이 역시 중국 대표권 문제와 관련된다. 1949년 중화인민공화국이 성립하기 이전까지 중국은 중화민국의 이름으로 올림픽에 참가해왔다(양순창, 2010). 1924년 중화아마추어운동연맹the China National Amateur Athletic Federation이 국제올림픽위원회IOC의 승인을 받아 1932년 제10회 로스앤젤레스 올림픽, 1936년 제11회 베를린 올림픽, 그리고 1948년 제14회 런던 올림픽에 참가했다.

중국체육위원회中国体育组织, The Chinese Olympic Committee는 1910년 10월 성립되었고, 1922년 국제올림픽위원회의 승인을 받았다. 1932년 제10회 로스앤젤레스 올림픽이 중화민국이 참여한 첫 번째 올림픽이었다. 한편, 1949년 중화인민공화국의 성립 이후, 1954년 5월 국제올림픽위원회 제49차 회의에서 전중국스포츠연맹All-China Sports Federation이 승인을 받아 1956년 개최되는 제16회 멜버른 올림픽에 공식 초청을 받았다. 그러나 IOC가 중화민국도 이 올림픽에 참가할 수 있도록 하자, 1956년 제16차 올림픽집행위원회에서 중국은 국제올림픽위원회 내에 두 개의 중국올림픽위원회가 존재하는 것이 '두 개의 중국'을 만드는 것이라 주장하며 항의했다. 중국올림픽위원회는 1958년 8월 19일 국제올림픽위원회와의 모든 관계를 단절한다고 선언했다.

1964년 도쿄 올림픽은 1958년 중화인민공화국이 IOC를 탈퇴하고 1979년 복귀하기 이전의 시기에 개최되었다.[4] 1960년 로마 올림픽, 1964년 도쿄 올림픽, 1968년 멕시코 올림픽, 1972년 뮌헨 올림픽에서 IOC의 중국 대표로 공식 자격을 가지고 있는 것은 중화민국이었다.

일본은 1964년 도쿄 올림픽 준비를 추진하는 가운데 중화민국의 참석과 하나의 중국 문제에 대한 일본의 입장을 논의했다. 중화민국이 '중국'으로 참가하는 것인지, 아니면 '대만'으로 참가하는 것인지에 대한 견해 차이가 있었다. 1964년 6월 25일 중의원에서 열린 올림픽 도쿄대회준비촉진위원회에 참석한 일본사회당의 야나기타 히데카즈柳田秀一 위원은 다음과 같이 말한다.

> 저는 국제올림픽위원회가 중국과 대만의 문제에 대해 매우 상식적인 선

---

4 1949년 이후 중화인민공화국의 올림픽 참가 현황은 다음과 같다. 1952년 헬싱키 대회에 중화민국의 반대로 참가하지 못했고, 참관인만 파견하여 비공식적으로 참가했다. 중화민국은 불참했으며 이 대회에 소련이 40년 만에 참가했다. 1956년 16회 호주 멜버른 대회에는 중화민국의 참가에 항의하며 중화인민공화국은 참가를 거부했다. 1960년 이탈리아 로마 대회에는 IOC의 결정으로 중화민국이 대만Taiwan으로 참가했다.

> 에서 결정했다고 생각합니다. 하나의 중국, 하나의 대만이라는 것과 같은 것은 어려운 문제이지만, 스포츠 문제에서 오늘 국제올림픽위원회가 취하고 있는 태도 정도로, 7억의 국민을 가진 중국이 올림픽에 참가하더라도, 결코 정치 문제가 아니므로, 하나의 중국, 하나의 대만이라든지, 아니면 두 개의 중국이라는 주장은 성립되지 않는다고 생각합니다. 스포츠의 문제에 관해서는 정치와는 가능한 한 완전히 분리되어 생각되어야 하지 않을까요, 그런 의미에서 가을 도쿄에서 열리는 도쿄 올림픽대회는, 특히 아시아에서는 이러한 스포츠와 정치의 문제가 어렵습니다. 중국과 대만의 문제도 있고, 인도네시아의 문제도 있고, 아니면 북한과 한국의 문제도 있습니다. 그러나 특히 저는 도쿄대회에서는 일본의 선수가 혼자 우수한 성적을 올리는 것이 아니라, 올림픽을 처음으로 개최하는 아시아의 대회로서 우리들과 마찬가지의 피부 색을 가진 아시아 선수들이 훌륭한 성적을 올려주기를 희망하고 있습니다(日本国会会議録, 1964).

중화인민공화국의 초청 문제는 IOC 비회원이라는 점만이 아니라, 1963년 IOC가 내린 결정으로 더욱 어려워지게 되었다. 이 문제는 1962년 제4회 아시안 게임으로 거슬러 올라간다.

1962년 8월, 인도네시아 자카르타에서 제4회 아시안 게임이 개최되었다. 주최국인 인도네시아는 중화민국과 이스라엘에 대한 비자 발급을 거절했다. 인도네시아는 중화인민공화국을 유일한 중국 대표로 인정하고 있었다. 인도네시아는 국교를 수립하지 않은 중화민국과 이스라엘 선수단의 입국을 거부했다. 인도네시아의 중화민국과 이스라엘에 대한 입국 거부 조치로 국제올림픽위원회, 국제육상경기연맹IAAF, 국제역도연맹IWF은 1962년 제4회 아시안 게임을 정식 국제경기대회로 인정하지 않는다고 표명했다. '참가 자격이 있는 국가가 참가할 수 없는 대회는 정식 경기대회로 인정할 수 없다'는 것이 이유였다. 인도네시아는 반발하며 IOC의 조치는 제국주의자, 식민지주의자가 미국과 영국의 경제적 우호국인 이스라엘과 중화민국의 이익을 우선한 것이라 주장한다. IOC는 1963년 4월, 인도네시아의 IOC 회원 자격을 무기한 정지했고, 인도네시아는 IOC 본부에 탈퇴를 통보한다.

인도네시아의 수카르노Sukarno 대통령은 구미 주도의 올림픽을 이탈하고, 신흥국 독자적인 올림픽을 개최한다고 발표한다. 이것이 신흥국 경기대회GANEFO: The Games of the New Emerging Forces, 약자로 가네포이다. 인도네시아의 가네포 창설 계획을 가장 적극적으로 지지한 것은 중화인민공화국이었다. 1962년 9월, 가네포에 관한 구상이 발표되자마자 저우언라이는 바로 서면으로 환영의 뜻을 전했고, 1963년 4월 류샤오치劉少奇 주석은 인도네시아를 방문하여 공동성명을 발표했다(Lutan & Hong, 2005).

가네포는 1963년 11월 12일부터 20일까지 인도네시아에서 개최되었고, 47개국의 약 2,500여 명의 선수들이 참가한 것으로 추산된다.[5] 가네포에 가장 많은 선수를 파견한 것은 중화인민공화국(497명)이었다. 두 번째로 많은 선수를 참가시킨 개최국 인도네시아(483명)보다 많았다. 북한(275명)과 북베트남(115명)도 상당히 많은 선수를 참가시켜 아시아 공산국가들의 참여가 두드러졌다. 소련도 125명 참가했다. 아시아 아프리카, 라틴 아메리카, 동유럽 국가들이 참여했고, 서유럽에서도 네덜란드, 프랑스, 이탈리아가 선수단을 파견했다(심승구·김미숙, 2008; 이병한, 2010; 浦辺登, 2013).

---

5 기존 연구마다 참가국 수와 참가 인원 수에 차이를 보인다. 국가 수는 48개국에서 51개국, 참가자 수는 2,200명(심승구·김미숙, 2008)에서 2,564명(이병한)으로 나타나는데, 이 중 볼리비아, 벨기에, 몽골, 베네수엘라, 세네갈에 대한 기록에 차이가 있다.

일본 역시 93명의 선수단을 파견했다. 그런데 국제육상경기연맹IAAF: International Association of Athletics Federations과 국제경기연맹ISF: International Sports Federation은 가네포에 출장한 선수는 올림픽에 출장 자격을 1년간 정지한다는 권고 의견을 발표했다. 1964년 도쿄 올림픽 개최를 앞두고, 일본은 IOC, IAAF, IWF의 권고에 당황한다. 결국, 도쿄 올림픽에서 좋은 성적이 예상되는 역도 종목에는 가네포에 선수를 보내지 않았다. 다른 종목에도 우수한 선수는 파견하지 않았다(浦辺登, 2013). 일본은 가네포에서 우수한 성적을 거두는 것보다는 신흥국들의 경기대회 모임에 참석하는 것 자체에 의의를 두고 있었던 것이다. 일본은 가네포와 올림픽에 모두 참가하면서 가네포보다는 도쿄 올림픽에 더 많은 선수를 출전시켰다. 특히 일본은 가장 우수한 선수는 도쿄 올림픽에, 차순위의 선수들을 가네포에 출전시키면서 IOC와 가네포의 갈등에 휘말리지 않고, 국제 사회와 아시아 국가로서의 스포츠 경기에 모두 참가했다.

1963년 제1회 가네포는 이처럼 복잡하게 변모하는 국제 정치와 지역 관계의 갈등적 배경 하에서 실현되었고, 비교적 성공적으로 개최되었다고 평가되고 있다(심승구·김미숙, 2008, 142; 이병한, 2012; 浦辺登, 2013). 그러나 가네포의 현장에는 정치와 스포츠는 불가분의 관계가 있음을 명시함으로써 IOC의 정치와 스포츠 분리 정책에 맞섰다.[6]

6 2회 가네포 대회는 1967년 아랍 연합 공화국(현 이집트)에서 개최될 예정이었고, 그 준비 과정에서 1966년 11월 아시아 국가들을 중심으로 하는 아시안 가네포가 캄보디아 프놈펜에서 개최되어 아시아 17개국에서 2,000여 명의 선수가 참가했다. 이를 통해 국제 올림픽대회와 아시안 게임의 구조에 대항하는 가네포와 아시안 가네포의 체계를 만들어가고자 했다. 중화인민공화국이 참가한 것을 물론, 일본은 아시아 가네포에도 참가했다. 그러나 1965년 이후 인도네시아 수카르노 정권의 붕괴, 1966년 이후 나타나기 시작한 중화인민공화국의 문화대혁명, 이집트-이스라엘 분쟁 등으로 가네포와 아시안 가네포는 더 이상 개최되지 않았다. 가네포와 관련해서는 Field, 2014; Pauker, 1965; Connolly, 2012 참고.

일본은 1964년 도쿄 올림픽을 '아시아 최초의 올림픽'으로 의미를 부여하며 아시아 선수들의 우수한 성적과 많은 아시아 국가들의 참석을 기대했다. 이런 면에서 우수한 성적이 예상되고, 또한 아시아에 위치하고 있는 중화인민공화국의 참가를 기대하고 있었다. 그러나 중화인민공화국은 IOC 비회원이었고, 가네포에도 대규모의 선수단을 파견하여 참가 자격의 문제가 있었다. 결국 중화민국의 참가를 문제 삼으며 중화인민공화국은 불참했다.

그런데 도쿄 올림픽에 불참한 중화인민공화국은 올림픽 7일째인 1964년 10월 16일 금요일 베이징 시간 오후 3시 첫 번째 핵실험을 성공시켰다.[7] 중화인민공화국 정부는 "점증하는 미국의 핵위협 앞에서 수수방관할 수 없으며", "중공의 핵실험 성공은 세계 평화를 수호하려는 중공인민에 의한 큰 공헌"일 뿐만 아니라 "국가 방위와 조국의 수호를 강화하려는 중공 인민이 올린 큰 성과"라고 공식 발표했다(中共中央文献研究室编, 1993).

중화인민공화국의 핵실험의 이유에 대해서 베이징 정부는 미제국주의에 대한 핵위협에 대해 자신을 지키기 위한 불가피한 조치였으며, 중화인민공화국은 국제 사회가 핵무기를 사용하지 않도록 공동의 합의를 이끌어내야 한다고 주장했다. 이미 핵무기를 가지고 있는 미국, 영국, 소련 중심으로 진행해온 1963년의 부분적 핵실험 금지조약Partial Test Ban Treaty, PTBT[8]은 핵독점 지위를 강화하려는 것이라 지적하고, 기존의

---

7 중공의 핵 개발은 이전부터 추측되어 왔으며 1964년 9월 29일 러스크Dean Rusk 미 국무 장관은 중공의 핵 실험이 매우 가까운 장래에 이루어질 증거가 있다고 발표한 바 있었다. 그 후 열흘 남짓을 지난 10월 16일 중공은 신장성 사막 지대에서 이날 제1회 실험에 성공한 사실을 발표했다(外務省, 1965).

8 공식명칭은 대기권, 외기권 및 수중에서의 핵무기실험금지 조약.

핵보유국과 곧 핵무기를 가지는 국가, 그리고 핵을 가지지 않는 국가로 나누어 상호 간에 핵무기를 사용하지 않을 것을 보증하기 위한 정상회담 등의 조치를 취할 것을 제안했다.

마오쩌둥은 원자폭탄은 '종이호랑이'임을 강조했다. 저우언라이 총리는 과거에도, 앞으로도 이러한 입장이 유지될 것이며, 핵무기 개발은 핵무기가 만능이라고 믿고 핵무기를 사용하려는 것이 아니라, 핵보유국의 핵독점을 타파하고 핵무기를 소멸하기 위한 것이라 강조한다. 핵실험에 성공한 다음날인 10월 17일 저우언라이 총리가 일본의 이케다池田 수상에게 보내는 〈핵무기의 전면금지에 관한 서한〉을 보면, 중국의 핵실험은 미국에 대한 중국의 자위권이며 중국 정부는 중국은 어떠한 때에도 어떠한 상황에서도 먼저 핵무기를 사용하는 일은 있을 수 없다고 정당화하고 있었다(日中国交回復促進議員連盟, 1971).

1964년 일본은 유엔을 비롯한 국제 기구에 적극적으로 참가하고 활발한 활동을 전개했다. 1964년 도쿄 올림픽의 개최, OECD 가입, 유엔에서 중국 대표권 문제에 대한 주요 사항 결의안 제기 등 적극적 역할을 수행했다. 1964년은 양국 이해관계의 잠재적 교차점과 미완이나마 상호 인정의 중요성을 인식하는 계기가 되었다. 중화인민공화국의 핵실험 성공은 국제 사회가 중화인민공화국을 국제 규범 내에서 통제 대응해야 한다는 점에서 중국 대표로서의 중화인민공화국을 승인하는 정책을 뒷받침하게 된다.

일본은 1964년 도쿄 올림픽에 중화인민공화국을 초청하고자 했다. 일본은 '세계 평화'나 '아시아의 화합'을 위해 중화인민공화국의 참여가 가능하다고 인식하고 있었다. 공산국가이기 때문에, 혹은 일본과 국교를 맺지 않은 국가이기 때문에 참석할 수 없다는 이념 대립적인 접근은 강조되지 않았다. 오히려 1960년대 전개되고 있었던 정경분리에 기반을 둔 민간 교류는 일본의 중화인민공화국에 대한 승인 가능성을 내포하고 있었다.

반면 중국은 정경불가분 원칙에 따라 '하나의 중국'이라는 정치성을 내세워 도쿄 올림픽에 불참했다. 1964년 일본은 도쿄 올림픽을 통해 경제 대국으로 부상했고, 중화인민공화국은 핵실험에 성공하며 핵보유국으로 등장했다. 중화인민공화국은 '하나의 중국' 주장을 전면적으로 관철해나가며 정경불가분 원칙을 재확인시켰다. 일본과 중국이 국제사회에서 중요한 행위자로 등장하고 국가 위상을 높임으로써 중일국교정상화의 필요성과 가능성이 높아지고 있었다.

3) 나고야 세계탁구선수권대회(1971): '하나의 중국' 정책의 수용

중화인민공화국은 정경불가분을 관철하며 도쿄 올림픽에 참가하지 않았다. 그러나 이민촉관을 기대하며 도쿄 올림픽 기간 중 양국 간 인적 교류는 활발하게 진행되고 있었다. 1964년 중일우호협회, L-T무역 등 경제 교류, 신문기자단 교류, 청년 교류, 학술 교류, 문화 교류와 방중단 파견 및 방일단과의 교류가 이루어지고 있었다. 특히 도쿄 올림픽의 공식 종목은 아니었지만, 중국과 일본이 우수한 성적을 거두고 있던 탁구 교류가 이루어지고 있었다. 일본 탁구팀 방중 대표단 16명은 중국탁구협회의 초청으로 1964년 10월 12일 출국하여 중국 각지에서 친선시합을 진행하고 11월 12일 귀국했다.

중화인민공화국은 국제탁구연맹ITTF: International Table Tennis Federation에는 가맹되어 있었으나 아시아탁구연맹ATTF: Asian Table Tennis Federation에는 가맹되어 있지 않았고, 반면 중화민국은 아시아탁구연맹에는 가맹되어 있으나 국제탁구연맹에는 가맹되어 있지 않은 입장이었다(오병환, 2015). 게다가 중화인민공화국은 문화대혁명 시기 1967년 세계대회와 1969년 세계대회에 불참했다. 그동안 일본은 세계대회에서 우수한 성적을 거두었지만, 탁구 강국인 중화인민공화국이 불참한 상태에서 얻은 결과였다는 점에 아쉬움을 갖고 있었다. 이러한 상황에서 일본은 1971년 나고야名古屋에서 제31회 세계탁구선수권대회를 개최하게 된다(毎日新聞, 2018).

중화인민공화국은 1971년 나고야 세계탁구선수권대회에 참가할 것인가? 일본은 1964년 도쿄올림픽 개최 당시 중화인민공화국의 불참을 경험한 바 있어, 중화민국의 참가를 위해서는 하나의 중국 문제에 대한 단호한 결단이 필요함을 인식하고 있었다.

당시 일본탁구협회 회장이었던 고토 고지後藤鉀二는 나고야 대회의 성공적인 개최를 위해 세계 최강의 중국팀이 참가해야 한다고 판단했다. 고토 회장은 중일문화교류협회이사장 나카지마 겐조中島健蔵, 친중국공산당으로 알려진 사이온지 긴카즈西園寺公一 일본중국문화교류협회 상무이사의 협력을 얻고, 무라오카 규헤이村岡久平 중일문화교류협회사무장 등과 함께 직접 중화인민공화국에 건너가 저우언라이와 교섭을 했다. 고토 회장은 중국이 제시한 정치 3원칙을 바탕으로 (1) 나고야 대회에 반드시 중국팀이 참가하는 것과 (2) 아시아탁구연맹에서 중화민국의 의석을 변경할 뜻이 있음을 전했다. 아시아탁구연맹에서 중화민국 추방안이 부결된 경우, 고토 회장이 회장직을 사임하고 일본과 중화인민공화국을 중심으로 하는 새로운 아시아탁구연맹을 창립할 것을 약속했다(劉德有, 2018; 오병환, 2015; 정기웅, 2017).

고토는 1971년 2월 7일에 싱가폴에서 이루어진 아시아 탁구연맹총회에서 국제탁구연맹에 가맹되어 있지 않은 중화민국을 아시아탁구연맹에서 축출하여 아시아 탁구계를 정돈하는 것이 좋겠다는 '중국 가입,

대만 배제'안을 제안했다. 그러나 한국과 말레이시아를 비롯한 다수의 국가들이 반대했다. 말레이시아의 탁구협회장은 "무슨 이유로 단독으로 중공에 들어가 '정치 3원칙'을 일방적으로 승인했는가, 그리고 자유중국은 1953년 초창기부터 아시아탁구연맹 정회원국으로 연맹을 위해 충실히 활동한 국가로서 어떠한 이유로도 축출·음모는 부당하다"고 대응했다. 그리고 미리 사임 의사를 밝혔던 고토 회장의 불신임안이 가결되었다(劉德有, 2018; 오병환, 2015; 정기웅, 2017; 横堀克己, 2018).

이후 고토 회장을 중심으로 한 일본탁구연맹은 아시아탁구연맹을 탈퇴하고, 중화인민공화국, 북한과 함께 주도적으로 아시아탁구연합ATTU: Asian Table Tennis Union을 새로 창설한다. 1972년 5월 4일부터 7일까지 베이징에서 개최된 준비 회의에 16개 국가(캄보디아, 중국, 북한, 이란, 이라크, 일본, 쿠웨이트, 레바논, 말레이시아, 네팔, 파키스탄, 팔레스타인, 싱가포르, 스리랑카, 시리아, 베트남)가 참가했고, 1972년 5월 7일 아시아탁구연합이 결성되었다. 중화인민공화국은 중화민국의 국제탁구연맹의 가입을 저지함으로써, 국제탁구연맹과 아시아탁구연합에 중화인민공화국이 중국을 대표하는 정부로 자리하게 된다.[9]

이러한 일본 측의 노력으로 중화인민공화국 대표팀의 1971년 나고야 세계탁구선수권 대회 참가가 확정된다. 중국 탁구 대표단은 6년 만에 나고야 대회에 참가하게 된 것이다. 1971년 3월 28일부터 4월 7일까지 일본 나고야에서 제31회 세계탁구선수권대회가 개최되었다. 59개국 620여 명의 선수가 참가했고 중화인민공화국은 60여 명에 달하는 선수

---

9 이러한 움직임에 대해 친중화민국파의 대변인인 이시이 미쓰지로石井光次郎가 회장으로 있는 일본체육협회나 문부성에서 비판이 나오기도 했고, 일본 내 우익으로부터의 협박이 있기도 했다. 이후 중국 탁구계는 고토 회장의 은혜를 잊을 수 없다며 중국 탁구 팀이 일본을 방문할 때마다 고토 선생의 묘소에 참배하게 한다고 말한 바 있다(每日新聞, 2018; 横堀克己, 2018).

단을 파견했다. 남자단체, 혼합복식, 여자단식, 여자복식을 중화인민공화국이 석권하고, 일본은 여자단체경기에서 우승했다(毎日新聞, 2018).

그리고 1971년 4월 7일, 나고야 세계선수권대회 마지막 날 미국 탁구 선수단을 초청하여 중화인민공화국과 친선경기를 갖기로 한다. 바로 핑퐁외교의 무대가 된 것이다. 중국 선수단은 핑퐁외교의 과정에서 우호friendship를 경쟁competition에 우선했고(Wang, 2003), 정치와 스포츠의 불가분을 강조했다. 나고야를 무대로 한 스포츠 경기는 미중 화해의 계기를 마련하게 된다. 1971년 4월 중국은 그 대회에 참석한 미국선수단 15명을 베이징으로 공식초청했다. 그후 석달 뒤 미국의 헨리 키신저 대통령안보담당 특별보좌관이 베이징을 극비리에 방문해 저우언라이와 회담을 가졌다. 일본이 핑퐁외교를 의도한 것은 아니었지만, 1950년부터 점진적으로 쌓아올려온 '쯔미아게積み上げ' 방식을 비롯한 중국대표권 문제를 다루는 일본 방식이 있었기 때문에 미중 화해라는 정부간 협력을 가능하게 하는 공간을 마련할 수 있었다.

일본의 사토佐藤 총리는 나고야 탁구선수권대회가 중국 탁구 선수단을 맞이하는 과정에서 양국 관계를 진전시키고 미국 탁구 선수단과 언론이 중국과 교류한 것도 매우 획기적이며 미중관계의 진전에 도움이 되어 행복하며 세계적으로 긴장 완화 또는 평화를 유지 증진한다는 의미에서 환영할만한 일이라는 의견을 밝혔다(日本国会会議録, 1971a).

> 사토 총리: 세계탁구선수권대회는 대단한 성공을 거두었다고 생각합니다. 그래서 중국의 핑퐁외교라고 이야기되는데, 역시 탁구나 축구나 국제적으로 사이좋게 하자는 적극적인 태도의 하나의 표현으로 ……(중략)…… 정치 3원칙이나 4원칙 역시 스포츠로 교류하는 적극적인 자세가 평가되어야 하지 않을까 생각합니다(日本国会会議録, 1971b).

1971년은 중화인민공화국의 중국 대표로서의 정체성 강화에 큰 전환점이 된 해였다. 나고야 세계탁구선수권대회를 무대로 이루어진 중화인민공화국의 대미 유연 노선은 미국 닉슨 대통령의 베이징 방문 공동발표로 이민족관의 결실을 맺는다. 닉슨 대통령은 1971년 7월 15일 중화인민공화국 방문 계획을 발표하고, 1972년 2월 21일부터 1주일 간 베이징北京, 상하이上海, 항저우杭州를 방문했다. 그리고 마오쩌둥, 저우언라이와의 회담이 이루어져, 2월 27일 상하이커뮤니케Shanghai Communiqué가 발표되었다. 중화인민공화국은 1971년 한 해 동안 새로 15개국과 국교를 맺고[10], 유엔에 가입하면서 숙원이었던 중화민국 추방을 실현시켰다(日本外務省, 1972). 1971년 10월 26일 UN은 중화인민공화국을 중국을 대표하는 유일한 합법 정부로 인정하고, 안전보장이사회의 상임이사국 지위를 획득하며 모든 권리를 '회복'하는 반면 '장제스 대표'는 '불법'으로 점거했던 UN과 관련 기구에서의 지위로부터 추방됨을 결정했다(United Nations, 1971).

4. 1972년 체제의 성립: 중일국교정상화(1972)와 중일평화우호조약(1978)

1970년대 초반의 미중 화해는 냉전기 일본의 중화인민공화국으로의 접근을 제약했던 미국의 압력을 완화했다. 일본 정부는 변화된 미중관

10 중화인민공화국을 승인한 국가는 1949년 10개국, 1950년대 25개국, 1960년대 18개국이었다. 1970년대 70여 개국이 중화인민공화국을 승인하고 중화민국과의 외교관계를 단절했다. 2019년 9월 기준 중화인민공화국을 승인한 국가는 180개 국가이다. 중화민국을 승인한 국가는 15개 국가이다(中华人民共和国外交部, 2019).

계를 적극적으로 활용하여 중일국교정상화 논의를 진행한다. 사토 에이사쿠佐藤榮作 총리는 중일국교정상화에 대한 의향을 표명했지만, 중화인민공화국의 마오쩌둥과 저우언라이는 사토 내각 이후의 정권과의 교섭을 희망하며 당시 자민당 총재선거에서 중일국교정상화를 공약으로 내세운 다나카 가쿠에이田中角榮를 공개적으로 지지했다.

1972년 7월 7일 다나카 총리가 취임하면서 중일국교정상화가 본격적으로 추진되었다. 다나카 총리는 사토 내각과의 차별화를 내세우며 중화인민공화국이 제시하는 '중일복교3원칙中日复交三原则'을 이해한다고 표명했다(石井明外, 2003).

중일복교3원칙은 첫째, 중국은 오직 하나이며, 중화인민공화국은 중국 인민을 대표하는 유일한 합법 정부이다. 둘째, 대만은 중국의 하나의 성이며 중국 영토의 불가분의 일부이고, 대만 문제는 중국의 내정 문제이다. 셋째, 일화평화조약(중문에서는 일-장조약)은 불법이며 파기되어야 한다는 것이다(石井明外, 2003).

다나카 수상은 중일국교정상화를 목표로 하는 중일정상회담을 추진하기 위해 공명당 총재 다케이리 요시카쓰竹入義勝를 파견한다. 다케이리는 1972년 7월 27일부터 7월 29일 중국을 방문하여 저우언라이와 회담을 갖는다. 중화인민공화국은 다음과 같은 묵약 사항을 제시한다(石井明外, 2003).

1. 대만은 중화인민공화국의 영토이며, 대만을 해방하는 것은 중국의 내정 문제이다.
2. 공동성명이 발표된 후, 일본 정부는 대만에서 그 대사관, 영사관을 철거하고 또한 효과적인 조치를 강구하여 장제스 집단(대만도 좋음)의 대사관, 영사관을 철거시킨다.

3. 전후, 대만에서 일본의 단체와 개인의 투자 및 기업은 대만이 해방되는 때에 적당한 배려가 지불된다(물론 중국 측이 적당한 배려를 지불하는 의미이다).

묵약 사항 역시 중일복교3원칙을 확인하는 내용이었다. 일본은 중화인민공화국의 복교3원칙을 인정하고, 중화인민공화국은 일본에 대한 배상을 포기한다는 사전 협의에 도달했다. 중일공동성명 초안 작성과정에서 일본 정부가 제안한 대만 문제에 대한 최종 입장은 다음과 같다.

일본은 중국은 하나라는 중국의 일관된 입장을 전면적으로 존중하고, 대만 독립을 지지하려는 의도가 전혀 없다.

대만이 현재 중화인민공화국 정부와의 별개의 정권 지배 하에 있는 것에서 생겨나는 문제는 중국 인민 자신의 손으로 해결해야 하는 문제, 즉 중국의 국내 문제이다.

우리나라(일본)는 대만에 존재하는 국민 정부와 외교관계를 유지해가는 여러 나라의 정책을 부인하는 입장이 되며, 또한 미중 간의 군사적 대결은 피하지 않으면 안 된다고 하는 것이 모든 일본 국민의 염원인 이상, 대만 문제는 어디까지나 평화적으로 해결해야 한다는 입장을 일본은 기본적으로 견지한다.

(제3항은) 우리나라와 대만 간 대사관, 영사관의 상호 철거 및 전후 대만에 대한 일본의 투자에 대한 장래의 중국 측 배려이다. 국교정상화의 필연적 귀결이라고 인식하고 있고, 타당한 기간 내에 당연히 실현해야하는 것이다(石井明外, 2003).

다나카 내각이 출범 후 2개월여 만인 1972년 9월, 중국과 일본은 국교를 정상화했다. 1972년 9월 29일 일본 정부는 중화인민공화국 정부가 중국의 유일한 합법 정부임을 승인하고(2항), 외교관계를 수립했다(4항). 일본 정부는 대만이 중화인민공화국의 일부라는 입장을 충분히 이해하고 존중한다. 중화인민공화국은 중일 양국 국민의 우호를 위해 일본에 대한 전쟁 배상의 청구를 포기한다(5항). 양국은 영구적인 평화 우호 관계를 확립하고(6항) 이후 평화우호조약을 체결하기로 약속하며(8항) 중일관계를 정상화했다.

그리고 중일공동성명 8항에 근거하여 1978년 8월 12일 베이징에서 중일평화우호조약이 체결된다. 중일평화우호조약은 중일 양국 간 주권 및 영토 보전의 상호 존중, 상호 불가침, 내정에 대한 상호 불간섭, 평등과 호혜에 근거한 평화 공존 제 원칙의 기초 위에 양국 간 항구적인 평화 우호관계를 발전시킬 것(1조)을 약속하고, 아시아·태평양 지역을 포함한 전 지역을 대상으로 어떤 국가의 패권 시도도 반대하며(2조), 양국 간의 경제 및 문화관계를 한층 더 발전시키고 양 국민의 교류를 촉진할 것으로 노력(3조)하는 것 등을 명시하고 있다. 그리고 본격적인 정부개발원조ODA가 1979년부터 개시된다. 일본 외무성에서 발표한 ODA 자료에 따르면 1980년부터 2016년 말까지 대중국 엔 차관은 약 3조 3165억 엔, 무상자금협력 1,576억 엔, 기술협력 1,845억 엔이 제공되었다(日本外務省, 2018).

〈표 6-3〉은 중일국교정상화와 중일평화우호조약에 이르는 과정에서 나타난 정치–문화–경제 분야의 연계를 정리한 것이다. 1958년 나가사키 국기 사건은 중화인민공화국의 정체성이 부정된 사건이었다. 중화인민공화국의 단호한 정경불가분 원칙으로 양국 간 무역관계가 단절되었지만, 점차 교류의 필요성으로 정치 3원칙과 무역 3원칙이 제시되며 일시적인 정경분리의 가능성으로 수정되었다. 그러나 1964년 도쿄

〈표 6-3〉 중일국교정상화의 정치-문화-경제의 연계

분야 \ 시기	1950년대	1960년대	1970년대
정치	일화평화조약	중국의 핵실험	중일국교정상화, 중일평화우호조약
문화	중국상품전시회 (나가사키 국기사건)	도쿄 올림픽	세계탁구선수권대회
경제	중일민간무역협정	L-T무역, 각서무역	배상포기, ODA공여
접근 방식	정경불가분 → 정경분리 (정치 3원칙, 무역 3원칙)	정경분리 → 정경불가분 (이민촉관의 전략적 활용)	정경불가분 ('하나의 중국'의 수용)

올림픽에서의 중국 초청 불발이라는 경험은 문화 분야에서도 '하나의 중국'원칙을 수용해야 할 필요성을 인식하게 했고, 1971년 나고야 탁구선수권대회를 준비하면서 결국 중화민국을 배제하고 중화인민공화국을 초청함으로써 핑퐁외교의 무대를 제공하고 중일 관계의 냉전적 제약을 극복할 수 있는 계기를 마련했다. 미중 화해의 분위기를 적극 활용하여 중국과 일본은 '복교3원칙'의 수용과 '배상포기'를 중일국교정상화 교섭초반에 합의했고, 중일관계의 1972년 체제를 형성했다(손기섭, 2004; 毛里和子, 2006).

정치와 경제 그리고 문화는 연계되어 있으며, 상호 구성하며 국가 간 관계가 전개되고 있었다. 문화 교류는 외교적 승인의 장을 마련하고, 외교적 승인의 확대는 다시 문화 교류의 활성화로 나타났다. 1970년대 중화인민공화국과 외교 관계를 수립하는 국가들이 증가하면서, IOC와 중화인민공화국의 관계도 개선되기 시작했다. 1973년 중국올림픽위원회는 아시아올림픽위원회의 회원이 되었다. 1979년 11월 26일 나고야에서 열린 IOC집행위원회는 중화인민공화국 올림픽위원회가 중국의 합법 지위를 회복한다는 결의를 통과시켰다. 찬성 62표, 반대 18표, 기권 2표의 결과였다. 중화민국의 올림픽위원회는 중국의 하나의 성에 해당하며 '중국타이베이올림픽위원회Chinese Taipei Olympic committee'라는 명칭을 사용하고 중화민국의 공식 국기와 국가가 아닌 다른 국기와 국가를 사용하는 것을 조건으로 참여할 수 있게 되었다(The Chinese Olympic Committee, 2004; 中国奥林匹克委员会, 2018).

5. 중일 정치-경제-문화의 연계

중일국교정상화는 중화인민공화국의 정체성을 확인하는 과정이었다. 중화인민공화국은 '하나의 중국' 원칙을 관철시키고자 했고, 일본 정부는 냉전이라는 국제 환경 하에서 현실적으로 두 개의 중국 정부 모두를 인정하기 위한 분리된 접근을 시도하며 특히 문화 교류를 바탕으로 국가 이익의 확대 가능성을 모색했다.

일본의 중국에 대한 정책은 정경불가분과 정경분리의 성격 모두를 내포하고 있었다. 중화인민공화국에 대해서는 관계를 지속 유지해가기 위한 '쯔미아게' 방식이 적용되었으며, 결국 중화인민공화국과의 국교정상화에 이르러 사실상의 정경불가분 정책을 수용했다. 중화인민공화국과의 정치적 관계가 악화될 때는 관계를 지속하기 위한 정경분리를 강조했다.

중화인민공화국은 이민촉관을 하나의 중국 원칙을 실현하기 위한 전략으로 활용했다. 정경불가분의 원칙에 기반한 중국 대표권 확보 방안이었으며, 민간 교류를 제도화하며 점진적으로 정부 간 교류와 연계되도록 했다. 일본과의 정치적 관계가 단절되었을 때에는 단기적으로는 정경분리가 가능하다고 보면서도 궁극적으로는 정부 간 교류와 민간 교류는 분리될 수 없다고 강조하며 이민촉관을 표방한 비정치적 영역의 정치적 활용을 강화해나갔다(Cha, 2009; 정기웅, 2017 등).

중화인민공화국의 이민촉관과 일본의 정경분리 정책은 표면적으로 모순되었지만, 문화 영역에서 인적 교류를 가능하게 하는 교차공간을 마련함으로써 양국 간의 교류 및 협력을 강화하며 중일국교정상화로 나아갈 수 있었다. 냉전이라는 국제환경의 제약 하에서 자유민주주의를 표방하는 일본과 공산주의 국가 중화인민공화국은 체제의 상이함에도 불구하고 협력을 강화할 수 있는 무대를 마련해나갔고, 적대적 정체성에서 공존할 수 있는 정체성의 확인 및 수용으로 나아간 것이다.

1972년 중일국교정상화는 1979년의 미중국교정상화보다 7여 년이나 앞서 이루어질 수 있었다. 중일국교정상화는 1970년대 초반의 미중화해라는 국제 환경의 변화를 신속하게 반영하는 급격한 변화로도 볼 수 있지만, 1949년 중화인민공화국 성립 이후 정경분리와 정경불가분의 충돌, 조정, 공존이라는 과정을 거치며 모색해 온 문화 교류를 바탕으로 가능했음을 주지할 필요가 있다. 정경분리와 이민촉관의 공존은 냉전 이데올로기라는 제약을 변화시킬 교류공간을 마련하고 중일국교정상화로 나아가는 기회를 제공했다. 결과적으로 중일국교정상화 과정에서 나타난 중국과 일본의 접근은 교류를 지속하겠다는 정치적 의지를 바탕으로 경제적 이익을 확대하면서 문화 교류를 통한 관계개선을 모색하는 정치-문화-경제 연계 메커니즘이 작동했다.

2017년에는 중일국교정상화 45주년, 2018년에는 중일평화우호조약 40주년을 맞이하여 중일 간 72년 체제를 재확인하는 행사들이 이어졌다. 일본의 아베 신조安倍晋三 총리는 2018년 10월 25일부터 27일까지 중국을 방문하여 리커창李克强 총리와 시진핑習近平 주석과 회담을 가졌다. 중일 간 정치적 상호 신뢰 구축, 해양안보에서의 협력 및 신뢰 구축, 경제 분야의 실무 협력 추진 및 일본의 대중국 ODA 종료 및 새로운 협력 방안 등이 논의되었다. 양국의 기업인이 500명씩 모인 1,000명의 경제 포럼도 진행되었다. 중일 청소년 교류를 확대하고 2020년 도쿄 올림픽과 2022년 베이징-장자커우 동계올림픽의 성공적인 개최를 위한 양해각서를 체결하는 등 정치-경제-문화 전반의 협력을 강화해나갈 것을 약속했다. 현재 일본에 있는 중국인은 약 741,656명(2018년 6월 기준), 중국에 체류하는 일본인은 124,162명(2017년 기준)으로 집계된다. 최근 일본을 방문한 중국인은 약 838만명(2017년), 중국을 방문한 일본인은 약 269만명으로 (2018년)으로 양국 간 교류가 활발하게 이루어지고 있다(外務省, 2019).

GDP기준 세계 2위의 중국과 세계 3위의 일본의 협력과 경쟁은 1972년 체제로부터의 전환을 예고하고 있다. 이 장에서는 중일 간 문화 교류를 중심으로 중일 관계의 특수성에 대한 문제 제기 및 인식의 전환을 시도했다. 미중국교정상화와의 본격적인 비교를 통해 중일국교정상화와의 차이점을 보다 분명하게 밝히고, 정치, 경제, 문화의 연계를 더욱 구체적으로 설명하는 작업은 후속 연구로 남겨둔다.

7 장

중국의 UN 가입 시도와 일본의 반대[1]

1. 중화인민공화국의 UN 가입 문제

일본과 중화인민공화국은 1972년 국교를 정상화했다. 중일국교정상화는 과거 중일 간 전쟁의 후속 처리와 상호 정부 간 승인, 그리고 미래 지향적 우호와 협력을 내용으로 한다. 이러한 중국과 일본의 국교정상화 논의는 과거의 전후 처리와 정부 승인 그리고 우호 협력의 문제가 연계와 양보 및 교환되는 과정이었다. 특히 중국의 배상 문제는 중국의 포기를 전제로 협상이 개시되었고, 센카쿠/댜오위다오尖閣列島/钓鱼岛를 비롯한 영토 갈등은 미래 협력이 중시되면서 심도 있게 논의되지 못했다(최은봉·오승희, 2010, 2012b). 이와 같은 국교정상화의 미완적 성격은 오늘날 중일 간 갈등을 유발하는 요인들이 되고 있다는 점에서

1 7장의 내용은 최은봉·오승희, 2014, "1970년대 초 일본의 대중국 정책과 중국 대표권 문제: 중국의 UN가입과 중일 국교정상화" 『일본연구논총』 39호의 내용을 수정 및 보완한 것이다.

재검토할 필요가 있다(남기정, 2011; 최은봉·오승희, 2012b; 손열, 2013 등).

중일국교정상화 교섭에서 가장 큰 비중을 차지하고 있던 것은 중국 대표권 문제였다. 중화인민공화국을 유일한 합법 정부로 인정하고 중화민국과 일본의 관계를 단절하게 하는 것이 가장 중요한 목표였다. 일본은 중화인민공화국과의 국교정상화에서 다루어지는 각종 의제들과 기존의 중화민국과의 평화조약(일화평화조약日華平和条約, 1952년)과의 충돌 방지에 심혈을 기울였다. 이 장에서는 중국 대표권 문제를 중심으로 중일관계를 재조명하는 시각을 제시하고, 전후 냉전구도 하에서 중일 간의 갈등과 협력의 다이내믹을 이해하고자 한다.

앞서 살펴보았듯이, 중국 공산당이 1949년 10월 1일 중화인민공화국을 수립한 뒤 중국본토를 통치하고, 국민당 정부가 대만으로 자리를 옮긴 이후 현재까지 중국은 두 개의 정부로 나뉘어 있다. 두 정부 모두 중국의 대표임을 강조하면서 국제 사회는 중국의 대표로 한 국가만을 승인해야 하는 중국 선택 문제에 직면했다. 1951년 샌프란시스코 강화조약 회의 당시에도 중국의 어느 정부를 초청해야 하는가의 문제가 주요 논쟁이 되었다. 영국과 미국의 상반된 견해를 바탕으로 샌프란시스코 강화조약에 중국은 참가하지 못했고, 이후 일본의 선택지는 애매해졌다. 일본은 중화인민공화국과 중화민국 간의 등거리 정책을 추진하고자 했다. 그러나 샌프란시스코 강화조약이 발효되는 날 중화민국과 평화조약을 체결함으로써 중화민국을 선택했다(최은봉·오승희, 2011; Soeya, 2001).

이후에도 일본의 중국 대표권 문제는 쟁점으로 남아 UN의 장으로 옮겨갔다. UN에서 중화인민공화국의 가입 문제가 의제가 되면서 일본 정부의 입장은 중화인민공화국과의 국교정상화 논의와 연계되었다. 중화인민공화국의 UN가입의 개연성이 높아지면서 중화인민공화국과의 국교 정상화를 요구하는 의견이 강화되었다. 일본은 UN 중심 외교를 표방하며 중국 대표권 문제에 대한 일본의 입장은 UN에서의 중국 대표권 논의와 밀접하게 맞물려 있음을 강조했다(井上正也, 2007).

그렇다면 중화인민공화국과 일본의 국교정상화는 왜 1972년에 이루어졌는가? 기존 연구 중에서 외압을 강조하는 관점은 1971년의 미국과 중화인민공화국의 관계 개선이 미친 영향을 중시한다(田中明彦, 1996; 毛里和子, 2006). 일본 시각으로 1971년 7월 16일, 닉슨 미국 대통령은 TV와 라디오를 통해 1972년 5월 이전의 적당한 기일에 베이징을 방문할 것을 예고 없이 발표했다. 대통령안보담당 특별보좌관 키신저Henry Kissinger가 이미 7월 9일부터 11일까지 파키스탄을 거쳐 비밀리에 베이징을 방문하여 저우언라이周恩來 총리와 회담을 가졌음을 밝히고 중국 정부가 닉슨 대통령을 초청한 것에 대해 응답한 것이다. 미국의 비밀스런 중화인민공화국으로의 접근은 일본 정부에게 너무나 갑작스럽고 충격적인 것이어서 이를 '닉슨 쇼크'라고 일컬었다. 미국과 중화인민공화국의 관계 개선의 진행이 밝혀지자마자 일본은 중화인민공화국과의 관계 정상화를 급속히 추진시켜서 미국보다 먼저 국교정상화를 체결했다고 보는 것이다.

이러한 시각을 통해 중일관계에 대한 미국의 영향력을 일부 확인할 수 있다. 그러나 설명되지 않는 부분이 생긴다. 1971년 7월 16일 닉슨의 발표 이후 1971년 10월 26일에는 왜 중화인민공화국의 UN 가입에 반대했는가? 왜 일본은 중국과의 국교정상화를 미국보다 6년 3개월 정도 먼저 그리고 서둘러서 진행했는가?

여기에서는 중국과 일본이라는 두 국가 간 관계의 역사적 배경과 연속적 맥락에서 중일국교정상화로 나아가는 일본 외교의 변화 과정을 살펴본다. 일본 정부의 UN 발언과 투표 행위, 의회 발언, 중일국교정상화 교섭 문서들을 근거로, 국제 정세의 변화 속에서 당시 일본이 고심한 국가 이익이 무엇이었는지를 검토하고, 중국 대표권 문제에 대한 외교정책 형성의 경로와 전환적 분기점을 살펴본다. 특히 급진적이고 단절적으로 보이는 일본의 중국 정책의 변화의 이면에, 시간의 흐름에 따라 점진적 선택이 이루어지는 경로의존적 특성을 밝힐 것이다. 경로의존성path dependence은 앞선 선택이 일정한 경로를 형성하여 이후의 선택들에 영향을 주는 것을 말한다. 경로의존이 나타나는 이유로 레비(Levi, 1997; 28)는 경로이탈 시의 비용의 측면을 언급했고 아서(Arthur, 1994)와 데이비드(David, 2000)는 긍정적인 피드백 작용에 주목했다. 이에 기반하여 피어슨Paul Pierson은 사회적 과정에서 나타나는 경로의존성은 자기 강화적self-reinforcing인 과정임을 강조했다(Pierson, 2004: 10). 이 장에서는 일본의 대중 정책의 변화는 이탈비용과 피드백 작용을 고려한 자기 강화적 성격으로서의 경로의존성이 작용했다고 보고, 70년대 초 일본의 대중 정책의 변화 과정은 표면적 모순으로 보이나, 이면에서 국익의 일관성을 유지하고자 다양한 선택지를 고려했음을 밝힌다.

2. 중국 대표권 문제의 역사적 전개: 배경과 쟁점

중국 대표권 문제는 1949년 중화인민공화국의 성립과 함께 시작된다. 중화인민공화국은 외교관계를 수립하는 상대국에 1) 중화인민공화국을 유일한 합법 정부로 승인하고, 2) 중화민국 문제는 중국 국내 문제이며, 3) 중화민국과 단교할 것을 요구했다. 소련을 비롯한 공산주의 진영 국가들은 이러한 조건을 수용하며 중화인민공화국 정부와의 외교 관계를 수립해나가기 시작했다(石井明外, 2003).

중국은 1949년 11월 18일 UN에 중국 인민을 대표하는 유일한 정통 정부임과 중화민국 대표의 법적 지위 박탈을 주장했다. UN에서 중국 대표권 문제는 단지 회원국 가입 승인만이 아니라 안전보장이사회 5개 상임이사국 중 한 자리를 결정하는 것인 만큼 매우 중요하고 민감한 문제였다. 1949년 제4차 총회에서 '극동 국제관계의 안정의 증진 Promotion of the stability of international relations in the Far East'이라는 제목의 결의안(A/RES/291(IV))이 채택되었다. UN의 모든 국가들이 1) 중국의 정치적 독립을 존중하고 중국과의 관계에서 UN의 원칙에 따르고, 2) 현재 그리고 앞으로 중국인들이 정치적 제도를 자유롭게 선택하고 외국의 지배로부터 독립적인 정부를 유지하는 중국 인민의 권리를 존중하고, 3) 중국과 관련된 기존 조약들을 존중하며, 4) 중국 영토 내에서 영향권을 획득하거나 외국이 지배하는 레짐을 창출하는 것, 중국 영토 내에서 특권을 추구하지 말 것을 요구했다. 또한 소련이 1949년 10월 3일 중화인민공화국을 승인하면서 1945년 8월 14일 소련과 중화민국이 체결한 중소우호동맹 조약의 유지에 관한 문제가 논란이 되었다. UN은 1949년 4차 총회에서 결의안 A/RES/292(IV)를 통해 소련이 중국의 정치적 독립과 영토의 통합 그리고 극동의 평화에 위협이 된다고 비난했다.

중화인민공화국은 1950년 5월 UN에 대해 중화인민공화국 정부가 중국의 유일한 합법 정부임을 주장했다. 이후 '총회에서의 중국 대표 문제Question of the representation of China in the General Assembly'라는 제목으로 논의가 진행되었다. 중국 공산당 정부에게 UN의 대표 자격이 부여되어야 한다는 결의안이 제출되었으나 미국 등의 반대에 부딪혀

폐기되었다. 중요한 것은 결의안 A/RES/396(V)으로 UN에 의한 회원국 대표의 승인에 관해 '하나 이상의 정부가 대표 주장 시 헌장과 상황에 따라 고려'할 것임을 명시했고 이후 나타나는 중국 대표 문제 결의안에 원용된다. 총회는 중화인민공화국의 UN 가입안에 상이한 의견들이 있음을 주지하고, 중국 대표권을 심의하기 위해 7개국으로 구성된 특별위원회[2]를 구성하여 특별위원회가 결정을 내릴 때까지는 중화민국이 의석을 유지하도록 결정했다.[3]

1953년 8차 총회부터 1960년 15차 총회까지는 중화민국을 배제하고 공산당 정부의 의석을 요구하는 제안은 당해년도 정규 회기에 고려하지 않기로 결정했다. 일본 정부를 이를 다나아게棚上げ 안이라고 표현한다. 다나아게란 문제를 일시적으로 미해결인 채로 두는 것을 의미하며 민감한 문제에 반응하는 일본 정부의 외교 전략 중 하나이다(최희식, 2008; 최은봉·오승희, 2012b).

1961년부터는 중국 대표 문제에 대한 본격적인 논의가 진행되었다. 중국 대표권 문제가 본격적으로 제기되는 배경에는 UN의 새로운 주요 회원국으로 등장한 이른바 제3세계 국가들이 중화인민공화국에 대해 우호적인 입장을 견지한 점도 주된 요인으로 작용했다.[4] 소련이 중화민국을 배제하고 중화인민공화국이 의석을 차지하도록 대표를 파견할 것

---

2 1950년 12월 12일에 열린 321회 총회에서 7개국 특별 위원회로 캐나다, 에콰도르, 인도, 이라크, 멕시코, 필리핀, 폴란드가 임명되었다(United Nations A/RES/490(V)).

3 또한 5차 총회에서는 1950년 한국전쟁 발발과 함께 안보리에서 중화인민공화국을 한국 관련 UN 사령관의 특별 보고서의 위원회 토론 기간 동안 참석하도록 초청하는 것을 결의하기도 했다(United Nations A/RES/490(V)).

4 1960년에는 카메룬, 토고, 마다가스카르, 소말리아, 콩고leopoldville, 다호메이, 니제르, 상부볼타, 코트디부아르, 차드, 콩고Brazzaville, 가봉, 중앙아프리카공화국, 사이프러스, 세네갈, 말리, 나이지리아가, 1961년에는 시에라리온, 몽고, 마우리타니아, 탄간이카가 신규 가입했다(United Nations A/RES/1351(XIV), 1493(XV)).

을 권장하는 결의안을 제출했고, 이를 다소 완화하여 캄보디아, 세일론, 인도네시아가 중화인민공화국의 의석을 지지하는 것만을 포함한 결의안을 제출했다. 이에 대항하여 미국과 일본 등 중화민국을 승인하고 있는 국가들은 결의안 A/RES/396(V)과 헌장 18조 근거 중요사항지정방식을 근거로 하여 중국 대표 문제는 중요 문제이므로 3분의 2 이상의 찬성을 얻어야 한다는 내용의 결의안을 제출했고, 이것이 채택되었다.

이후 1963년부터 이른바 알바니아 안으로 불리는 'UN에서 중화인민공화국의 법적 권리의 회복Restoration of the lawful rights of the People's Republic of China in the United Nations, agenda item 93'이라는 제목의 결의안이 지속적으로 제기된다. 그리고 이에 대항하는 미국과 일본 등이 공동 제안한 'UN의 중국 대표Representation of China in the United Nations, agenda item 96'라는 제목의 중요사항지정방식의 결의안이 대립했다.

1964년 중화인민공화국과 프랑스가 국교정상화를 맺으면서 중국 대표권 문제가 전환점을 맞았다. 특히 중국은 UN상임이사국인 프랑스는 물론, 프랑스를 통한 아프리카 외교에 박차를 가할 수 있게 되었다. 1965년에 알바니아 안이 찬성과 반대가 47표로 동수를 이루고, 1966년에는 두 개의 결의안에 더해 중국 대표권의 공평하고 실제적인 해결을 위한 위원회의 창설을 권고하는 이탈리아 안과 이 위원회 안을 중요 사항으로 지정하려는 시리아 안도 제기되는 등 중국 대표권 문제에 대한 활발한 논의가 진행되었다.[5]

1970년에는 이러한 변화가 가시적으로 나타났다. 제25차 총회에서 알바니아 안이 중요 사항 지정안에 의해 부결되기는 했지만 찬성표(51

---

5 이 시기 이케다 하야토(池田勇人, 재임 1960~1964) 내각의 중국 대표권 문제에 대한 입장을 다룬 연구로 井上正也, 2007; 井上正也, 2010; 張紹鐸, 2006; 前田直樹, 2009가 있다.

표)가 반대표(49표)를 처음으로 상회했다. 그 다음해인 1971년 10월 25일 제26차 UN 총회에서는 중화민국을 추방하는 결의안을 중요 문제로 지정하는 내용의 결의안이 부결되고, 'UN에서 중화인민공화국의 법적 권리의 회복' 결의안이 찬성 76표, 반대 35표로 58퍼센트의 득표를 얻어 통과되었다. 이로써 UN은 중화인민공화국을 중국을 대표하는 유일한 합법 정부로 인정하고 안보리 상임이사국 의석을 획득하는 것과 장제스 대표를 UN과 관련기구에서 추방하는 것을 결정했다.

UN의 결정은 중국 대표권 문제에 대한 국제사회와 결정에 영향을 미쳤다. 특히 〈표 7-1〉에서 나타나는 바와 같이 중국과의 외교관계가 재조정되었다. 중화인민공화국과의 외교관계를 수립하는 국가가 급증했으며, 이와 동시에 중화민국과의 공식적 외교관계는 단절되었다.

가장 먼저 중화인민공화국을 승인한 것은 소련이었다(1949.10.3). 대부분의 공산진영의 국가들이 1949년 중화인민공화국 성립 이후 얼마 지나지 않아 베이징 정부와 국교를 맺었다. 영국이 중국 대륙과의 관계를 중시하며 1950년 1월 6일 중화인민공화국을 승인했으나, 실제 대사관 교환 등은 이루어지지 않았고 1972년 3월 13일 실질적인 외교관계가 수립되었다. 실질적으로 서방 국가 중 가장 먼저 중화인민공화

〈표 7-1〉 연대별 중화인민공화국과 국교수립 (단위: 개국)

1949	1950년대	1960년대	1970년대 UN 가입 이전	1970년대 UN 가입 이후	1980년대	1990년대	2000년대	2010년대
10	24	17	20	50	17	31	6	5

* 주: 2019년 9월 현재 중화인민공화국과 국교를 수립한 국가는 180개 국가임. 매년도 수치는 변경 가능성 있음.

출처: 中华人民共和国外交部. '中华人民共和国与各国建立外交关系日期简表' 참고하여 필자가 재구성함.

국을 승인한 것은 스웨덴이었다(1950.5.9). 프랑스(1964.1.27)와 캐나다(1970.10.13)가 중화인민공화국의 UN 가입 이전에 승인했고, UN 가입(1971.10.25) 이후 승인하는 국가가 증가했다. 일본이 1972년 9월 28일 중화인민공화국과의 공동성명을 발표했고, 미국은 1979년 1월 1일부터 중화인민공화국과의 외교관계를 수립했다. 한국과 중화인민공화국의 국교는 1992년 8월 24일 이루어졌다. 2019년 9월 현재 중화인민공화국은 180개 국가 및 정부(팔레스타인 포함)와 수교를 맺었다. 한편 15개국(바티칸 포함)이 중화민국을 승인하고 있다(中华人民共和国外交部, 2019).

일본과 중화인민공화국은 1972년 9월 29일 비정상적인 관계의 종료를 선언했다. 미국과 중화인민공화국은 1979년 1월 1일 국교가 정상화되었다.

3. 일본의 경과적 이중대표제: 동인과 좌절

일본은 1956년 12월 18일 UN에 가입한 이래 중국 문제에 많은 관심을 가지고 고민해왔다. 일본은 이전부터 중국은 하나라고 하는 입장을 유지해왔음을 강조하면서도 중화민국과의 관계를 유지했다. 중국 대표권 문제는 기본적으로 두 정부가 평화적으로 해결해야 한다고 보았으며, 중국 문제를 아시아 지역의 안정과 연계하며 복잡하고 미묘한 어려운 문제라는 점을 기본 방침으로 삼았다(日本国会会議録, 1970.11.27).

일본은 중국 대표권 문제에 대한 결의안 제의 및 투표 행태에서 미국과 공동으로 활동했다. 1970년에는 19개 국가들과 공동 제의한 중요사항지정방식 결의안이 통과되었다. 이 결의안은 1961년 이후 누적적인 형태로 제시되어오면서 자기구속성을 강화하는 경로의존적인 특징을 드러낸다. 1970년 결의안에서는 1950년 12월 14일의 결의안 396(V)에서 나타난 UN에서의 정부 대표 문제는 UN 헌장의 목적과 원칙에 부합하여야 한다는 점을 상기하고, 헌장18조에 따라 중국의 대표를 변경하는 문제는 중요 문제임을 결정한 결의안들 A/RES/1668(XVI), 2025(XX). 2159(XXI), 2271(XXII), 2389(XXIII), 2500(XXIV)을 상기하며 여전히 유효함을 재확인했다(UN A/RES/2642(XXV)).

1970년 중화인민공화국의 법적 회복을 추진하는 알바니아 안의 찬성표가 반대표를 상회하자 일본은 UN에서의 중국 문제에 대한 입장에 대해 재고하기 시작한다.

1971년 일본은 미국과 함께 중화인민공화국의 UN 가입을 환영하지만, 중화민국을 UN에서 배제해서는 안 된다는 내용의 '이중대표제 결의안(draft resolution A/L.633 and Add. l and 2)'과 중화민국 추방은 중요 문제임을 강조한 '추방반대중요문제 결의안(draft resolution A/L.632 and Add.l and 2.)'을 공동 제안했다.

1971년 총회에서 일본 대표는 일본 정부의 중화민국 추방 반대 이유에 대해 다음과 같이 설명한다. 첫째, 중화민국이 헌장의 의무와 책임을 충실히 준수하고 UN의 권위를 존중해왔으며, 20년 이상에 걸쳐 총회는 중국의 대표권이 중화민국 정부에 의해 행사될 수 있다고 확인해왔다. 둘째, 중화민국 정부는 25년 이상 대만을 실효적으로 지배하고 건전한 경제 발전을 계속 해왔다. 셋째, 가맹국의 뜻에 반하는 추방 내지 제외는 매우 불공정하며, 보편성과 제국간의 조화와 우호의 정신에 위배되는 것뿐만 아니라, UN 헌장의 원칙과 목적에 부합하지 않는 것이다.

그러나 미국과 일본이 제기한 추방반대중요문제결의안은 선결권을 획득하여 표결에 부쳐진 결과 찬성 55, 반대 59, 기권 15, 결석 2로 부결되었다. 반면 중화인민공화국의 법적 권리 회복을 지향하는 알바니아 안(draft resolution A/L.630 and Add.1 and 2)이 찬성 76, 반대 35, 기권 17, 결석 3으로 채택되었다(UN, A/RES/2758(XXVI)). 이 결과에 따라 이중대표제결의안은 표결에 부쳐지지 않았다. 중화민국의 UN에서의 의석 보존을 위한 시도는 결국 성사되지 못했다.

미국과 함께 제안한 이중대표제결의안과 추방반대중요문제결의안은 일본에서는 복합적 이중대표제 결의안 혹은 경과적 이중대표제로 불렸다. 이는 보다 점진적인 접근을 희망하는 일본 정부의 견해가 반영되어 있다.

> 중국을 둘러싼 정세의 현실을 있는 대로 직시하고 중화인민공화국, 중화민국의 쌍방에 정당한 대표권을 주는 것입니다. 이들은, 중국을 두 개의 국가로 분할하지 않는다고 하는 의미에서 두 개의 중국을 만들어내는 것을 주도면밀하게 피하고 있습니다. 우리의 방식은 매우 복잡하고 미묘한 문제를 점진적 단계를 거쳐 해결하지 않으면 안 된다고 하는 의미에서 <u>현실적이며, 또한 경과적인 것입니다</u>. 이들 두 결의안은 양 당사자의 대립하는 주장의 어느 것도 손상시키지 않고, 또한 이들의 주장의 최종적 결의도 해치는 것이 아닙니다. 이 결의안을 채택함으로써 UN은 화해와 평화적 대화로의 길을 열고, 아시아에서 평화와 안정을 촉진하게 된다고 믿습니다(外務省, 1972). (밑줄은 저자 강조)

밑줄에 강조한 바와 같이, 일본이 사용하는 '경과적'이라는 단어는 일본의 중국 대표권 문제에 대한 기본적인 태도와 입장을 대변하는 표현이다. 일본의 경과적 이중대표제는 하나의 중국을 향해 나아가는 경과적인 것이며 기존의 중화민국과의 관계를 유지할 수 있다는 점에서 안정적인 것이었다. 일본은 경과적 이중대표제가 어려운 문제를 점진적으로 해결해나가는 현실적인 대안이라고 주장했다. 중화인민공화국과 중화민국 양측의 견해를 모두 반영한 주도면밀한 전략이라고 강조했다. 경과적 한시성의 시효에 대해서 중국이 스스로 해결할 때까지로 설정하면서 하나의 중국과 두 개의 중국 사이에 애매모호함을 의도한 것이다. 일시적 미해결로 두는 다나아게와 절차적 회피, 부분적 수정이라는 중국 대표권 문제에 대한 대응 방식을 확인할 수 있다.

그렇다면 일본은 왜 1971년 UN총회를 앞두고 중국의 경과적 이중대표제를 주장하게 된 것일까? 중국 대표권 문제에 대처하는 일본 정부의 일반론인 "국제 정세의 동향을 확인하면서, 국제신의를 중시하고, 국익을 보호하고, 극동의 긴장 완화에 도움이 되는 관점"을 고려해볼 수 있다(日本国会会議録, 1970.11.26).

국제 정세의 동향과 관련하여, 중화인민공화국의 국제적 지위에 대한 중대한 의문이 제기된 1964년부터 살펴볼 필요가 있다. 1964년 10월 중화인민공화국은 1차 핵실험을 실시했다. 1964년 10월 비동맹회의에서 중화인민공화국의 UN 가입을 지지하는 것을 권고했다. 1965년 UN총회에서는 중화인민공화국을 지지하는 알바니아 안의 투표 결과 찬성국 수가 증가하여 반대표와 동수를 이루었다. 일본은 중국의 핵무기 실험을 강력히 비난하고 아시아에서의 중국 대표권 문제를 우려했다.

이후 문화대혁명이 전개되면서 중화인민공화국을 지지하는 의견은 다시 감소했다. 1968년 10월 11시 총회에서 일본은 중국의 동향이 아시아 및 세계에 중대한 영향을 주는 것임을 강조하며 국제 사회의 책임과 의무를 인식하고 세계 평화를 위해 건설적인 역할을 하는 '협조 가능한 중국'을 희망한다는 견해를 밝혔다.

1969년 말 캐나다와 이탈리아가 중화인민공화국을 승인하려는 움직임을 나타냈다. 캐나다는 1970년 10월 13일, 이탈리아는 1970년 10월 15일에 중화인민공화국과 외교관계를 수립했다. 일본은 캐나다와 이탈리아의 중국 정책을 주목했다. 특히 캐나다의 경우 미국의 정치적 제약 속에 있으면서도 중화인민공화국과의 경제적 교류를 추진해나갔다는 점에서 일본에 시사하는 바가 많았다(井上正也, 2010). 그러나 정책의 직접적인 변화로는 나타나지 않았다. '중국과의 역사적 관계와 지리적 근접성으로 인해 단순 명료한 중국 정책을 취하는 것은 불가능'하다며 변화에 대한 조심스러운 입장을 보였다(日本国会会議録, 1970.11.27.).

1970년 11월 19일 제 25회 총회에서 알바니아 안을 지지하는 표가 과반수를 차지했다. 일본 국내외에서 중국 대표로 중화인민공화국을 승인하지 않을 수 없다는 의견이 두드러지기 시작한 것이다. 일본 정부 역시 이러한 추세를 중요한 변화로 인식했다. 제25회 총회 이후 일본 정부는 국제사회의 변화에 대응책을 마련하기 시작했다(日本国会会議録, 1970.11.27).

1971년 7월의 닉슨의 중국 방문 발표로 미중관계의 변화가 표면으로 드러나면서 중화인민공화국의 UN 가입의 실현 가능성이 높아졌다. 일본은 미국보다 중국 문제에 있어 관계가 앞서 있다고 생각하고 있었기 때문에 더욱 충격적으로 받아들였다. 미중관계의 변화에 따른 중일관계 개선을 기대하면서 중국 정부의 움직임에 주목했다. 그리고 이후의 유동적인 국제 정세에 따라 유연하게 대처할 것이라는 입장을 발표했다(日本国会会議録, 1971.07.20).

국제 정세와 관련하여 일본이 우려한 아시아의 긴장은 무엇이었을까? 1971년 10월 22일 진행된 외무위원회에서 중화민국이 추방되면 일본은 중화민국에 대해 어떤 태도를 취해야 하는지, 지금까지의 정책을 유지할 수 있는지, 혹시 독립운동 같은 것이 일어나지 않을지, 독립운동이 일어나면 어떻게 대처해야 할지, 장제스와의 관계를 유지해갈 것인지 등의 문제들이 제기되었다. 중국 문제는 아시아만이 아니라 세계 평화와 안전에 밀접하게 연계된 문제이기 때문에 중요 문제로 지정되어야 한다고 주장되기도 했다(外務省, 1970).

이러한 국제 정세의 변화 속에서 일본은 국제 평화와 안정, 그중에서도 특히 극동과 아시아의 긴장 완화와 안정을 강조했는데, 이는 동아시아에서의 냉전적 상황 인식과 패전국가 일본이 평화국가 일본으로 거듭나기 위한 고려에서 비롯된 것이다.

일본의 국가 이익은 크게 세 가지로 살펴볼 수 있다. 첫째는 중화민국과의 평화조약의 양립 문제이다. 사토 에이사쿠(佐藤榮作, 재임 1964~1972) 총리는 중국에 두 개의 정권이 존재하는 것을 독일, 베트남, 한국에 나타난 것과 마찬가지로 전후 체제의 상징으로 보았다(日本国会会議録, 1970.10.26). 일본 정부는 1951년 샌프란시스코 강화조약 체결 과정에서부터 중국 문제를 고민해왔다. 결국 1952년 중화민국과의 평화조약을 체결하며 일본의 중국과의 전후 처리는 일단락된 것으로 여겼다. 중화인민공화국을 지지하는 국제 여론이 강화되면서 일본 내부에서 일화평화조약의 파기에 대한 문제가 제기되기도 했으나 일본 정부는 이에 단호히 반대했다.

일화평화조약은 중일국교정상화 교섭의 난관이자 핵심이었다. 중화인민공화국을 승인하게 되면 이전에 중국을 대표하여 체결한 일화조약은 무효인가 아니면 그대로 효력을 갖는 것인가에 대한 논란의 여지가 발생한다. 특히 일화평화조약에서 중화민국은 일본에 대한 배상청구권을 포기했기 때문에 일본의 전후 처리 과정에서도 매우 민감한 문제였다. 또한 일본이 이미 중화민국을 중국 대표로 선택하고 형성해왔던 외교관계를 스스로 부정할 수는 없는 것이었다.

두 번째는 미국으로부터의 오키나와 반환 문제이다. 오키나와 반환과 관련한 공청회나 외교위원회, 본회의에서는 중국 대표권에 대한 논의가 자주 등장했다. 이는 지정학적, 군사적 측면에서 대만과 오키나와를 연계해서 이해하는 시각이 두드러졌기 때문이다. 1970년대 초반 미일관계에서 무엇보다 중요한 문제가 바로 오키나와 문제였다. 오키나와의 반환은 일본의 전후 체제로부터의 회복을 상징하는 의미이자 국민국가 형성과 국가 정체성과 관련되는 문제였다(日本国会会議録, 1971.10.22.). 게다가 오키나와의 반환은 센카쿠/댜오위다오의 영유권 문제와도 연계되어 있다. 이 지역의 대륙붕 경계 설정과 석유 추출과 관련한 지정학적, 지경학적 가치가 부각되고 있었다(日本国会会議録, 1971.05.17; Soeya, 2001).

세 번째는 일본의 안보리 상임이사국 진출 문제이다. 일본은 UN에서 안보리 상임이사국의 지위를 획득하기 위해 UN 헌장의 개정을 요구해왔다. 제25회 총회에서 아이치 기이치愛知揆一 외상의 일반검토연설은 중국 대표권에 대한 언급이 없이 거의 대부분을 안보리 등 UN 기구의 강화와 평화 유지 활동의 명문화, 구적국조항의 폐지 등을 호소하는 내용으로 구성되었다. 비핵국가 일본, 평화국가 일본, 문화국가 일본을 강조하며 국제 사회의 공헌을 바탕으로 상임이사국으로서의 자격이 있음을 주장했다(外務省, 1971).

일본의 안보리 상임이사국 진출 시도는 일본 외교 정책의 적극적인 측면이 드러난다. 기존의 상임이사국들과 견해를 달리하는 의제이며 패전국으로서의 국가 정체성을 벗고 국제 사회의 중심 국가로서 역할을 하고자 하는 의지가 분명히 밝혔다. 중화인민공화국의 UN의 가입과 안전보장이사국 자리의 승인은 국제 사회의 구조의 변화를 가져올 것이라는 일본 내부의 우려의 목소리도 있었다. 그러나 이에 대한 사토 총리의 발언에서 경제력을 바탕으로 하여 유럽과 함께 다극화된 사회를 만들어가겠다는 청사진을 제시했다(日本国会会議録, 1971.10.26). 헌장개정과 상임이사국으로의 도전 과정은 상임이사국의 동의를 필요로 한다. 소련과 프랑스가 명백한 반대를 표시하는 가운데 중국의 동의를 확보할 필요가 있었기 때문에 중국 대표권 문제는 일본에 더욱 중요한 문제였다.[6]

26회 총회를 앞둔 1971년 10월 19일 사토총리는 국회 본회의에서 일본 정부의 중국 정책의 변화를 선언했고, 경과적 이중대표제가 등장했다(日本国会会議録, 1971.10.19). 경과적 이중대표제의 정당성은 국제 신의와 우호의 명목으로 주장되었다. 국제 신의의 문제는 크게 두 가지로 나누어 살펴볼 수 있다. 하나는 UN의 보편성과 공평의 원칙을 강조하는 것이다. 중요사항지정방식 결의안에서 하나 이상의 정부가 대표를 주장하는 경우 UN 헌장과 상황에 따라 고려한다는 총회 결의안 A/RES/396(V)을 원용하며 UN의 이념을 20여 년 넘게 준수해온 회원국을 의지에 반하여 배제해서는 안 된다고 항변한다(外務省, 1971).

또 하나는 '미국을 비롯한 우호국가'와의 협의를 통해 진중하게 검토한다는 것이다(日本国会会議録, 1971.07.20). 미국은 1970년 초반 중화인민공화국으로의 접근을 추진하며 중국 정책에 변화를 모색하고 있었다. 닉슨 대통령은 1971년 2월 25일 제출된 외교 정책 보고서에서 중화인민공화국의 UN 가입과 미국을 포함한 국제 사회와의 국교정상화가 가능하며, 그 역할을 기대하고 있다고 보았다(Nixon, 1972). 그러나 중국이 요구하는 하나의 중국 원칙을 완전히 수용하고 있는 것은 아

6 이후 1972년 중일국교정상화, 1978년 평화우호조약 협상 과정에서도 일본은 UN 헌장 개정과 일본의 안보리 상임이사국 진출에 관한 중국의 동의를 구하고자 했다. 그러나 일본의 바람과는 달리 이 문제에 대한 중국과의 논의는 심도 있게 진행되지 못했다.

니었다. 미국 역시 중화민국 추방 안에 대해서는 여전히 반대했다. 미국은 중국이 UN에 중화민국과 동등한 자격으로 가입된 다음 중화민국이 UN에 머물러 있도록 설득시키려는 시나리오를 갖고 있었다(Nixon, 1978).

이러한 고려사항을 바탕으로 일본은 제26회 UN총회에서 22개국과 함께 중화민국의 배제를 방지할 두 개의 결의안을 공동 제안하게 된다. 당시 일본은 국제정세의 변화를 검토하면서 중국 정책의 전환을 모색했다. 그러나 그 과정은 단절적이고 급진적인 것이라기보다는 단계적이고 점진적인 것이었다. 국제 동향의 변화를 즉각 반영하기보다는 타국의 사례들을 검토하고 참고했다. 하나의 중국 원칙에 제한적인 수정을 가하고 경과적 조치를 마련했다. 국가 이익을 확보하면서 가능한 한 현상 유지에 기반하여 안정적인 정책 전환을 추구하고자 했다.

4. 중일 국교정상화의 추진: 적응과 전환

1971년 10월 26일 중화인민공화국의 UN 가입이 확정된 이후 개최된 중의원 본회의에서 사토 총리는 일본의 두 개의 결의안 부결에 대한 정치적 책임과 향후 중국 정책에 대한 입장 표명을 요구받았다. 사토 총리는 결의안 부결이 중화민국의 추방을 막기 위한 것이었으며, 중화인민공화국의 가입을 저지하려는 것이 아니었음을 주장하며 정치적 책임 문제에 답했다.

사토 총리는 이어 일본 정부는 “UN 결의를 존중하고, 중화인민공화국의 UN 가입을 환영”함을 분명히 하고, 비록 “정부의 조치는 UN에서 부결되었지만, 결과적으로 보면, 일본의 장기적인 국익에 합치하는 것을 확신"한다고 부언했다(日本国会会議録, 1971.10.26). 후쿠다 다케오福田赳夫 외상 역시 결의안에는 패했지만, 일본이 국제 사회에서 신의를 끝까지 지켰으며 입장을 끝까지 유지했다는 점에 대해서는 일본 국민이 자부심을 가지기를 바란다는 생각을 표명했다(日本国会会議録, 1971.10.26). 중국 문제에 대한 국제 사회의 변화의 움직임을 파악하고 있었지만 기존의 입장과 노선을 유지하고자 했던 판단은 중국 대표권 문제에 대한 일련의 결의안들의 결과를 예견했다 할지라도 바뀌지 않았을 것으로 생각된다.

UN에서 중국 대표로서의 가입이 바로 중화인민공화국을 묵시적으로 승인하는 것이 아닌가라는 질문에 대해서는, 양국 간 관계로서 정상화 절차가 필요하며, 중화민국과의 조약이 단순히 파기되는 것은 아니라는 점, 그렇지만 중화인민공화국 정부를 인정하고 있음을 밝혔다. 사토 총리는 향후 중국 문제에 대해 "주체적으로 광범위한 국민적 합의의 기초위에 성립"하며 "중일 쌍방에 의해 수락될 수 있는" 원칙을 마련해 나가겠다고 밝혔다(日本国会会議録, 1971.10.26).

향후 중국 정책에 관련해서 중국과의 국교정상화를 적극적으로 추진할 것을 표명했다. 사토 총리는 "UN에서의 결정에 입각하여 이를 계기로 중국과의 사이에 국교정상화 교섭을 더욱 적극적으로 추진할 생각" 임을 밝히고, 후쿠다 외상은 "UN의 결의가 있는 이상, 생각을 새롭게 하여 이 결의를 발판으로 정상화의 길로 매진하겠"으며 중일 국교정상화는 "역사의 흐름"이라고 표현했다(日本国会会議録, 1971.10.26).

하지만 사토 내각의 추진 의지와는 달리 중일국교정상화는 진전되지 못했다. 무엇보다도 중국 측에서 사토 총리에 대해 신뢰를 가질 수 없다는 의견을 보였다. 이는 사토 총리가 이전까지 보여준 친중화민국 정책과 UN 가입 이후에도 여전히 중화민국과의 관계를 유지하고자 했던 것, 일화평화조약의 파기를 약속하지 않았다는 점에서 중국이 제시하는 복교3원칙과 부합하지 않았기 때문이다(日本国会会議録, 1972.01.31).

1972년 2월 미중관계가 진전되면서부터 중일국교정상화를 추진해야 하는 이유로 UN 가입을 원용하는 경우가 급감했다. 닉슨 대통령과 키신저의 중국 방문과 정상회담의 결과물인 상하이커뮤니케의 발표는 일본 정부에도 시사하는 바가 많았다. 일본 정부는 미중관계의 개선이 중일관계에 미치는 긍정적인 영향을 인정하면서 동시에 미중 접근과 중일 접근 간의 차이점에 대해 강조하고 있음은 주목할 필요가 있다(日本国会会議録, 1972.03.01).

미중 접근과의 차이점으로 우선 양국 간 교류의 수준에서의 차이가 강조된다. 미중 접근이 가시화되기 시작한 1971년 10월 일본은 경제교류와 인적 교류 면에서 중일관계가 미중관계에 앞서고 있음을 주장했다(日本国会会議録, 1971.10.27).

당시 다나카 가쿠에이田中角栄 통산산업성 장관도 미중 무역은 미미한 수준인 반면 중일 무역은 최대치이며, 닉슨 방중 후 금지 품목이 해제되어 중일 무역이 앞으로 늘어날 전망이라 보았다. 또한 동중국해와 오키나와 주변의 석유 개발을 위한 중국과의 협력을 국교정상화 과정에서 논의할 예정임을 밝힌다(日本国会会議録, 1972.03.01).

미중 상하이커뮤니케 발표 이후 후쿠다 외상은 미중회담이 크게는 세계의 긴장 완화에 도움이 되는 것이면서도, 소련을 둘러싼 복잡하고도 긴장 완화와 모순되는 움직임이 나타나고 있다고 지적했다. 하지만 미중 접근은 중국에 대한 봉쇄 정책을 완화한다는 점에서 중일관계에 긍정적인 영향을 줄 것으로 전망했다(日本国会会議録, 1972.03.16).

또한 후쿠다 외상은 미중관계와 중일관계의 접근 방식과 과정에 차

이가 있음을 설명한다. 미국은 쯔미아게積み上げ 방식으로 점진적으로 쌓아가는 방식이다. 대통령의 베이징 방문, 친선 분위기의 증대, 학자, 문화인, 의료인 등 인적 교류, 고급 관료의 파견 등의 정치적 접촉, 그리고 미중국교정상화로 한걸음씩 나아가는 방식이다. 이는 중국과 일본이 1970년대 이전까지 정경분리 원칙에 근거하여 발전시켜온 것을 가리키는 표현이었다. 반면 중일관계는 바로 국교 수립에 접근하는 보다 직접적이고 확실한 방식을 추진하고 있었다(日本国会会議録, 1971.03.16). 국교라는 것은 국가의 승인을 포함하고 또한 외교관계의 수립을 포함하는 것으로, 그 국교의 정상화를 목표로 하고 정부 간 접촉을 시작할 용의가 있다는 것을 표명하는 것이라고 설명한다(日本国会会議録, 1971.04.15).

후쿠다 외상은 미중관계와 중일관계의 맥락이 상이함도 강조한다. 미국의 경우 중화민국에 대한 군사 문제가 해결되기 쉽지 않음을 지적하며 최종적으로 어떻게 미중관계가 전개될지 아직 나타나지 않았다고 보았다. 반면 일본은 중일국교정상화를 목표로 설정하고 중화민국과의 평화조약과 귀속 문제 등 여러 가지 문제들을 정부 간 접촉을 통해 해결할 수 있다고 강조한다(日本国会会議録, 1971.03.16).

1972년 7월 7일 다나카 총리가 취임하면서 중일국교정상화는 급속하게 진전된다. 다나카는 사토 내각과의 차별성을 강조하며 공약으로 중일국교정상화를 제시했고 중국이 제시하는 수교3원칙을 이해한다고 표명했다. 중국이 제시한 3원칙은 중일국교정상화를 통해 유일한 합법정부로 승인하고, 중화민국 문제를 국내 문제화하며, 일본과 중화민국이 단교하는 것으로 모두 중국 대표권의 문제이다. 중국 지도부는 다나카의 당선을 공개적으로 지지했다.

다나카는 중일국교정상화를 목표로 하는 중일정상회담을 추진하기 위해 공명당 총재 다케이리 요시카쓰竹入義勝를 파견한다. 다케이리는 1972년 7월 27일부터 7월 29일 중국을 방문하여 저우언라이와 회담을 갖고 국교정상화를 위해 일본은 국교회복 3원칙을 인정하고, 중국은 배상청구를 포기하여 서로 양보할 의사가 있음을 확인한다(최은봉·오승희, 2011).

다나카 내각은 미국과의 의견 교류를 통해서도 중국 문제를 진전시켰다. 1972년 8월 31일 2일간 하와이에서 다나카 총리와 닉슨 대통령이 정상회담을 가진다. 이 하와이 회담을 앞두고 키신저가 일본을 방문하여 다나카 총리와 세 시간, 오히라 외상과 한 시간 정도 베트남, 중국, 한반도 문제와 미일 경제 문제 등에 대한 예비 대화를 가졌다. 오히라 외상은 중국 문제와 관련한 대화가 이루어졌지만 단지 우호국과의 연락의 의미라고 제한하며 기본적으로 중일국교정상화는 일본의 문제임을 강조했다(日本国会会議録, 1972.08.22). 다나카 총리는 닉슨 대통령과의 정상회담을 통해 중일국교정상화의 체결이 미국과 일본의 관계에 도움이 되는 것임을 강조했다. 정상회담 결과로 발표된 공동성명에 닉슨 대통령의 중국과 소련 방문이 아시아의 평화와 안전을 위한 것이었다고 평가하고 다나카의 중국 방문도 아시아의 긴장 완화를 촉진하는 데 도움이 되기를 희망한다는 내용을 담았다(日本国会会議録, 1972.08.22.).

1972년 9월 25일부터 3일간 다나카 총리는 중화인민공화국을 방문하여 네 차례의 정상회담과 마오쩌둥과의 회담, 그리고 세 차례의 외상회담을 가진다. 그리고 1972년 9월 29일 일본과 중화인민공화국의 공동성명이 발표되었다. 중일공동성명을 통해 일본은 중화인민공화국이 유일한 합법 정부임을 확인하고 중화민국과의 외교관계를 단절했다.

그러나 다나카 내각에 들어서도 일본의 중국 대표권 문제에 대한 태도는 유지되고 있었다. 국교정상화 교섭 과정에서도 일본과 중화민국의 평화조약의 양립 문제가 계속 논란의 대상이 되었다. 중화민국이 중국을 대표한 것이 유효한가에 대해 일본은 자국의 역사적 행위를 부정할 수 없음을 강조했다. 결국 명확한 결론을 제시하는 대신 각자의 해석이 가능한 모호한 방식으로 절충되었다(최은봉·오승희, 2011; 2012b). 또한 중화민국과의 외교관계는 단절되어도 경제 교류는 지속할 수 있게 함으로써 중국의 두 개의 정부와의 관계를 단절하지 않으면서 일본의 국가이익을 확대하는 방안은 여전히 유지되었다. 중국의 대표로 승인을 얻기 위한 중화인민공화국과, 중국과의 모든 전후 처리를 매듭짓고자 했던 일본의 이익이 상호 교차되면서 중국 대표권 문제는 중일 국교정상화의 최우선순위이자 가장 중요한 쟁점으로 다루어졌다.

5. 성과와 유산

이 장에서는 1970년대 초 중국 대표권 문제에 대한 일본 외교 정책의 변화를 설명했다. 1971년에는 왜 중화인민공화국의 UN 가입 결의안에 반대를 했으며, 1972년에는 왜 중화인민공화국을 외교적으로 승인했는지를 일본 외교 정책 지도자들의 입장이 담긴 공식 문서를 중심으로 살펴보았다.

일본의 중국에 대한 정책은 연속성과 변화가 공존했다. 1970년대까지 UN에서 보인 일본의 중국 대표권 문제에 대한 입장은 자유주의 일본으로서 국제사회와 협력하며 중국 대표로서의 중화민국을 지지하는 경로의존적 성격이 강하게 드러났다. 그런데 1970년 중화인민공화국의 가입과 중화민국의 추방을 전제로 하는 알바니아 안을 지지하는 국가들이 과반수가 되자 중국 대표로 중화인민공화국을 인정하면서도 중화민국의 추방에 반대하는 경과적 이중대표제를 주장한다. 1971년 경과적 이중대표제의 도입은 일본 정책의 제한적 변화를 반영한 것이었다.

1971년 10월 26일 경과적 이중대표제의 부결과 중화인민공화국의 UN 가입 이후 중국 대표로서의 중화인민공화국에 대한 인식이 강화되며 국교정상화의 추진 의지를 분명하게 했다. 하지만 중국 대표로서의 중화민국과의 관계를 가능한 한 유지하기 위해 기존의 정책을 양립시키려는 입장을 고수하면서 협상이 진전되지 않았다. 일본은 중화민국과의 민간 교류는 단절하지 않는다는 조건을 부여하여 대상을 달리한 정경분리 정책을 추진해나간다.

1970년대 초 국제 사회의 중국에 대한 움직임의 변화에 대해 일본은 유연하게 대처할 것임을 밝혔지만, 실제로는 정책에 바로 반영하기보다는 기존 입장을 가능한 한 유지하려는 경로의존에 기반한 점진적 수정을 추구했다. 중국 대표권 문제에 대해 일본이 취해온 경과적 이중대표제는 1952년 일본의 중화민국 선택에서 비롯된 이탈 비용과 피드백이 작용한 자기 강화적 성격으로서의 경로의존성이 나타난다. 경과적 이중대표제는 모순적이면서 한시적인 내용을 담고 있으며, 방법적으로 다나아게棚上げ, 절차적 회피, 부분적 수정으로 나타났다. 이는 향후 전개되는 중일국교정상화 과정에서도 민감한 문제에 대처하는 외교적 기술로 차용되었다.

한편 일본은 미중 접근이 일본의 대중 정책에 도움이 되지만 경제교류를 중심으로 발전되어온 중화인민공화국과의 관계를 바탕으로 한 점에서 차별된다는 견해를 피력했다. 일본은 중국 대표권 문제와 관련된 결의안을 미국과 공동으로 제안했고, 1971년 경과적 이중대표제라는 아이디어 역시 미국을 비롯한 우호국과의 협의에 근거했음을 확인할 수 있었다. 이 때문에 1972년의 국교정상화는 일본의 중국 정책의 비일관성을 나타내는 것으로 비추어질 수 있다. 그러나 일본 내부에서는 상충되는 관점들이 장기적으로 논의되었다. 중화인민공화국과 중화민국 관계의 균형, 오키나와 반환 문제와 대만의 지정학적 가치의 부각, 안보리 상임이사국 진출을 위한 외교 전략을 복합적으로 고려하고 있었다. 표면적 미스매치의 이면에 존재하는 심층적 외교 전략과 정책 논리를 살펴볼 수 있다. 일본의 선택은 미-일-중 삼국 간 상황에 종속되었다기보다 중일 간 관계의 구조를 만들어가고자 하는 의도를 반영하는 것이었다.

당시의 사료 및 문서를 기초로 할 때, 일본의 중국 대표권 문제에 대한 정책의 변용은 단절적이고 급진적이기보다는 경로의존성에 기반하여 점진적으로 추진되었다. 사토 내각은 가능한 한 현상 유지에 기반하여 중화인민공화국을 승인하고자 했으나 한계에 직면했고, 이후 다나카 내각의 중국 정책에 반면교사가 되었다. 다나카는 사토와의 차별성을 강조하며 중국이 제시하는 대만과의 단교를 포함한 국교정상화 3원칙을 이해한다고 표명하여 국교정상화를 급진전시켰다. 그러나 이후 전개된 국교정상화 교섭에서 여전히 일본과 중화민국의 역사적, 현실적 관계를 절충하는 문제에서 벗어나기 어려웠다.

중국 대표권 문제는 일본과 중화민국의 관계를 중일국교정상화의 목적과 우선순위에서 가장 우위에 두게 했다. 이와 맞물려 중화민국과의 관계와 전후 처리 문제 등 갈등적 세부 사항들을 미루어두기로 하는 상황적 전략이 나타났다. 이러한 접근은 일정 기간 일본의 국익과 중일 간 상호 이익에 기능하는 듯했으나, 탈냉전 이후 봉인된 갈등의 표층화 가능성을 유산으로 남겼다.

4부

중일관계의 제도화: 1970년대

8장

중국의 배상청구 포기와 중일국교정상화[1]

1. 왜 중국은 일본에 배상청구를 포기했는가?

제2차 세계대전 종전 후 동아시아 국가들은 전쟁에서 패하거나 식민지로부터 독립하거나 신정부를 수립했다. 이는 다른 나라들과 새롭게 국교를 수립하거나 정상화하는 과정을 요구한다. 국교정상화란 두 국가가 비정상적인 상태에서 벗어나 정상적인 상태로 전환하여 공식적인 관계를 수립하는 것을 선언하는 외교 행위로, 관계 정상화 또는 국교회복, 국교 수립 등 다양하게 표현된다. 그런데, 전후 반세기가 지난 오늘날에도 동아시아 국가들 간의 국교정상화는 아직 진행 중이다. 일본을 중심으로 한 국교정상화 체결 상황을 살펴보면, 일본은 1952년 중화민국과 1965년 대한민국과 국교를 수립했다. 1972년 중화인민공화국

1 8장은 최은봉·오승희, 2010, "중국의 대일본 배상청구 포기의 양면성–'타이완 문제'의 타결과 중일 경제협력의 확장–"『담론 201』 13(2)의 내용을 수정, 보완한 것이다.

과 국교를 정상화하면서, 중화민국과의 국교가 단절되었고, 북한과의 국교 수립은 일본인 납치자 문제 등 난제 속에서 타결 시점을 가늠하기 어렵다.

중국 측의 통계 자료에 의하면, 1937년부터 1945년까지 8년간의 중일전쟁기 중 물적 피해만 계산할 때 일본이 배상해야 할 금액은 최소 500억 달러로 추정된다(朱建栄, 1992: 27).

1. 1946년 10월 국민당 정부는 중국의 공사재산의 직접적 손해는 약 313억 달러, 간접 손해는 204억 달러, 민간인 사상자수는 1,040만 명으로 계상했다. 신중국은 1951년 선쥔루沈鈞儒의 보고서「전쟁범죄인 검거와 징벌에 관해」에서 사망 1,000만 명, 재산 손실액 500억 달러라고 하는 수치를 사용해왔다(朱建栄, 1992: 28).
2. 1972년 일본과 단교하게 된 대만은 마지막 대항 수단으로서 1,500억 달러의 대일 배상 요구를 결의했고, 중국 정부 측은 1991년 중일전쟁 당시 중국 측의 직접 경제 손해는 620억 달러, 간접 경제손해는 5,000억 달러라는 수치를 제시하고 있다.
3. 1971년 일본의 다케우치 요시미竹内好는 인간의 생명을 굳이 수치로 환산하여 1인당 1만 달러로 한다면, 인적 손해에 대해서 35조 엔, 여기에 물적 손해 17조 엔을 더하면 합계 52조가 되며, 만약 이를 20년 상환으로 지불한다면 매년 2조 6,000억 엔으로 당시 일본국의 국가 예산 9조 4,000억 엔의 약 3분의 1정도에 해당하는 금액을 20년간 지불하게 된다는 계산을 내놓았다(朱建栄, 1992: 28).

최대 피해국으로 불리는 중국의 배상 문제는 일본에게 큰 부담이 되었다. 따라서 중국과의 국교정상화 문제에서 배상청구 문제가 가장 중요한 교섭 사항이 될 것으로 여겨졌고, 일본은 중국에 대해 배상청구 포기라는 전제 조건을 제시했다. 결과로 볼 때 중화민국과 중화인민공화국 모두 일본에 대한 배상청구 포기를 선언했다. 그러나 중화민국과 중화인민공화국은 각기 상이한 교섭 과정을 거쳤다. 중화민국은 1952년 샌프란시스코 조약에 근거한 '일본국과 중화민국 간의 평화조약'(또는 일화평화조약, 이하 중화민국-일본 조약) 체결 시 교섭의 막바지에 배상포기를 선언했고, 이는 '일화평화조약의정서日華平和條約議定書' 제1조(b)에 명기되었다. 반면 중화인민공화국은 정상 간 교섭 마련을 위한 준비회의에서 먼저 배상청구 포기를 선언했고, 1972년 '중일공동성명' 제5조를 통해 선언했다.

이 장에서는 일본의 배상청구 문제를 둘러싼 국제적 환경과 중일국교정상화 교섭 과정을 살펴보고, 이를 통해 일본과 중국의 배상청구 문제 처리 과정과 배상청구를 포기하게 된 요인, 그리고 배상청구 포기가 가져온 중일관계의 변화를 살펴봄으로써 중국의 대일본 배상청구 포기가 함축하고 있는 의미를 살펴본다.

2. 중국의 대일본 배상청구 관련 연구의 공백

중국과 일본의 배상청구에 관한 연구는 주로 중일국교정상화에 관한 연구의 일부분으로 다루어져왔다. 전반적인 중일관계의 흐름 속에서 중일 화해와 중일 정상화 교섭 과정, 그리고 배상청구 포기를 다룬 전문적인 연구로는 모리 가즈코毛里和子의 『중일관계』 연구와 중국사회과학원中国社会科学院의 『중일관계사』 연구가 있다. 이와 같은 중일관계에 관한 연구를 기반으로 한 배상청구 포기에 관한 연구는 국제 질서의 변화를 기본 틀로 삼고 양국 관계에서 발생한 특징적인 사안들을 보조축으로 설정하는 것이 일반적이다(한국국제정치학회 중국분과, 2008: 120). 이에 따라 대다수의 연구들은 중일국교정상화를 1972년 미국의 닉슨 대통령의 중국 방문으로 가시화된 미중 접근의 연장선상에서 나타난 것으로 보고, 미국 외교 정책의 전환을 그 기본 틀로 제시하고 있다. 물론 이러한 틀의 설명력은 높다. 그러나 외부적 요인이 지나치게 강조되어 중국과 일본의 국내적 요인에 대한 연구가 상대적으로 미흡하게 진행되어왔다. 이에 1970년대 당시의 국제 환경과 함께 중국과 일본의 국내 정치 경제적 환경을 함께 살펴볼 필요성이 있다.

중화인민공화국의 배상청구 포기에 관해서는 주지엔룽朱建栄의 연구(1992)가 상세한 정보를 제공한다. 저우언라이를 비롯한 중국 지도부의 대일 배상청구 관련 언급을 분석하면, 중화인민공화국은 1964년경 일본에 대한 배상청구를 포기하는 정책을 마련한 것으로 보인다. 주지엔룽은 4단계로 나누어 배상청구 문제를 분석하고 있다.

첫 번째 시기는 1955년 이전시기로, 모든 국가는 배상을 청구할 권리를 보유해야 한다는 주장과 함께 배상청구를 강력히 요구했다. 1951년 8월 15일, 당시 저우언라이 외교부장은 '대일평화조약 미영초안과 샌프란시스코 회의에 관한 성명'에서 일본에 점령되어 큰 손해를 입어 자력으로 재건하는 것이 곤란한 모든 국가는 배상을 청구할 권리를 보유해야 한다고 표명했다. 또한 미국 정부가 특권과 제한을 통해 일본에서 배상을 취득해왔으면서 다른 피해국에 배상을 청구하지 못하게 한다고 보고 이는 일본의 경제 능력의 유지가 미국의 독점 자본의 착취에 도움이 되기 때문이라고 비판했다.

두 번째 시기는 1955년부터 1957년까지로 배상청구 여부가 불분명한 배상포기 정책 형성기에 해당한다. 이 시기 일본과 중국 간의 관계

정상화 논의가 추진되면서 1955년 11월 15일 저우언라이와 가타야마 데쓰片山哲 전수상의 회견에서 저우언라이는 "청구의 권리는 엄연하다. 그러나 금후 사정의 변화에 따라 배상에 대해서도 금후 절대로 변화가 있을 수 없는 것은 아니다"라는 전향적인 발언을 했다.

세 번째 시기는 1963년에서 1964년에 해당되는 시기로 정책 결정기이다. 1963년 후반부터 1964년 초반에 걸쳐 저우언라이의 발의로 구성된 '대일본조對日本組'를 중심으로 대일 배상청구 문제가 정식으로 검토되었다. 중국 내에서 대일관계를 담당한 최초의 조직은 1952년 민간무역을 위한 교섭 시 등장한 '대일공작판공실對日工作辦公室'이다(毛里和子, 2006: 45). 1950년대 전반에 걸쳐 당 중앙의 외사소조外事小阻와 국무원 외사판공실外事辦公室이 존재했는데, 이 둘은 같은 조직인 것으로 보인다. 담당자는 천이陳毅 외교부장과 랴오청즈廖承志였다. 이 조직 하에 일본팀이 만들어졌고, 조직원은 외교부, 당 중앙 대외연락부, 대외무역부, 대외우호협회, 외교학회, 공산주의청년단, 총공회, 인민일보사, 신화사의 대표로 고정되었다(毛里和子, 2006: 45). 처음에는 배상청구를 요구하는 의견이 강했으나, 저우언라이와 랴오청즈廖承志의 의견에 힘입어 1964년 1월경 최종적으로 마오쩌둥毛澤東 주석의 동의를 얻은 대일배상청구권 포기 내용이 결정되었다. 그러나 이 결정은 지도부에 국한된 비밀로 남아 있고 공식적으로 표명되지는 않았다.

마지막 네 번째 시기는 1972년 국교정상화 교섭 당시 배상포기를 선언한 시기이다. 1972년 7월 7일 다나카 가쿠에이田中角栄 내각이 성립한 후 중일 국교 회복의 분위기가 급상승하던 중, 저우언라이 수상은 다케이리 요시카쓰竹入義勝 공명당위원장과 만난 자리에서 최초로 일본에 대한 배상청구의 포기를 공식적으로 표명했다. 60년대 초중반에 결정된 배상청구 포기정책이 공식화된 시기이다.

주지엔룽의 연구는 중국이 배상청구 포기 정책이 1972년에 급격히 결정된 것이 아니라 오랜 시간에 걸쳐 고려되고 유지되어온 것임을 보여준다. 그러나 1972년 배상포기정책이 결정되고 선언되게 된 시점에 대한 설명이 보강될 필요가 있다.

한편, 국내에서는 한국과 일본의 배상청구 문제를 중심으로 일본의 배상청구 문제가 연구되어왔으며, 중국과 일본의 배상청구 문제는 손기섭(2003)의 연구에서와 같이 중일관계와 국교정상화 연구의 일부분으로 다루어지고 있거나, 이원덕(2008)의 연구와 같이 일본의 전후 배상 문제에 관한 연구 중 하나의 장으로 다루어져왔다.

여기에서는 중일 간 배상청구 문제가 심도 있게 이루어지지 않은 점을 고려하여 중국의 배상청구 포기를 독립적인 주제로 보다 구체화하여 다루고자 했다. 1972년의 중국과 일본의 국제적 환경, 국내 정치, 경제적 요인들을 집중적으로 분석하여, 중국의 일본에 대한 배상 문제 처리 과정에서 중국의 '대만 문제' 처리와 마오쩌둥 시기의 중일 간 경제협력이 중요했음을 확인했다.

3. 배상청구 포기의 국제적 배경

1) 국제 사회의 대일 배상 정책: 샌프란시스코 강화조약

1945년 8월 14일 일본은 포츠담선언을 수락하고, 연합군에 항복했다. 포츠담선언의 제11항은 실물배상의 징수를 정하고 있는데, 이는 항복 후의 미국의 초기 대일 방침이었다. 그런데 일본의 전후 처리가 지연되면서 일본에 대한 배상 정책은 점차 완화되기 시작했다. 1947년 7

월 극동위원회의 '항복 후의 대일 기본 정책'에서 배상의 징수는 "일본 국민의 최저 생활 수준의 유지"를 한도로 한다고 규정했다(永野慎一郎 遍, 1999: 11).

공식적인 배상 규정이 마련된 연합국과 일본의 강화조약은 전쟁이 끝난 후 6년이 지난 1951년 9월이 되어서야 체결되었다. 당시 일본의 수상 요시다 시게루吉田茂는 배상금과 영토 할양이 없는 독립이라는 유리한 조약을 이끌어내기 위해 노력하고 있었다(吉田茂, 1958: 29). 1949년 10월 중화인민공화국이 성립하고, 1950년 2월 '중소우호상호원조동맹조약'이 체결되고, 1950년 6월 한국전쟁이 발발하는 등 공산 진영과 자유진영 간의 대립이 심화되면서 미국은 일본에 대한 기존의 아시아 정책을 수정했다. 이른바 '역코스Reverse Course' 정책이었다.[2] 일본의 군사화를 요구하는 미국과 관대한 강화조약을 원했던 일본 간에 밀약이 성립되고(吉田茂, 1958: 29-30), 1951년 9월 8일 샌프란시스코에서 연합국과 일본국 간의 강화조약이 체결되었다.

샌프란시스코 강화조약의 초안을 작성한 미국과 영국은 일본의 조기 부흥을 실현하는 것이 아시아에서 대對 공산주의 방어[3]와 자유주의 진영의 강화에 도움이 된다고 판단했고, 일본에 대한 과대한 배상 징수로 일본 경제에 대한 가중한 부담을 가해서는 안 된다는 방침을 세웠다.

1950년 5월, 미국 국무부 특사 덜레스John Foster Dulles[4]는 샌프란시

2 미국의 일본 전후 초기정책은 비군사화와 민주화의 2D정책이었다(현대일본학회, 2009: 66). 그러나 공산주의 진영의 확산을 막기 위해 병력을 갖춘 일본의 존재가 필요하게 되면서 미국은 일본의 군대 창설을 요구했다.

3 특히 한반도 내 공산주의 세력의 확산이 위협으로 인식되고 있었다(吉田茂, 1958: 30).

4 애치슨 국무장관의 고문으로 임명되었으며, 이후 아이젠하워 정부의 국무장관으로 냉전기 미국의 외교 정책을 담당했다. 1954년 제네바회의에서 저우언라이와 악수를 거부했을 만큼, 공산주의와 중공에 대한 강경한 입장을 갖고 있었다.

스코 조약안 구상을 시작했다. 9월 중순경 무배상 방침을 포함한 7개항의 메모를 작성하여 배상청구권을 가진 국가들에 양해를 구했다. 그러나 필리핀, 중국, 인도네시아, 호주, 네덜란드의 반대와 영국의 무역제한 요구로 이 방침은 수정이 불가피하게 되었다. 결국 1951년 6월 개정 공동제안 초안에서는 무배상 방침을 포기하고, 일본에 배상 의무는 있지만 지불 능력은 없으므로, 생산물, 침몰선 인양, 역무로 배상하고, 재외자산은 몰수한다는 방침을 세웠다. 이에 덧붙여 연합국은 배상 청구권 및 점령비 청구권을 포기한다고 밝혀, 일본에 대한 배상청구 포기를 종용했다.

1951년 9월 4일부터 8일까지 열린 샌프란시스코 강화회의에는 중국, 인도, 버마를 제외하고 일본과 교전 상태에 있던 51개국이 참가했다. 참가국 중 소련, 폴란드, 체코슬로바키아는 조약 내용에 불만이 있다는 등의 이유로 서명을 거부했다. 필리핀, 인도네시아, 남베트남 대표는 배상 규정에 강한 불만을 표시했다. 이후 인도네시아는 조약의 서명은 했지만, 배상 규정이 불충분하다는 이유를 들어 비준하지 않았다.

결국 버마, 필리핀, 인도네시아, 남베트남에서만 일본의 배상이 실시되었다. 적은 규모의 배상 금액은 경제 협력을 통해 보완되었다. 캄보디아와 라오스를 포함한 대부분의 국가들은 배상을 포기하고 경제 원조를 받았다(표 8-1 참조).

전후 일본을 대소봉쇄의 전선으로 인식하기 시작하면서, 미국의 극동 정책은 일본 점령 정책에 대한 인식 전환을 이끌어내어 영국, 미국, 프랑스, 오스트레일리아 등 서방 선진국의 대일 배상청구 포기를 이끌어냈다(加々美光行, 1992: 215). 미소 냉전의 위기 구조를 기반으로 한 샌프란시스코 강화조약은 일본의 배상 부담을 완화시키고, 배상청구를 포기시키는 국제적 압력을 형성해갔다. 그리고 아시아 국가들은 이에

〈표 8-1〉 국가별 배상 처리 유형

<table>
<tr><td>○ 미얀마: 평화조약(1054.11.5)
- 2억 달러/10년
○ 필리핀: 배상협정(1956.5.9)
- 5억5천만 달러(역무-생산물)
○ 인도네시아: 평화조약(1958.1.20)
- 2억 2300만 달러/12년
○ 베트남: 배상협정(1959.5.13)
- 3900만 달러/5년(역무-생산물)</td><td>● 연합국: 샌프란시스코 강화조약(1951.9.8)
● 중화민국: 평화조약/의정서/교환공문(1952.4.28)
● 인도: 평화조약(1952.6.9)
● 소련: 공동성명(1956.10.19)
● 중화인민공화국: 공동성명(1972.9.29)</td></tr>
<tr><td>배상청구</td><td>배상포기</td></tr>
<tr><td colspan="2">경제협력</td></tr>
<tr><td colspan="2">√ 필리핀: 경제개발차관특별협정(1956.5.9)-2억 500만 달러 차관
√ 인도네시아: 경제개발차관특별협정(1958.1.20)-4억 달러 정부차관
√ 라오스: 경제 -기술협력협정(1958.10.15) -약 416만 달러(15억 엔)
√ 태국: 특별 엔 협정(1961.1.31)-약2820만 달러(96억 엔)
√ 미얀마: 경제협정(1963.3.29)-1억4천만 달러 무상원조, 3000만 달러 차관공여
√ 한국: 677억 2900만 엔(1965.6.22)-2억 달러 유상, 3억 달러 무상
√ 말레이시아: 1967년 9월 21일 협정(1967.9.21)-약864만 달러(29억 4000만 엔)
√ 싱가폴: 1967년 9월 21일 협정(1967.9.21)-약864만 달러 유상, 약864만 달러 무상
√ 베트남: 경제부흥과 발전을 위한 증여특별협정(1976.9.14)-2억 달러 엔 차관
√ 몽골: 경제협력협정(1977.3.17/1977.8.25)-1470만 달러(50억 엔) 무상원조</td></tr>
</table>

* ○ 배상, ● 배상 포기, √ 경제협력으로 구분되며, 밑줄 친 국가는 배상과 경제 협력이 혼합됨.
출처: 永野愼一郎, 1999: 253 참조, 필자 재구성.

준거하여 일본과의 배상 문제를 처리해나가고 있었다.

2) 1972년 이전 중일관계: 중화민국-일본 조약

중국은 1951년 샌프란시스코 강화회의에 초청되지 않았다. 각국의 이해관계에 따라 미국과 프랑스는 중화민국을 승인하고, 소련과 영국은 중공을 승인하면서 중국대표권의 귀속 여부에 대한 합의가 이루어지지 않았기 때문이다. 결국 중국 대표권 귀속 문제는 일본의 자유 판단에 맡기는 것으로 남겨두었다. 이후 요시다吉田茂는 국제적으로 중국 문제가 해결될 때까지 미루고 싶다는 의견을 표명했다. 그러나 덜레스는 일본이 중국 문제를 빨리 해결하지 않으면 샌프란시스코 강화조약이 미국 상원의 비준을 얻기 힘들다고 지적했다(田中明彦, 1996: 35). 결국 요시다는 덜레스가 작성한 원안을 받아들여 이른바 '요시다 서한吉田書簡'을 덜레스에게 보내 강화조약의 상대국으로 국민당 정부를 선택하는 반 자발적인 선택을 했다.

> (전략) 저는 일본 정부가 중국 공산 정권과 2국간 조약을 체결할 의도를 갖고 있지 않음을 확신합니다(鹿島平和硏究所, 1983: 468-470).

중화민국과 중화인민공화국을 막론하고, 중국과 일본의 교섭 과정은 중국 대표성 문제[5]와 관련될 경우 중국이 불리한 조건에 놓이게 된다는 특징을 보여준다. 중화민국 정부는 전승국의 일원으로서 대일강화를 체결하기 위해 샌프란시스코 강화조약 발효(1952년 4월 28일) 이전에 중화민국-일본 평화조약을 체결하고자 했다. 중화민국은 일본이 주권을 회복하고, 대중 강화의 파트너를 결정할 수 있는 위치가 되면 불리하게 된다고 판단하여, 일본이 패전국의 지위에 있는 단계에서 대일 평화조약을 체결하고자 서둘렀다. 그러나 일본은 대중 강화를 서두를 필요가 없었다. 결국 일본에 대한 사죄와 배상청구권 문제는 일본에 유리하게 진행되었다.

---

5 여기서 중국 대표성 문제 또는 중국 문제란 중화민국과 중화인민공화국 중 어느 정부를 전체 중국의 합법 정부로 승인하는가에 대해 국제 사회가 당면한 문제를 말한다. 이는 중국 정부가 자신이 중국의 합법 정부이며 중화민국은 비합법적임을 강조하려고 한 대만 문제와 구별되는 개념이다.

1952년 2월 20일에 이루어진 중화민국과 일본의 첫 번째 회의에서 중화민국은 조약 초안을 제시한다. 그런데 중화민국이 제시한 안은 샌프란시스코 조약의 제14조와 거의 비슷한 내용으로, 연합국이라는 명칭을 중화민국이라고 바꾼 것에 지나지 않았다(殷燕軍, 1996: 258). 최종적으로 체결된 중화민국-일본 조약은 '샌프란시스코 조약'이 14번이나 언급되고 있다. 이렇듯 샌프란시스코 조약과의 연계성을 강조한 이유에 대해 중화민국 정부는 "중국의 정통 정부"라는 주장과, "연합제국과의 권리의 평등을 확보하기 위한 방책"이었다고 설명했다(殷燕軍, 1996: 258).

그러나 일본은 간결하고 명백한 조약을 추구하며, 샌프란시스코 조약을 복제한 것 같은 형식에 난색을 표했다. 당시 일본 전권대사였던 가와다 이사오河田烈는 "가능한 한 일본 국민의 감정을 자극하지 않는 형식"으로 조약 내용을 구성할 것을 요구했다(殷燕軍, 1996: 258). 이에 대해 중화민국 전권대사는 중화민국이 중국 인민의 합법 정부임을 강조하며 샌프란시스코 조약 형식을 따를 것을 분명히 했다(殷燕軍, 1996: 259). 중화민국의 대표성 문제로 인해 중화민국과 일본의 평화조약은 샌프란시스코 강화조약의 조문을 그대로 본뜨는 데에 그치게 되었다.

배상 문제에 대해서는, 일본은 배상 및 역무보상 지불을 반대하며 배상포기를 강하게 요구했다. 가와다 전권대사는 중화민국에 대해 배상의무의 원칙적 확인조차도 일본의 국민감정에서 받아들일 수 없다고 했다.

> 가령, 여기에 양국 정부간에 화해의 조약이 성립한다 해도 양 국민간의 감정에 응어리가 존재한다면, 매우 유감일 뿐만 아니라, 조약은 두 정부간

의 조약이고 국민끼리의 조약은 아니라고 말하는 것과 같이 곤란한 마무리를 짓는 것은 결국 조약의 원만한 수행을 방해하게 되어, 의미가 없는 데 그치지 않고, 오히려 여폐를 낳지 않도록 하기 어렵다(殷燕軍, 1996: 258).

일본은 배상포기를 공식적으로 요구했고, 결국 중화민국의 장제스는 관대한 도량을 내세우며, 중국의 자발적인 포기를 밝혔다. 그러나 중화민국의 배상청구 포기는 중화민국-일본 조약의 본문이 아닌 의정서에 기입되는 정도의 대우를 받는 데 그쳤다.

1952년 일화평화조약의정서 제1조(b)

중화민국은 일본 국민에 대한 관후(寬厚)와 선의의 표현으로 샌프란시스코 조약 제14조(a)1에 근거하여 일본국이 제공해야 하는 역무의 이익을 자발적으로 포기한다(殷燕軍, 1996: 425).

중국 대표성과 관련된 또 다른 문제는 중화민국-일본 조약의 적용 범위에 관한 것이다. 일본과 중화민국의 강화조약 체결은 중국의 대표로서 중화민국을 선택한 것이었다. 그러나 중국 본토를 의식하던 일본은 강화조약의 적용 범위에 관해 애매한 입장을 취하면서, 중화민국은 물론 중공 정권과의 관계도 양립시키고자 했다.

일화평화조약 제10조 중화민국의 국민

중화민국 및 평후제도의 모든 주민 및 이전에 그곳의 주민이었던 자와 그들의 자손으로서 중화민국 및 평후제도에 있어 중화민국이 현재 시행하고 혹은 앞으로 시행하는 법령에 의하여 중국의 국적을 갖는 자(殷燕軍, 1996: 423, 밑줄은 필자 강조).

가와다 전권은 "중화민국에 관해서는 현재 중화민국 정부의 지배하에 있는, 또한 앞으로 들어갈 모든 영역에 적용한다"는 문구에 동의했다(殷燕軍, 1996: 238). 이를 중화민국에만 한정되는 것으로 해석한다면, 요시다 내각이 중화민국과 교섭을 하면서도 중공과의 경제 교류가 가능하도록 해석될 여지를 남긴 것이라 할 수 있다.

그런데 이 언급은 중국 전체를 가리키는 것으로 해석될 가능성을 동시에 갖고 있다.

> 중국과의 관계에 있어 배상은 포기되었습니다. 중공과의 관계에 있어서 현재 일화조약에 의해 중화민국과의 사이에 대화가 맺어져 있기 때문에, 중공에서 청구될 것은 없다고 생각합니다.(1959년 11월 5일 후지야마 아이이치로藤山愛一郎 외무대신 답변),

> 중화민국 전부에 걸쳐 지리적으로 말하면, 중국 본토에 대해서도 전쟁 상태는 그 평화조약으로 종결되었고, 그렇게 해결될 것이라고 알고 있습니다(1969년 3월 13일 아이치 기이치愛知揆一 외무대신 답변).

즉 중화민국이 중국 전체를 대표하여 일본과 협상을 한 것이므로, 중화민국-일본 조약에서의 배상청구권 포기로 인해 중국 공산당 정부 역시 배상을 포기했다고 해석할 수 있는 것이다. 이는 1972년 중화인민공화국과 일본의 국교정상화 과정에서도 일본 정부의 초기 입장으로 제시된다.

중화민국-일본 조약이 체결된 후 20년이 지난 1972년, 중국의 저우언라이 총리는 다나카 수상과의 제2차 회담에서 "전쟁의 손해는 대륙이 받은 것"임을 강조하며 샌프란시스코 조약과 중화민국-일본 조약에 근거한 배상청구 포기는 중국을 구속하지 않음을 강조했다. 장제스가 포기했기 때문에 중국이 배상청구를 포기해야 된다는 주장은 중국에게 '모욕'이라고 강하게 표명한다(石井明外, 2003: 56–57).

중화민국의 배상청구 포기는 일본은 물론 중국 공산당 정부에도 영향을 미치게 되었다. 1972년 중화인민공화국은 1952년 중화민국과의 조약 체결은 합법이었다는 일본 정부의 입장을 고려하지 않을 수 없었다. 이와 같은 상황에서 1972년의 배상청구 관련 교섭은 중일 양쪽의 입장을 모두 고려한 문안을 작성해야 할 기술적인 작업을 요구하고 있었다.

4. 1972년 중국의 배상청구 포기 배경 및 결정 요인

1) 중국 정부의 배상청구 포기 준비 단계: 자국 국민에 대한 설명

중국 정부가 표면적으로 내세운 배상청구 포기의 이유는 자국 국민을 설득하기 위해 작성한 요강을 통해 살펴볼 수 있다. 1972년 7월 일본의 다나카田中角栄 내각이 성립되자, 저우언라이는 중일국교정상화 교섭을 추진하면서, 중국 국민을 설득하기 위한 요강을 마련했다.

1. 중화민국의 장제스는 이미 우리들보다 먼저 배상 요구를 포기했다. 공산당의 도량은 장제스보다 넓지 않으면 안 된다.
2. 일본은 우리들과 국교를 회복하는데 중화민국과 단교를 하지 않으면 안 된다. 배상 문제로 관대한 마음을 보이는 것으로 일본 측을 중국 측의 원칙에 타협하도록 하는 데 유리하다.

3. 일본이 중국에 배상금을 지불하려고 하면 그 부담은 최종적으로 광범위한 일본의 국민에게 지워지는 것이 된다. 그들은 긴 시간에 걸쳐 중국으로의 배상금을 지불하기 위해 허리띠를 졸라매지 않으면 안 된다. 이는 일본 인민과 세세대대 우호적이 되고자 하는 우리들의 희망과 상반되는 것이다(朱建栄, 1992: 38-39 재인용, 밑줄은 필자 강조).

중국의 배상청구 포기 선언은 중국 국민에게 큰 충격이었다. 이러한 중국 지도부의 결정에 대해 다음과 같은 불만 의견이 대두되었다.

1. 배상포기의 이유는 알겠지만, 감정은 해소되지 않는다. 중국이 속아 넘어가는 것은 아닌가.
2. 국교 수립은 좋지만, 배상을 포기하는 것은 일본 측에 지나치게 양보하는 것이 아닌가.
3. 일부는 만약 500억 달러 배상이 취해지면, 장춘 자동차공장(중국최대의 자동차회사)을 20개에서 30개 만들고, 모두 임금도 올라가는데, 무슨 이유로 포기하는 것인가(朱建栄, 1992: 39 재인용, 밑줄은 필자 강조)

그러나 이러한 반대는 배상을 포기하기로 한 결정을 바꿀 수 없었다. 저우언라이는 배상청구 여부에 대한 고민보다는 어떻게 배상포기를 설득시킬까에 대한 고민을 했다. 그리고 선전교육 캠페인을 조직하여 반대 의견을 설득과 교육을 통해 찬성 의견으로 변화시키려고 했다.

중국 국민을 설득하기 위해 상하이에서는 1972년 9월 14일 유선방송을 통해 14만인의 간부대회가 소집되어, 장시간의 동원 보고가 이루어졌다. 이 후 2주에 걸쳐 국민에 대해 저우언라이의 지시와 닉슨이 방중하기 전 마오쩌둥이 했던 모든 담화를 다시 학습시켰다. 또한 일본

국민을 군국주의자와 구별할 필요성을 설명하고, 일본 국민의 중국에 대한 우호적 감정을 구체적으로 소개했다(朱建栄, 1992: 39).

중국 지도부의 배상청구 포기에 관한 입장은 변하지 않았고, 배상청구 포기에 대한 사회적 합의 절차는 존재하지 않았다. 다만 중국 지도부의 결정과 사후적인 국민 교육만이 시행되었다. 그리고 그 주장의 중심에 책임 없는 일본국민에 대한 배려와 향후 우호적인 중일관계를 위한 중국의 도량이 강조되었다.

2) 중일국교정상화의 정치적 요인: 대만 문제

1949년 중화인민공화국이 설립되면서, 중화민국 정부와 공산당 정부 간에 중국 대표성 문제가 제기되며 국제 사회에서 중국 문제로 나타났다. 미국의 지지 아래, 일본과 UN을 비롯한 국제 사회가 중화민국을 중국으로 승인함에 따라 중공의 외교 정책은 많은 제약에 직면하게 된다. 이후 중공이 1971년 UN에 가입하게 될 때까지 중국 문제는 대립 요인이 되어 왔으며, 일본과도 1972년 국교정상화를 기점으로 중국의 대표가 중화민국에서 중화인민공화국으로 교체되었다.

(1) 대만 문제와 배상청구 포기의 교환

중국의 배상청구 포기 정책이 최초로 선언된 것은 국교정상화 교섭을 위한 중일 정상회담 자리를 마련하기 위해 파견되었던 공명당 위원장 다케이리와 저우언라이의 회담 자리에서였다. 소위 '다케이리 메모'라 불리는 이 회담 기록을 살펴보면 배상청구 포기는 일본 측의 국교회복 3원칙国交回復三原則 준수 요구에 맞물려 등장한다. 일본의 다나카 수상과 저우언라이 총리 회담이 성사되기 이전에 중국은 국교정상화가 이루어지기 위한 3원칙을 요구하며 중국의 배상청구 포기라는 깜짝 카드를 제시한 것이다. 일본 측에서는 중국의 배상청구 문제는 중일국교정상화 교섭에서 주요한 걸림돌로 작용할 것이라고 예상하고 있었으며, 중국 측의 배상청구액은 최대 500억 달러 정도로 예상하고 있었다. 다케이리는 "제1회 회담에 가장 충격적이었던 것은 중국 측이 배상청구를 포기하는 것을 너무나 간단하게 저항감도 없이 저우언라이 수상이 마오쩌둥 주석의 결정이라고 입에 올린 것이다. 나는 500억 달러 정도 지불하지 않으면 안 된다고 생각하고 있었는데, 완전히 예상도 못한 대답에 몸이 떨렸다"고 당시의 놀라움을 표현했다(모리 가즈코, 2006: 88).

중국의 국교 회복 3원칙이란 첫째, 중일국교정상화를 통해 유일한 합법 정부로 승인받고, 둘째, 대만 문제를 국내 문제화하며, 셋째, 일본과 중화민국의 단교를 요구하는 것으로 모두 중국 대표권 문제를 구체화한 것이다.

1971년 7월, 일본의 공명당公明党 대표단은 중국을 방문하면서 '중일국교 회복을 위한 5개 조건'을 제시했다. 내용은 다음과 같다.

1. 중국은 하나이며, 중화인민공화국 정부는 중국 인민을 대표하는 단 하나의 합법 정부이다. 두 개의 중국과 하나의 중국, 하나의 중화민국을 만드는 음모에 단호히 반대한다.
2. 대만은 중국의 하나의 성으로, 중국 영토의 불가분의 일부이며, 대만 문제는 중국의 내정 문제이다. 대만 귀속 미정론未定論에 단호히 반대한다.
3. 일본-중화민국 조약은 불법이며, 파기되어야 한다.
4. 미국이 대만과 대만해협 지역을 점령하는 것은 침략 행위이며, 미국

은 대만과 대만해협 지역에서 무장력을 완전히 철퇴해야 한다.

5. 국가연합의 모든 기구에서 또한 안전보장이사회 상임이사국으로서의 중화인민공화국의 합법적 권리를 회복하고, 장제스 그룹의 '대표'를 국제연합에서 퇴출하지 않으면 안 된다.

상기의 중국의 합법적 권리의 회복을 방해하는 모든 음모에 단호히 반대한다(外務省アジア局中国課監修, 1998: 374-376).

중국은 이 5개의 조건을 제시하며 "만약 일본 정부가 상기의 주장을 받아들이고 이를 위해 실질적 조치를 취한다면 중일 양국 전쟁 상태를 종결시키고 중일 간의 국교를 회복하고 평화조약을 체결할 수 있다"며 흡족해했다. 이후 앞의 세 조건을 수락할 뜻을 공공연하게 밝힌 다나카의 당선을 지지하기도 했다. 이 중 4번과 5번의 조건은 미중 간의 협의와 유엔 가입을 통해 중국의 뜻을 충족시킬 수 있게 되었고, 따라서 1번부터 3번까지의 3개의 조건이 중국 측에서 '복교 3개조'로 요구되게 되었다.

국교정상화 교섭이 이루어지기 이전부터 중국은 국교 회복 3원칙을 강조했으며, 다나카 수상은 취임 전부터 세 조건을 이해하고 있으며 중일국교정상화를 추진하겠다는 입장을 밝혔다. 이에 중국은 다나카의 총리 당선을 공개적으로 지지했다.

1972년 국교정상화 교섭 초기 중국이 제기한 문안 요강에는 묵약 사항이 언급되어 있었다. 이 묵약 사항은 모두 대만에 관한 것으로, 일본 측의 대만과의 단교의 의도를 분명하게 하고자 한 것이다. 이에 대해 일본이 제시한 '중일공동성명 일본 측 안의 대중설명'을 살펴보면 일본은 '중국은 하나'라는 중국의 일관된 입장을 전면적으로 존중한다는 것을 약속하고 있다(石井明外, 2003: 81-124).

(2) 중화민국–일본 조약과 중일 공동 성명의 딜레마

일본 정부는 공동성명 초안에서 "배상포기 선언은 중국의 일방적인 선언이므로 일본에서는 관여할 사항이 아니기 때문에 일본 측 초안 작성 시 괄호 안에 표시했다"고 조심스러운 입장을 취하면서, 중국이 제시한 초안에 "어떠한 배상청구도 하지 않는다"는 표현을 삽입하면서 중국의 배상청구의 완전 포기를 명확히 하고자 했다(石井明外, 2003: 117–118). 이에 중국은 일본의 뜻을 모두 포함했음을 확인하며, 중국 측 초안을 청구권 포기가 아닌 청구의 포기로 변화시켰는데, 이것은 중화민국과의 조약에서 이미 청구권을 포기했기 때문에 청구라는 표현을 사용함으로써 두 조약을 절충하려는 의도가 포함되어 있다. 중국은 다시 "중화인민공화국 정부는 중일 양국 국민의 우호를 위해, 일본에 대한 전쟁 배상의 청구를 포기하는 것을 선언한다"는 문구를 제안했고, 일본은 이에 동의함으로써 제5항은 완성되었다.

중국과 일본의 상이한 입장과 해석들은 네 차례의 저우언라이–다나카 회담과 세 차례의 외상회담, 한 차례의 마오쩌둥–다나카 회담을 거쳐 절충되었다. 그 결과 "중일쌍방이 각자 상이한 해석을 할 수 있게 되는 여지가 생기도록" 전략적인 문구들을 포함한 전문과 본문으로 구성된 공동선언문이 완성되었다(石井明外, 2003: 98).

중국이 주도하고 일본의 의견을 수렴하여 완성된 공동성명은 전쟁 상태의 종료(전문), 대만 문제의 명확화(2조–4조), 배상청구 포기(5조), 평화우호관계 개선(6조–9조)의 순서로 전개된다. 즉 배상청구 문제는 '대만 문제'를 전제로 하고 향후 중일 관계 개선을 담보로 하여 나타난 것이다.

3) 중일국교정상화의 경제적 요인: 중일 경제 협력의 확대와 심화

1965년 6월 2일, 중국의 랴오청즈는 일본의 우쓰노미야 도쿠마宇都宮德馬 의원에게 "중국은 배상을 취하지 않는다고 하지는 않지만, 그 이상으로 취한다고도 하지 않는다. 우리들은 중국의 사회주의 건설을 일본의 배상으로 이루려고 생각하지 않는다. 그러나 배상청구권이 없는 장제스가 배상을 포기했기 때문에, 중국에 청구권이 없다고 하는 의견에는 반발하고 있다"고 말한다(石井明外, 2003: 32).

이와 같이 중국은 배상금을 통한 경제 발전은 이루지 않는다는 취지를 여러 차례에 걸쳐 공식적으로 확인한다. 그러나 배상금의 포기는 일본과 국교정상화를 체결하고, 이를 바탕으로 일본과의 경제 교류를 확대하여 국내 경제를 발전시키는 것이 가능하다고 판단했기 때문에 가능한 일이었다.

(1) 국교정상화 이전 민간 경제 교류

국교가 정상화되지 않은 상황에서의 경제 협력은 제한적인 의미만 갖는다. 경제적 협력은 언제든지 정치적 상황에 따라 영향을 받게 되기 때문이다. 냉전기 중국의 경제는 정치와 분리될 수 없었다. 1949년 이후 대공산권수출통제와 미국의 대중국전략물자금수조치 등이 실시되어 중국은 무역을 통한 경제 성장이 어려운 상황이었다.

이에 대해 일본은 중국의 대표로 중화민국을 선택했지만, 중공과의 경제 관계는 지속되어야 한다는 정경분리 원칙으로 접근했다. 그러나 중국은 민간이 선행하고 정부를 촉진한다는 민간선행民間先行, 이민촉관以民促官 정책과 같이 일본과 반대되는 정경불가분 원칙을 주장했다.

대약진 운동 후 후퇴한 중국 경제를 되살리기 위한 경제 개혁은 〈표

〈표 8-2〉 중일국교정상화 이전의 중국 대일 무역액(1961-1970)

연 도	1961	1962	1963	1964	1965	1966	1967	1968	1969	1970
무역액 (백만달러)	48	84	137	310	470	621	558	550	625	823
% (중국전체 무역 중)	1.6	3.1	4.9	9.6	12.1	14.6	14.3	14.6	16.2	19.2

출처: 添谷芳秀, 1995: 102.

8-2〉에서 나타나는 바와 같이 1962년부터 효과를 나타내기 시작했다. 중일 간 경제 교류는 1952년 일본과 중화민국의 강화조약 체결 이후 민간을 중심으로 진행되었다. 1950년대에는 1952년 이후 네 차례에 걸쳐(52년, 53년, 55년 58년) 민간무역협정이 체결되었고, 1960년대에는 다카사키 다쓰노스케高碕達之助, 마쓰무라 겐조松村謙三, 오카자키 가헤이타岡崎嘉平太 등을 중심으로 대중 교섭이 시작되었다. 1962년에는 랴오청즈와 다카사키의 '중일종합무역에 관한 각서'가 교환되고 L-T(랴오청즈-다카사키)무역이 시작되었다(모리 가즈코, 2006: 63). 이 L-T무역에 의거하여 1964년 중일 간 연락사무소가 개설되고 중국과 일본의 무역액은 급속도로 증가했다.

1970년의 중일 간 무역량은 1960년 대비 약 40배로 증가했다. 게다가 1964년에는 일본과 중공 간의 무역량이 일본과 중화민국 간의 무역량을 능가하게 되었다. 문화대혁명 이후 다시 일본과 중화민국의 무역량이 증가하기는 했지만, 국교정상화 이전에도 약 20퍼센트에 해당되는 무역이 중일 간 이루어지고 있었다는 점은 경제 발전을 위한 일본과의 국교정상화의 필요성을 보여주고 있다. 실제로 중일국교정상화 체결 후 저우언라이는 "중국의 원자재와 일본의 기술력의 교환을 기본으로 한 양자무역이 중국과 일본 모두에게 이익이 될 것"이라고 말하며(Hsiao, 1974: 748), 중일 국교정상화를 통한 중일 간 경제 교류가 더욱 활발해져 중국의 경제 발전에 도움이 될 것이라 기대하고 있었다.

(2) 국교정상화 체결 이후 중일 경제 협력

중국은 국교정상화와 함께 평화우호조약을 신속하게 진행하려고 했다. 교섭 과정에서 우호통상조약의 체결 교섭을 요구했으나, 일본은 이는 "국회의 권한에 해당하는 것으로 교섭단의 권한에서 벗어나는 것"임을 강조하여 평화우호조약의 체결이 아닌 교섭을 시행할 것을 약속하는 수준에서 공동성명이 작성되었다(石井明外, 2003: 100-104). 중일평화우호조약은 1978년이 되어서야 체결되었고, 중국에 대한 일본의 ODA도 평화우호조약이 체결된 1979년이 되어서야 시작되었다.

중국의 배상청구 포기와 일본의 경제 원조의 관계는 공식적으로는 부정되고 있다. 오히라 마사요시大平正芳 외상은 공동성명 발표 후의 기자회견에서 중국의 배상포기에 대한 담보나 중국 경제 건설에 일본 측에서 어떠한 협조가 있었는지에 대한 질문을 받았다. 이에 "앞으로의 양국의 경제 건설은, 각자의 나라의 계획에 기반하여 자주적으로 진행하는 것"으로 "호혜 평등의 입장에 서서, 서로 경제 교류를 진전해나가는 것은 당연한 것이며, 제5항과는 직접적인 관련은 없"다고 대답했다(外務省, 1973).

그러나 중국의 배상포기에 대한 일본의 경제 협력이 존재할 것이라는 중국의 기대와 일본인의 보상인식이 존재하고 있었다(永野慎一郎, 1999: 173-174). 전 중일경제협회회장 오카자키 가헤이타岡崎加平太는 저우언라이가 "배상을 취하지 않으면, 우리나라의 경제 근대화에 협력

해줄 것이 틀림없다"고 일본의 원조에 기대를 가지고 있었다는 기록을 남겼다. 또한 오카자키 자신도 1981년 중국이 재정 위기로 인해 대일 플랜트 계약 파기의 상황에 처하자 당시의 스즈키 총리에게 일본은 "대국적 견지에서 정부배상을 결단해야 한다"고 진언하며 중국의 배상 포기에 내해 일본은 갚아야 할 빚이 있다는 의견을 남기고 있다(永野慎一郎, 1999: 174).

배상청구 포기에 대한 일본의 경제적 보상을 요구하는 인식은 마오쩌둥 이후에도 지속되어 나타나는데, 덩샤오핑鄧小平은 1987년 다음과 같이 말했다. "솔직히 말해 일본은 세계 어느 나라보다도 중국에 대해 갚아야 할 은혜가 많은 나라라고 생각한다. …… 우리는 전쟁 배상의 요구를 꺼내지 않았다. 그것은 중일 모두 위대한 민족이며, 이웃하고 있는 것을 생각하여, 또한 양국의 긴 이익을 생각해서 이와 같은 정책 결정을 행한 것이다. …… 일본은 중국의 발전을 돕기 위해서도 가장 많은 공헌을 해야 한다고 생각한다"(永野慎一郎, 1999: 174).

중국은 전쟁 배상금은 포기했지만, 전쟁 배상 포기로 인한 일본으로부터의 공헌은 기대하고 있었던 것이다. 실제로 1979년 평화우호조약 체결 후 일본은 중국에 정부개발원조ODA, Official Development Assistance를 제공했다. 다음의 〈표 8-3〉의 1979년부터 1995년까지의 중국이 받은 외국 정부 차관 누적 데이터를 살펴보면, 절대적인 액수는 물론 다른 나라와 비교해서도 일본의 경제 지원이 차지하는 비율이 압도적으로 높음을 알 수 있다.

또한 일본 외무성에서 발표한 ODA 자료를 통해 엔 차관, 무상자금협력, 기술 협정 등의 형식으로 일본의 대중국 경제적 지원이 지속되어 왔음을 알 수 있다.

일본의 대중국 유상자금협력은 약 3조 3,165억엔으로, 2007년 엔차

〈표 8-3〉 중국에 대한 외국 정부 차관 비율 (1979년~1995년 6월 누계)

국 가	총액 (억 달러)	전체 차관 중 비율 (%)
일본	97.27	41.91
독일	22.89	9.86
프랑스	19.56	8.42
스페인	18.32	7.89
이탈리아	16.21	6.98
미국	0.23	0.10
총계	223.08	100.00

출처: 林曉, 2003: 381-382 참조, 필자 재구성.

〈표 8-4〉 일본의 대 중국 ODA: 엔 차관

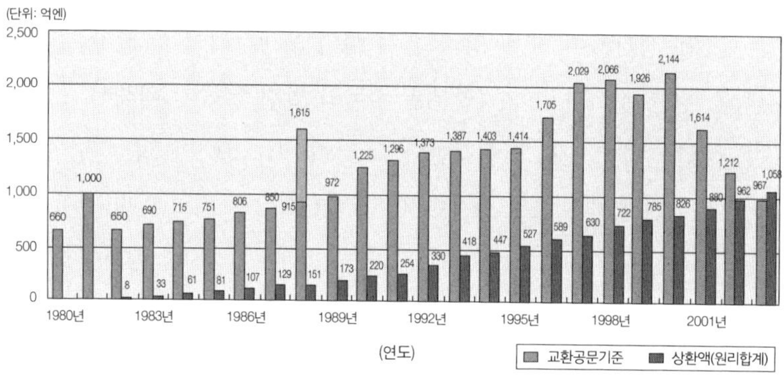

출처: 外務省, 2005: 3

관의 신규공여가 종료되었다(外務省 2019).

무상자금협력은 2017년까지 약 1,575억엔으로 2006년 일반무상자금협력의 신규공여가 종료되었다(外務省 2019). 기술협력은 2017년까지 약 1,849억엔이 이루어졌다(JICA 실적 기준).

2018년 10월 아베安倍晋三총리의 중국방문시, 중일 양국이 대등한 파트너로서 함께 어깨를 나란히 하여 지역이나 국제사회에에 공헌하는 시대가 되었다는 인식 하에, 대중국 ODA를 종료하기로 했고, 개발분야에서의 대화나 인재교류의 새로운 차원의 중일협력을 진전시켜가기로 했다(外務省 2019).

배상포기와 경세적 지원의 직접적인 관계를 인정하지 않고 있는 중일 양국의 입장으로 인해 공식적인 데이터는 확인하기가 쉽지 않지만, 배상포기를 기반으로 국가 간 경제 협력이 확대, 심화되어갈 수 있었다

〈표 8-5〉 일본의 대 중국 ODA: 무상자금 협력

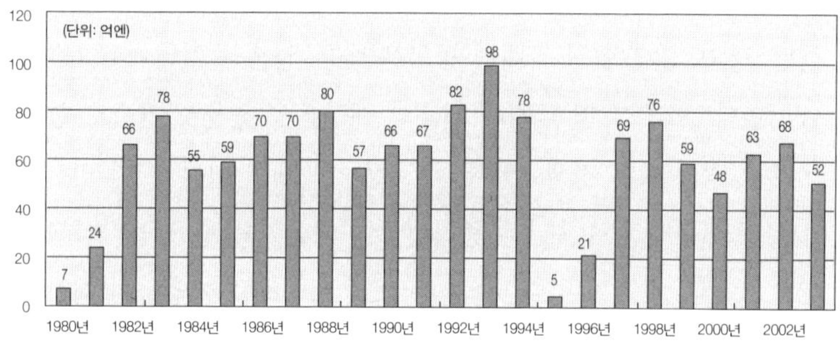

출처: 外務省, 2005: 5

〈표 8-6〉 일본의 대 중국 ODA: 기술 협력

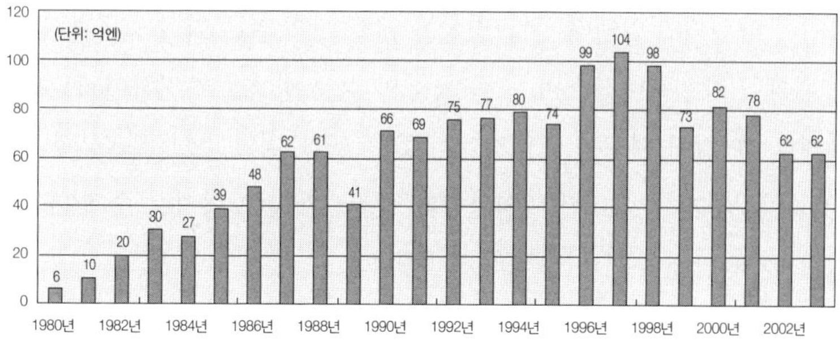

출처: 外務省, 2005: 7

는 것을 추정해볼 수 있다.

1972년 국교정상화 체결 이전까지 중일 민간 경제 협력이 확대되어 가는 가운데, 중국 지도부는 국교정상화 체결 이후 경제 협력이 양국의 경제 발전에 기여할 것이라고 기대하고 있었다. 배상청구와 경제 원조가 직접적으로 연계되어 규정된 것은 아니었다. 그러나 배상청구를 포기함으로써 중일국교정상화를 이루고 이를 바탕으로 중일 경제 협력이 민간, 정부 영역 모두 확대되어 배상금 없이도 중국의 경제 성장을 가능하게 했다. 이와 같이 중국의 배상청구 포기는 일면 중국이 경제적인 이득을 포기한 것으로 보이지만, 실제로는 중국의 경제 발전에 대한 지원을 이끌어낸 것이라 할 수 있다.

한편, 중일 경제 협력 확대는 중국은 물론 일본의 이익에도 부합하는 것이었다. 일본의 전후 경제 원조와 배상은 수출을 기반으로 한 일본의 주요 경제 성장 정책이었다. 국교정상화 체결 이전, 이미 민간 부분에서 중국에 대한 수출량은 중화민국에 대한 수출량을 능가하고 있었으며, 중국을 잠재적인 수출 대상국으로 고려하는 기업들이 점차 증가하고 있었다. 일본은 정경분리를 통해 정치적인 문제를 뒤로 미루고 있었지만, 점차 중국과의 국교정상화를 필요로 하는 일본 내 여론이 형성되면서 정경불가분 원칙을 강조한 중국 지도부의 기대에 부응하는 환경이 마련되고 있었다. 국교정상화 체결 이후 일본 역시 중국과의 경제 관계를 개선해나갔으며, 수출 중심의 경제 정책을 추진하며 ODA를 매개로 한 경제 외교를 확대시켜나갔다. 또한 미일상호방위조약을 중국이 인정하게 함으로써 미일관계와 중일관계를 양립시킬 수 있게 되었고, 경제 발전 우선의 정책을 시행해나갈 수 있게 되었다.

이와 같이 배상청구 포기를 통해 중국은 '대만 문제'의 해결을, 일본은 미일 안보 체제의 안정을 꾀했고, 중일 경제 협력을 확대해나가는 계기를 마련함으로써 양국은 각자의 국익을 실현하고 공동의 이익을 창출할 수 있었다.

5. 배상청구 문제는 완진히 해결되었는가?

배상청구 문제는 중국과 일본의 국교정상화 교섭 과정에서 반드시 해결해야만 했던 난제였다. 일본은 중국에 배상청구를 포기하라는 강경한 입장을 고수해왔다. 일본의 주장은 국제 사회의 배상 처리, 중화민국과의 조약과의 충돌 문제 등과도 복잡하게 연계되어 중국을 압박했다. 따라서 중국은 배상청구 포기 문제에 직면하지 않을 수 없었다. 그런데 중국은 주어진 압력들을 고려하면서도 이에 구속되지 않는다는 중국의 주도적인 논리를 만들고자 했다. 이에 중국은 이중적 대일인식에 기반한 미래지향적 중일 우호관계를 표면에 내세웠고, 배상청구 포기를 중일국교정상화 교섭 초기에 선언함으로써 중일국교정상화의 조기 실현을 이끌었다.

그런데 2003년 공개된 중일 교섭자료(石井明外, 2003)를 검토해본 결과, 1972년 배상청구 교섭에는 보다 복잡한 역학관계가 존재하고 있었다. 중국은 배상청구를 포기하는 정책을 이미 1960년대 중반에 수립한 상태였다. 하지만 중국은 배상청구 포기를 선언하는 시점을 일본으로부터 '대만 문제' 해결을 위한 국교회복 3원칙을 약속받고 난 다음으로 설정함으로써, 1972년 당시 중국에게 더욱 중요하게 여겨졌던 '대만 문제'와 연결하여 전략적으로 활용할 수 있었다. 사실 중국의 배상청구 포기 정책은 전후 일본의 배상청구 흐름 속에서 오랜 시간에 걸쳐 진행된 외교 정책이었다. 하지만 중국의 배상포기는 냉전 질서의 국제 정치의 변화 속에서 일본이 예상하지 못한 중국의 양보로 연출되면서 일본과의 국교정상화를 이끌어내고, 중국의 대표성을 확보하고, 경제 발전의 토대를 마련했다. 일면 중국의 양보로 보이는 배상청구 포기가 실제로는 중국 국익 추구의 실리적 관점을 반영했다는 점에서 양면성을 살린 전략이었다고 평가할 수 있다.

한편, 일본은 외무성 홈페이지를 통해 "개인청구권을 포함한 배상, 소유권, 청구권 관련 문제들이 법적으로 해결되었다"는 공식 입장을 밝히고 있다(外務省, 2006: 2). 그러나 중국에서는 아직도 일본과의 배상청구 문제가 완전히 완결되었다는 것에 동의하지 않는 입장이 존재한다. 예를 들면, 중화민국의 배상청구권이 다시 발생했다는 주장이나, 1972년 공동성명 제5조에서는 배상청구를 포기했다는 점에서 '배상청구권'은 여전히 존재한다는 해석, 일본의 전쟁 책임 문제와 불충분한 반성과 사과 문제, 그리고 중국인 민간 배상청구 문제 등이 거론되고 있다. 중일국교정상화 공동문안의 의도적인 이중적 해석 가능성이 미친 결과와 동아시아의 전후 처리에 관한 논란은 앞으로도 지속적으로 지켜보며 해결해나가야 할 것이다.

중국의 반패권운동과 중일평화우호조약[1]

9장

1. 중일공동성명에서 중일평화우호조약으로

2012년은 1972년 중국과 일본이 국교를 수립한 지 40주년이 되는 해였다. 그러나 센카쿠/댜위오다오尖閣列島/钓鱼岛 영토 분쟁과 역사 문제를 중심으로 양국 간 갈등이 심화되었고, 2012년 9월 아사히신문이 실시한 설문조사에 따르면 약 90퍼센트의 일본인과 80퍼센트의 중국인들이 중일관계가 긍정적이지 않다고 인식하고 있는 것으로 나타났다(朝日新聞, 2012).

최근의 중일 간 전면적인 갈등의 분출은 1970년대 형성된 중일관계의 제도가 제대로 작동하고 있는 것인지, 여전히 유효한 것인지 의문을 제기한다. 왜 전후 중일 간 관계의 초석이 되었던 제도들이 갈등 해결

1 9장의 내용은 최은봉·오승희, 2012, "냉전기 중국과 일본의 제한적 접근과 쟁점의 유보: 중일평화우호조약의 교섭·체결 과정을 중심으로", 『국제정치논총』 52(4)의 내용을 바탕으로 수정, 보완한 것이다.

에 도움이 되지 못하고 있는가? 이 장에서는 1970년대 중일공동성명 이후 중일평화우호조약에 이르는 과정을 분석하여 이에 대한 답을 구하고자 한다. 전후 각종 문제들을 처리하고 미래지향적 관계 개선을 위한 중국과 일본의 제도화 과정을 되짚어봄으로써 구조와 주요 이슈들을 확인하고 그 의의와 한계를 파악한다.

1972년 9월 29일 중국과 일본은 공동성명을 발표하여 중일 간의 비정상 상태가 종료되었음을 선포하고 공식적인 외교관계를 수립했다. 실질적인 교류 관련 규정에 관해서는 추후 실무협정과 평화우호조약을 통해 보다 구체화할 것을 예고했다.

> 1972년 중일공동성명 제8조: 중화인민공화국과 일본국 정부는 양국 간 평화우호관계를 강고히 하고 발전시키기 위해 평화우호조약 체결을 목적으로 한 교섭을 행하기로 합의했다(霞山会, 2008: 12).

평화우호조약은 1974년 11월 교섭이 개시되었으나 조약 내용에 대한 중국과 일본의 입장 차이를 확인하면서 1975년 교섭이 중단되었다. 그 후 약 3년 반이 지난 1978년 7월 21일 교섭이 재개되었다. 중국의 한니엔룽韩念龙 외교부 부부장과 일본의 사토 쇼지佐藤正二 주중 대사를 중심으로 한 16회에 걸친 사무회담과 일본의 소노다 스나오園田直 외무대신과 중국 황화黄华 외교부장의 세 차례의 외상회담을 거쳐 양측의 의견이 조정되었다. 그 외에 사무적인 기타 비공식회담과 소노다외상과 덩샤오핑邓小平의 회담, 그리고 관련 단체들의 회합도 활발히 이루어져 1978년 8월 12일 베이징에서 평화우호조약이 체결되었다. 10월 23일 도쿄에서 후쿠다 다케오福田赳夫 일본 수상과 덩샤오핑 부총리가 참석한 가운데 비준서가 교환되었다.

평화우호조약과 관련된 기존 연구들은 조약 교섭 진행 과정에서 가장 중요하게 다루어졌던 '반패권조항反覇権条項'과 '제3국조항第三国条項'에 관한 내용을 중심으로 논의하고 있다(Johnson, 1978; 총성의, 1979; Lee, 1979; 길승흠, 1981; 李恩民, 2005; 田中明彦, 1996; 石井明外, 2003; 毛里和子, 2006 등). 이 장에서는 기존 연구를 바탕으로 하되 일본 외무성에서 공개한 평화우호조약 교섭 자료[2]를 분석하여 반패권조항과 제3국조항이 주요하게 거론된 의미와 한계를 짚어보고, 두 주요 의제에만 집중되었던 중일평화우호조약에 관한 연구를 넘어서 중일관계의 제도화라는 차원에서 살펴본다.

이 장에서의 분석 결과 중국과 일본의 협력 기제로서의 제도화는 경제영역을 중심으로 한 제한적인 접근으로 출발했고 갈등적 쟁점을 유보시키면서 시도되었다는 점을 확인할 수 있다. 이념과 체제의 차이를 뒤로하고 중국과 일본의 공동의 국가 이익에 입각하여 수립된 국교정상화와 평화우호조약이라는 제도의 활용은 중일 우호관계의 상징으로 기능해왔지만, 이질성을 전제로 한 것이었다(添谷芳秀, 2012). 이질성이 부각되지 않는 영역에서 1972년, 1978년 제도가 작동했으므로 그런 환경 하에서 이질성을 관리하기보다 방치함으로써 갈등적 쟁점에 대한 대응은 지연되고 탈냉전 이후 발생하는 중일 간 갈등의 해결에는 기능적 한계가 잠재되어 있었다.

---

2 일본 외무성 외교사료관 소장 교섭기록으로 2002년 1월 공개된 제1차~제16차 중일평화우호조약교섭日中平和友好条約交渉, 제1회~제3회 중일평화우호조약-외상회담日中平和友好条約交渉-外相会談, 소노다외상-덩샤오핑부총리회담園田直外相-邓小平副總理會談 자료를 참고했다. 외무성 외교사료관 소장 문서번호는 01-396-1~19 이며, 東京大学東洋文化研究所, "世界と日本," http://www.ioc.u-tokyo.ac.jp/~worldjpn/ 에서 데이터베이스화하여 제공하고 있다.

2. 평화우호조약 논의의 착수와 주요 의제

1) 논의의 착수: 교섭과 체결의 분리

1972년 9월 29일의 중일공동성명 제8조는 후속 조약으로 중일평화우호조약이 반드시 체결될 것을 보장하지는 않았다. 공동성명에서 '평화공존5원칙'[3]에 근거한 평화우호관계를 발전시키는 것에 동의하고 평화우호조약 관련 조항을 삽입하는 것은 합의했다. 구체적 조약 상 문구文句로 중국 측에서는 '중화인민공화국 정부와 일본국 정부는, 양국 인민의 평화우호관계를 발전시키기 위해 교섭을 통해 평화우호조약을 체결하는 것에 합의했다'고 제시했다. 이에 대해 일본은 정부와 국회의 권한 문제를 언급하며 '평화우호조약을 체결하는 것을 목적으로 하는 교섭을 개시한다'는 수정안을 제시한다(石井明外 , 2003: 100-102). 일본의 정치 과정 상 조약의 교섭권은 일본 정부에 있으므로 국회의 비준을 필요로 하지 않지만, 조약을 체결한 이후에는 국회의 비준을 얻어야 하며 국회의 비준이 없으면 조약 체결은 무효라는 점을 설명했다. 무역, 항해, 항공, 어업 등의 협정과 관련해서도 마찬가지로 일본 정부의 정치과정에 관한 설명을 하고 정부가 국회의 체결권을 침범할 우려가 있으므로 문구의 수정이 불가피하다는 점을 강조했다.

중국 측은 공동성명에 평화우호조약 체결을 보장하지 않은 채 평화우호조약 교섭의 개시만 언급하는 것에 우려를 표명했다. 이에 오히라 마사요시大平正芳 외상은 자민당이 국회에서 300여 의석을 가진 강력

---

3 '평화공존5원칙'은 주권과 영토 보전의 상호 존중, 상호 불가침, 국정 상호 불간섭, 평등 호혜, 평화 공존을 내용으로 하며 1954년 저우언라이 총리와 인도 네루 수상의 공동성명에서 처음 등장한 이후 중국 외교 원칙으로 적극 활용되었다(石井明外, 2003: 118).

정당이므로 국회의 비준을 얻는 것이 어려운 일은 아닐 것이라고 안심시켰다(石井明外, 2003: 103). 그러나 1972년 당시의 기대와 달리 이후 교섭은 난항을 겪으며 체결을 확신할 수 없게 되었다. 평화우호조약으로 가는 전반적인 체결 과정 속에서 교섭은 착수 단계(예비교섭), 중단 단계, 재개 단계를 거치게 된다. 예상과 다른 체결 과정은 다음의 두 가지 주요 의제를 중심으로 논의되었다.

2) 주요 의제: 반패권조항과 제3국조항

(1) 반패권조항

반패권조항이 평화우호조약 교섭에서 처음 등장한 것은 아니었다. 이미 1972년 중일공동성명 제7조에 언급되어 있었다. 아시아·태평양 지역에서 패권[4]을 추구하는 국가 또는 국가 집단에 반대한다는 반패권조항은 중국이 소련을 염두에 두고 사용하는 문구였으며, 이를 일본, 미국, 소련 모두 인지하고 있었다. 하지만 중일공동성명에서 반패권조항에 대한 논의는 거의 다루어지지 않았다.[5]

1972년 중일공동성명 이후 일본 정부에 대한 소련의 항의가 거세어지자 일본 정부는 반패권조항에 대해 재고한다. 일본의 반패권조항에 대한 경계는 1975년 1월 23일 일본의 도쿄신문이 평화우호조약 교섭의 핵심은 반패권조항이며 이는 대소 견제를 의미한다는 점을 밝히면

4 중국에서 패권이란 강력한 국력을 바탕으로 자신의 의지를 다른 주권국가에 부과함으로써 그 국가의 정책이 자신의 이익에 유리하도록 만드는 것으로 본다(서정경, 2008: 120).

5 소에야는 1972년 공동성명 교섭 과정에서는 주로 미국을 의식하고 있었으나 1978년에는 소련을 향한 것으로 변화되었으며 이는 미중소 관계의 역학에서 거리를 두고자 했던 것이라고 설명한다(添谷芳秀, 2012).

서 더욱 난항을 겪게 되었다(田中明彦, 1996: 91-93). 소련과의 우호적 관계 유지를 위해 1972년 공동성명 발표 이후 1973년 10월 7일부터 10일까지 다나카 가쿠에이田中角栄 총리, 오히라 외상이 모스크바를 방문했다. 제2차 세계대전기에 '미해결된 제문제'를 해결하기 위해 일소평화조약을 체결할 것과 에너지원의 개발, 원자력의 평화적 이용의 노력, 양국의 과학자 및 기술자의 교류, 정보의 교환 등에 협력할 것을 약속했다(外務省, 1973).

1974년 중일평화우호조약 교섭이 진전되자 소련은 '일본국 정부가 제3국과의 관계를 발전시킬 때, 소련연방과 일본국 사이의 관계 발전에 손해를 초래할 가능성이 있는 여하한 행동을 하지 않을 것을 희망한다'고 공식 성명을 발표하며 불만을 표시했다(外務省, 1975). 일본은 대소 정책과 대중 정책의 갈등 속에서 가급적 소련을 자극하지 않는 대안을 마련하고자 노력했다.

그러나 반패권조항을 배제하는 것은 중국의 입장에서 수용 불가능한 것이었다. 중국은 공동성명에 이어 중일평화우호조약의 초안 작성 단계에서부터 반패권조항을 제시하면서 중일공동성명과는 달리 반패권조항 문제가 가장 주요한 의제로 다루어졌다. 또한 중국은 1975년 1월 제4회 전국인민대표대회에서 반패권조항을 신헌법인 국시에 명기하며 그 중요성을 더욱 강조했다.

평화우호조약은 약 3년 반 동안 중단되었다가 1978년 7월 21일 재개되었다. 본격적으로 시작된 평화우호조약 제1차 회담에서 중국은 조약교섭이 진전되지 않은 주요 이유가 반패권조항 문제였다는 점을 강조했다. 제1차 회담에서 한니엔룽 부부장은 반패권조항의 의미와 내용을 다음과 같이 언급했다.

1. 반패권은 공동성명에 있어서 하나의 매우 주요한 원칙입니다. 중국 측의 반패권에 관한 원칙적 입장은 일관되고 명확한 것이며, 일본 측도 잘 이해하고 있는 것입니다.
2. (1972년) 공동성명에서 언급한 패권을 추구하지 않고, 패권을 추구하는 시도에 반대한다고 하는 두 가지 의미를 그대로 (평화우호)조약의 본문에 포함시켜야 합니다(石井明外, 2003).

일본은 패권을 추구하지 않는다는 기본 원칙에는 동의하지만, 이 조항이 소련을 겨냥하는 것으로 해석되어서는 안 된다는 점을 강조하고, 반패권조항 이외에도 주요한 조항들이 존재함을 환기시키려고 했다. 이에 대해 중국은 평화우호조약의 핵심 내용은 반패권조항이며 이에 대한 양국의 합의를 이끌어내면 다른 조항에 대한 논의는 쉽게 이루어진다고 주장하며 반패권조항에 대한 논의를 지속적으로 교섭의 중심에 두었다.

교섭이 진행되면서 중일 간 의견 교환을 통해 반패권조항의 의미는 보다 구체화되었다. 일본을 설득시키기 위한 과정에서 미국이 반패권조항에 참여한다는 점과 일본이 소련을 견제해야 하는 이유, 그리고 반패권조항이 중국과 일본에도 적용된다는 자기구속성을 강조했다(石井明外, 2003: 184-185).

평화우호조약 체결 과정에서 중국이 주장한 반패권조항은 대소 견제가 핵심이었지만, 소련을 명기하지 않음으로써 평화를 위협하는 집단에 대해 반대한다는 일반적인 평화 원칙으로 해석될 수 있는 가능성을 남겨두었다. 1970년대에는 대소 견제라는 의도를 바탕으로 반패권조항의 자기구속성을 강조했고, 이후 변화된 국제 정세 속에서 미국의 팽창주의적 대외 정책을 비판하는 용어로도 사용되고 있다(서정경, 2008).

(2) 제3국조항

반패권조항이 주요 의제로 등장하면서 일본은 대중 정책과 대소 정책의 갈등을 조정해야 했다. 중국 측에는 반패권조항을 배제할 방법을 강구하고, 소련 측에는 반패권조항이 소련에 대한 것이 아니라는 점을 설득하고자 했다.

반패권조항을 포함시키지 않으려는 일본의 시도가 중국의 강경한 입장으로 거의 불가능한 것이 확실시되자 일본은 반패권조항이 소련을 겨냥하는 것이 아니라는 것을 의미하는 대안을 모색했다. 공동성명 제7조의 '중일 양국 간 국교정상화는 제3국에 대한 것이 아니다'라는 표현을 수정한 '이 조약은 특정의 제3국을 향한 것이 아니다'라는 표현을 마련했다.

> 이른바 '미야자와 4원칙'으로 불리는 내용은 반패권조항의 대소 견제의 의미를 완화하기 위한 시도로 1978년 교섭 시 일본 측 입장으로 대변된다. (1) 아시아·태평양 지역만이 아닌 세계 어디에도 패권에는 반대한다. (2) 패권 반대는 특정한 제3국을 향한 것이 아니다. (3) 패권 반대는 중일의 공동행동을 의미하는 것이 아니다. (4) 국제연합헌장의 정신과 모순되는 것은 받아들이지 않는다(田中明彦 1996: 95).

이에 대해 중국은 패권을 추구하는 제3국에는 적용될 수 있다는 점을 들어 반패권조항과 모순된다고 지적하며 일본 측의 제안을 거절했다. 하지만 일본 측은 중일 간의 조약이 다른 국가에 부정적인 영향을 미치지 않는다는 것을 의미하므로 모순되지 않는다고 주장하며 조약에 포함시킬 뜻을 분명히 했다. 이에 중국은 '이 조약은 패권을 추구하지 않는 제3국을 향한 것이 아니다'로의 수정을 제안했다(石井明外, 2003). 그러나 이는 중국이 소련을 패권을 추구하는 국가라고 일관되게 주장해오고 있는 상황에서 여전히 대소 견제로 해석되는 문구였다.

한편, 반패권조항의 강경한 어조를 완화하기 위해 도입했던 제3국 조항과 비슷한 의도로 일본이 제시했던 것이 '아시아-태평양 지역 또는 그 외의 지역'이라는 지역 설정의 확대와 패권 추구에 '반대이다反対である'라는 표현으로의 수정 시도이다. 아시아 태평양 지역을 확장시켜 전 세계의 지역을 상정함으로써 대소 견제의 어조를 약화시키고자 한 것이다. 또한 일본은 반패권조항의 표현을 패권 추구에 '반대한다反対する'는 적극적인 의미보다는 패권 추구에 '반대이다'라는 객관적인 입장표명의 수준으로 완화하려고 했다. 이를 위해 반패권조항이 도입되었던 미국과 중국의 상하이커뮤니케Shanghai Communiqué의 영문 표기 'be opposed'와 비교하고, 일본식 표현에 보다 적합하다는 견해를 표명했다. 하지만 중국은 지역 설정의 확대는 받아들일 수 있지만, '반대이다'라는 표현은 받아들일 수 없다고 밝혔다(石井明外, 2003). 〈표 9-1〉은 평화우호조약의 주요 교섭 사항과 양측의 입장을 정리한 것이다.

결국 중국 측에서 제3국 조항을 추가하는 일본 측 안을 수용하면서 반패권조항과 제3국 조항 모두 포함된 최종안이 채택되었다. 1972년 중일공동성명에서는 제7조에 함께 제시되었으나, 1978년 중일평화우호조약에서는 두 개의 조항으로 분리되었다(표 9-2 참조).

이러한 변화 사이에는 각 조문에 대한 양국의 이중적 해석의 가능성이 존재한다. 1972년 공동성명 제7조의 제1문은 일본 측이 소련을 적대시하지 않으려는 입장이 반영되었고, 제2문에서는 패권을 추구하는 것에 반대한다는 중국의 소련 견제의 의미가 담긴 조항으로 해석되었다. 일본의 대소 견제 완화를 위한 다양한 노력에도 불구하고, 중국 측

〈표 9-1〉 평화우호조약의 주요 교섭 내용

	일본 측 주장	중국 측 주장
반패권 조항	반패권조항 이외에도 주요한 조항들이 있으며, 소련에 대한 중일 공동행동을 의미하지 않는다.	반패권조항은 평화우호조약의 핵심이며, 소련을 비롯한 패권을 추구하는 국가 혹은 국가의 집단에 반대한다.
제3국 조항	이 조약은, 특정의 제3국에 향한 것이 아니다	이 조약은 평화우호조약과 반패권조항에 대한 내용이며, '특정의'는 사족이다. 제3국조항은 자가모순적이며 반패권조항에서 삭제 혹은 분리할 필요가 있다.
반대한다/반대이다	(패권추구에) '반대이다'라는 표현이 일본어와 영어에 보다 적합한 표현이다.	중일공동성명에서와 같은 (패권추구에) '반대한다'는 적극적인 표현만 가능하다.

출처: 日中平和友好条約交渉 第1回-第16回会談 참조, 필자 작성.

〈표 9-2〉 중일공동성명과 평화우호조약의 조문 비교

<table>
<tr><th></th><th>1972 중일공동성명</th><th></th><th>1978 중일평화우호조약</th></tr>
<tr><td rowspan="2">반패권 조항</td><td rowspan="2">1972년 중일공동협정 제7조
중일 양국 간 국교정상화는 제3국에 대한 것이 아니다(제3국). 양국 어느 쪽도 아시아 태평양 지역에서 패권을 추구해서는 안 되며, 이러한 패권을 확립하고자 하는 다른 어떠한 국가 또는 국가 집단에 의한 시도에 대해서도 반대한다(반패권조항).</td><td>반패권 조항</td><td>제2조: 양 체약국은 양측 어느 쪽도 아시아 태평양 지역 또는 그 외의 어떤 지역에서도 패권을 추구하지 않으며 또한 그러한 패권을 확립하고자 하는 다른 어떠한 국가 또는 국가의 집단의 시도에도 반대한다는 것을 표명한다.</td></tr>
<tr><td>제3국 조항</td><td>제4조: 본 조약은 제3국과의 관계에 관한 각 체약국의 입장에 영향을 미치는 것이 아니다.</td></tr>
</table>

출처: 日本外務省,『外交青書』(1973, 1978) 참조, 필자 작성. 밑줄은 필자 표시.

에서는 반소 조항을 관철한 것이라 생각했고 체결 이후 일본 정부에 대한 소련의 비난이 지속되었다는 점에서 그 효과는 제한적이었다고 평가할 수 있다.

3. 평화우호조약 체결 과정의 구조와 이슈

평화우호조약 교섭 과정에서 반패권 조항과 제3국 조항이 주요 의제였던 것은 분명하다. 그런데 전후 중일관계를 재건한다는 의미에서 살펴볼 때 당시 두 의제는 6여 년간에 걸쳐 의견을 조정할 만큼 중대한 사안이었는가? 당시 중국과 일본이 반패권 조항과 제3국 조항의 문제에 집중될 수밖에 없었던 이유는 무엇인가?

평화우호조약은 1972년 중일공동선언의 연장선상에서 논의가 개시되었으나 교섭과정에서 나타나는 특징들은 중국과 일본의 전후 외교정책적 측면에서 연계되어 설명되어야 할 내용들이 존재한다. 이를 이해하기 위해 우선 국제 정치적 구조에 있어서 냉전이라는 환경이 미친 영향력을 살펴보고, 국내 정치적 구도를 통해 중국과 일본의 양자관계에서 나타나는 구조적 측면도 함께 살펴볼 필요가 있다. 또한 교섭 내용에서 중국과 일본의 입장을 국가 이익, 접근 방식, 문제 해결 방법의 측면에서 바라봄으로써 중국과 일본의 외교 정책의 전개 과정의 상이성을 주목해야 한다.

1) 국내외 정치 환경과 협상의 전개

(1) 국제 정치적 구조

1960년대부터 베트남전쟁에 대한 미국의 자신감 상실과 소련의 제3세계The Third World 로의 진출, 그리고 1964년 중국의 핵실험 성공은 동아시아와 국제 사회의 구조적 변화를 예고했다. 국제 사회에서 주요국으로 부상한 중국은 공산주의 이데올로기를 둘러싸고 소련과의 차이를 내세우기 시작했고, 전바오다오/다만스키섬珍宝岛/óстров Дама́нский

국경 분쟁으로 중소 갈등이 첨예화되었다.

중소 갈등은 미국, 소련, 중국의 삼국 관계를 변화시키며 동아시아 지역을 중심으로 한 냉전은 새로운 국면을 맞이했다. 소련에 대한 공통된 이해관계를 형성하게 된 중국과 미국의 상호 접근이 미중 화해를 가져왔고, 이것이 이데올로기적인 화해로 이어질 것으로 기대되면서 미소 간 데탕트의 시도도 자극했다.

1970년대 중국은 공산주의권 내에서의 자신의 입지를 보다 확실하게 정립해나가기 시작했다. 소련과는 상이하게 중국이 바라보는 공산주의 이데올로기를 확립하고, 국경 분쟁과 소련의 제3세계로의 진출을 팽창주의적인 것으로 개념화하여 대소 적대감을 명백하게 드러내기 시작했다. 대소 견제를 최우선으로 하면서 이전까지 제국주의, 군국주의로 개념화하며 적대시했던 미국과 일본으로 접근했다.

일본은 미중 접근으로 중국으로의 접근 제약이 완화되자 이를 매우 신속히 반영하여 1972년, 오히려 미국보다 앞서, 국교정상화를 실현했다. 하지만 평화우호조약을 체결하기 위해서는 중국의 대소 견제 전략에 동조할 필요성이 있었는데 이는 일본의 기존 외교 정책의 방향과 상충되는 것이었다. 일본은 중국과의 평화우호조약이 대소 견제를 목적으로 하는 미중일 삼각동맹으로 보여질 가능성을 우려했다.

반면 중국은 미중소라는 대삼각구도와 미중일이라는 소삼각구도의 전략을 모색했다(添谷芳秀, 2006: 83). 대소 견제를 위해 미국과 일본의 협조를 모색했고, 이를 위해 일본과의 평화우호조약, 미국과의 국교정상화로 제도화시키고자 했다. 하지만 소련에 대한 인식의 차이와 대만에 대한 이해의 불일치 등은 여전히 큰 장애였다. 이에 더하여 각 국가의 국가 이익의 상충 가능성으로 인해 1970년대 초반의 미중일 데탕트의 분위기는 오래 지속되지 못했다.

(2) 국내 정치적 구조

중국: 마오쩌둥-저우언라이 노선과 중앙 권력 교체

1976년 저우언라이周恩来와 마오쩌둥毛泽东이 사망하면서 중국 외교 정책의 주요 행위자와 정책 방향의 변화가 예고되었다. 문화대혁명의 수습과 4인방의 체포 등 중국 국내 정세가 불안정한 가운데, 화궈펑华国锋과 덩샤오핑이 등장하며 혼란을 수습해나가기 시작했다.[6]

그러나 중국 외교 정책의 주요 기조는 1970년 전반에 걸쳐 일관되게 유지되었다. 마오쩌둥과 저우언라이의 정책 기조가 지속된 것이다. 지도자의 변화와 함께 정책의 변화가 불가피했던 미국과 일본에 비교해 볼 때, 중국은 1970년대 초반의 대미, 대일 화해의 분위기를 지속시키는 역할을 담당했다. 중국은 미국과 일본을 상대로 국교정상화와 관계 증진을 추구하는 과정에서 일관되고 명백한 원칙들을 제시하면서 1970년대 미국과 일본과의 관계 내 중추적인 역할을 했다.

중국이 제시한 일관되고 명백한 원칙은 크게 두 가지로 대별할 수 있다. 첫 번째는 '하나의 중국' 정책이다. 하나의 중국이란 중국 전체의 대표로서 베이징의 중화인민공화국 정부를 유일한 합법 정부로 승인하는 것이며 대만의 중화민국 정부를 인정해서는 안 된다는 것이다. 중국은 하나의 중국 원칙을 고집했으며, 이는 미국과 일본은 물론 국제연합

---

6 미국과 일본에서도 1970년대 들어 주요 외교 정책 담당자가 교체되었다. 미국은 미중 화해를 조성했던 리처드 닉슨(Richard Nixon, 재임기 1969~1974) 대통령이 워터게이트 스캔들로 물러나고 이후 포드(Gerald R. Ford, 재임기 1974~1977)와 지미 카터(Jimmy Carter, 재임기 1977~1981) 대통령이 등장했다. 일본에서는 공동성명을 추진했던 다나카 수상(田中角榮, 재임기 1972~1974)이 퇴진하고 이후 미키(三木武夫, 재임기 1974~1976)를 거쳐 후쿠다(福田赳夫, 재임기 1976~1978)가 수상으로 취임했다. 이와 같이 중국과 일본, 미국 모두 국내 정치의 변동 속에서 외교 정책 최고 담당자가 변경되었다.

UN을 비롯한 국제 사회에서 '중국 대표권 문제' 혹은 '대만 문제'로 논의되었다.

두 번째는 반패권 조항이다. 반패권 조항의 핵심은 '패권을 추구하려는 국가 또는 국가의 집단에 반대한다'는 것이다. 앞서 살펴보았듯이 패권에 반대하고 평화를 추구한다는 단순한 표현이 아니라 실질적으로는 소련 견제를 조문화한 것이다.

중국은 이 두 가지 조건을 교섭 초반부터 일관되게 제시했고, 하나의 중국 정책은 중일공동성명(1972)과 미중국교정상화(1979)에, 반패권조항은 미중 상하이커뮤니케(1972)와 중일평화우호조약(1978)에 반영되었다.

중국이 제시한 두 가지 조건을 기준으로 미국과 일본과의 관계를 비교해보면 미국과는 선先 반패권 조항, 후後 하나의 중국 문제를, 일본과는 선 하나의 중국, 후 반패권 조항에 대한 합의를 이끌어내려고 했다. 그리고 후자의 조건들에 대한 동의 내지 합의를 이끌어내는 과정에서 1970년대 초반과는 다른 상이한 의제들이 등장하면서 1978년에 이르기까지 관계 개선의 지연이 나타난 것이라 할 수 있다.

한편 중국은 외교 정책의 기조는 큰 변화가 없었지만, 국내적으로는 극심한 혼란과 변화를 겪고 있었다. 평화우호조약이 중단과 재개를 거치던 1976년부터 1978년의 기간은 마오쩌둥 사후 화궈펑에서 덩샤오핑으로 권력이 이양되는 리더십 변화의 시기와 맞물린다.

덩샤오핑은 일본과 평화우호조약 체결을 위한 주도적인 역할을 했다. 1974년 11월 '(평화우호)조약의 타결은 반년 내에 가능하다'며 조약 체결을 추진하려고 했다. 1977년 가을이 되면서 복권된 덩샤오핑은 9월 10일 중일우호의원연맹방중단日中友好議員連盟訪中团에게 '후쿠다福田赳夫 수상이 결단하면 조약 문제는 1초 만에 끝난다'고 말하며 조약 체결을 촉구했다(田中明彦, 1996: 96). 당시 중국국무원 부총리였던 덩샤오핑은 평화우호조약의 협상 과정에 적극 참여하여 조약의 서명을 이끌어내고, 10월 22일부터 29일까지 일본을 공식 방문하여 10월 23일 중일평화우호조약 비준서 교환식에 참석한다.

평화우호조약 체결 시점에 관해서는 여러 가지 설명이 가능하겠지만 1978년이라는 구체적인 시점을 설명하는 데에는 중국 내부의 권력투쟁과 덩샤오핑의 집권을 통해 관계 안정화를 기대할 수 있게 된 것이 주효했다.

일본: 요시다노선과 대중 접근 입장의 대립

1945년 이후 일본 외교는 기본적으로는 '요시다노선'에 입각하여 추진하고 있었다. 요시다노선이란 비군사화를 내용으로 하는 헌법 9조에 입각하여 일본을 평화국가로 재건하는 과정에서 군사 안보 영역은 미일안보조약에 기반하고 경제 분야에 치중하는 외교 정책으로 요약할 수 있다.

1970년 이전까지의 중일관계에서 요시다노선에 입각한 외교 정책은 미일안보조약 측면에서는 상충될 가능성이 있었지만, 경제 발전을 중심으로 수렴될 수 있었다. 1970년대 데탕트에 들어서면서 미중 화해는 대중 접근의 제한을 완화했고, 중국이 미국과 일본의 특수한 관계를 인정하면서 요시다노선과 중국관계의 딜레마는 해소될 수 있게 되었다.

요시다노선이 기본적인 일본 외교의 구조를 형성한 가운데 일본은 대미 외교의 틀 속에서 자립외교를 추진했다(최희식, 2008; 전진호, 2005). 후쿠다 수상은 1977년 동남아시아 국가들과의 관계를 중시하는 '전방위외교'를 주창했다. 이 역시 미국에만 의존하지 않으면서도 경제 발전을 최우선으로 하는 자립 외교의 특징을 나타낸다.

요시다노선과 전방위외교에 입각한 일본의 외교 정책은 1970년대 중일관계의 개선을 뒷받침하는 정책 방향을 제시하고 있었다. 그러나 중일 간 접근을 제약한 것은 중국으로의 접근에 대한 국내 여론의 분화였다.

1972년의 중일공동성명은 영국 외교 정책 최고 결정권자들의 합의문이었다. 반면 1978년의 평화우호조약은 일본 국회의 비준을 통과해야 했으므로 중국 접근에 반대하는 국내 여론을 설득하는 과정을 거쳐야 했다.

당시 일본 내부에서는 '친중국파'와 '친대만파'가 형성되어 있어 1972년 공동성명의 대만 문제를 둘러싼 의견이 분분한 상황이었다(서승원, 2012). 게다가 북방 영토를 사이에 두고 있는 인접국 소련을 자극할 수 있는 반패권 조항이 더해지면서 평화우호조약 체결을 두고 '신중파'와 '촉진파'로 나누어진다(田中明彦, 1996: 99-100). 여기에 센카쿠/댜오위다오에 대한 문제가 쟁점화되자 애국파의 의견이 합쳐지면서 평화우호조약에 체결은 난항을 겪게 된다(표 9-3 참조)(冯瑞云, 高秀清, 王升, 2006; 344). 반패권조항의 처리 문제, 센카쿠/댜오위다오의 귀속 문제, 중소동맹 조약의 문제, 대만 문제, 우호국에의 영향, 국익상 주요 제문제가 대중 접근 반대 이유로 주로 거론되었다(李恩民, 2005: 68).

후쿠다 수상은 평화우호조약의 강력한 체결 의지를 가지고 있었지만, 반대 의견을 설득하기가 쉽지 않았고 심지어 본수 본류인 자파의 후쿠다파 의원들을 설득해야 했다. 그러던 중, 1978년 5월 후쿠다 수상과 미국 카터 대통령이 정상회담을 했을 때 미국의 평화우호조약 지지 발언을 획득한 것이 신중파를 설득하는 데 큰 역할을 했다고 분석된다(田中明彦, 1996: 101).[7] 결국 후쿠다 수상은 본인의 강력한 의지를 적

〈표 9-3〉 1970년대 일본 내 대중 접근의 다양한 입장[8]

	대중 접근 추진	대중 접근 신중
중일국교정상화 (1972)	친중파 다나카 가쿠에이 수상, 오히라 외상, 고사카 젠타로, 후루이 요시미 등 친중파 의원, 사회당, 공명당, 민사당.	친대만파 나다오 히로키치, 미야자와 기이치, 고사카 젠타로 등 일화관계의원간담회 소속의원
중일평화우호조약 (1978)	촉진파 소노다외상, 다나카파, 오히라파, 미키파	신중파 후쿠다파, 나카소네파
관련단체	중일문제연구회, 아시아-아프리카연구회(AA연), 중일국교회복의원연맹, 세이쿠카이青空会, 일본국제무역촉진협의회, 중일경제협회, 중일우호협회, 중일협회 등.	애국파, 아시아문제연구회(A연), 일화관계의원간담회, 자유정치평의회, 세이란카이青嵐会 등.

출처: 서승원, 2012; Lee, 1979; 李恩民, 2005 참조 필자 재구성.

극 표명하고 미국의 정책을 유리하게 활용하면서 분분했던 국내의견으로부터 동의를 이끌어내었고, 1978년 10월 평화우호조약이 국회 본회의에서 통과되었다.

7 한편 일본이 미국으로부터 중국과의 평화우호조약의 조건을 받아들이라고 할 때까지 주저하고 있었다고 보는 연구도 있다(Ross, 2002: 89). 하지만 미국이 반패권조항에 반대하지 않는다는 것은 이미 일본정부에게 변수가 아니었다. 미국의 견해에 일방적인 영향을 받았다고 보기보다는 국내 반대 의견을 설득하는데 적극 활용한 것으로 평가할 수 있다.

8 여기서 주의할 점은 대중 접근에 관한 이러한 도식이 항상 분명하게 구분된 것은 아니라는 것이다. 평화우호조약 체결 당시에는 친중파와 친대만파의 구분이 명확하지 않았다(서승원, 2012: 110). 또한 아사히신문이 1978년 4월 조사한 자민당 소속 의원들의 평화우호조약에 관한 면접 설문 조사 결과에 따르면, 자민당 내 신중파가 158명, 촉진파가 118명으로 신중파가 상대적으로 많은 가운데, 각 정당의 파벌 내에서도 의견은 분화되어 나타나면서 대중 접근에 대한 의견이 단순하지 않다는 점을 보여주고 있다(李恩民, 2005: 68-69).

2) 교섭의 주요 차원

(1) 공통적 국가 이익의 수렴

중국과 일본은 왜 평화우호조약을 체결하고자 했을까? 1978년 8월 평화우호조약 교섭이 개시되었을 때 중국과 일본은 조약을 조기에 체결해야한다는 점을 거듭 강조하고 확인했다. 평화우호조약의 체결이 통해 중국과 일본은 무엇을 기대하고 있었던 것일까?

1970년대 들어서면서 나타난 중국의 대외 정세와 자국의 정체성 인식의 변화는 1970년대 냉전기의 새로운 국면을 가져온 가장 중요한 요인이다. 소련을 '위협'으로 규정하고 '패권'국으로 규정함으로써 공산주의 진영 내에서의 변화를 추구했고, 미국과 일본에 소련의 위협에 대한 동맹의 구축을 모색하기 시작한 것이다.[9]

한편 일본의 경우 소련을 적대적으로 인식해야 할 만한 이유가 존재하지 않았다. 일본은 전후 '평화'를 중심으로 한 정체성을 형성해나가고 있었다. 1952년 샌프란시스코 강화조약 이후 각 국가들과의 관계를 정상화 해나가면서 경제 발전을 중심으로 국제 사회로의 복귀를 위해 노력하고 있었다. 냉전의 제약에서 벗어나기 위한 노력의 일환으로 1956년 소련과 국교를 정상화했고, 중국과는 민간 경제 분야를 중심으로 관계를 발전시켜왔다.

1972년 중일국교정상화 이후 양국 간 교역 및 거래는 증가하고 있기

9 이러한 중국의 움직임은 월트Stephen Walt가 제시한 위협균형으로 설명될 수 있다. 절대적인 힘은 중국이 미국과 소련에 비견할 수 있는 정도가 아니었지만, 위협적인 세력에 대한 균형이 필요함을 강조함으로써 현상의 변화를 추구한 것이다. 위협균형에서 중요한 것은 한 국가가 상대국을 적대적으로 혹은 우호적으로 인식하는가에 있으며 이 경우 물질적 능력보다는 위협의 분배에 대해 초점을 두고 바라볼 필요성이 있다(Walt, 1987: 263-264).

는 했지만 정부 간 공식적인 경제 교류는 본격화되지 않았다. 일본은 경제계를 중심으로 중국 시장으로 의존도가 높아지고 있었고, 중국은 본격적인 개혁·개방 정책에 앞서 일본과의 경제 교류가 필요했다. 양국 간 안정적인 경제 교류를 위해 보다 구체화된 실무 협정들이 요구되었다. 1974년 중일무역협정, 중일항공협정, 중일해운협정, 1975년 중일어업협정, 1977년 중일 상표보호협정, 1978년 중일장기무역계약이 체결되었고, 1978년 평화우호조약이 체결되면서 중일 간 교류를 위한 제도적 기틀이 마련되었다.

평화우호조약의 체결을 기점으로 중일 양국은 본격적인 협력 관계에 돌입한다. 민간 차원의 교류와 경제 협력은 물론이고 1979년부터 대규모의 일본의 대 중국 정부개발원조ODA가 제공되기 시작하면서 중국의 경제 성장에 일조하게 된다.

평화우호조약은 중국과 일본 중 상대적으로 어느 국가에 유리했는가? 중국은 1971년 유엔에 가입하고 하나의 중국 정책을 추진하며 외교관계를 수립해나가고 있었다. 일본은 1952년 대만과 평화조약을 체결하여 외교관계를 수립하고 중국과의 전후 문제를 처리한 바 있다는 입장이었다. 1972년 중일공동성명은 1952년의 일본과 대만의 평화조약의 효력을 무효화시키는 것이라는 중국의 입장과 여전히 유효한 조약이었다는 일본의 입장을 절충해야 할 필요가 있었다. 1970년대의 중국과 일본의 제도화 과정에서는 일본이 이전에 대만과 수립했던 제도와 상충하지 않는 접근을 필요로 했고, 1952년 일본-대만 평화조약과 다른 중일공동성명과 중일평화우호조약이라는 방안이 고안되었다. 일본이 경제 발전을 통한 국가 이익에 보다 중점을 두고 있었던 반면, 중국은 중국의 정체성을 확보해나가면서 경제 발전을 추구하고 있었다. 중국의 입장에서 일본과의 평화우호조약은 정체성 확보와 경제 발전의 국가 이익을 함께 추구할 수 있는 유용한 제도로 여겨졌다.

(2) 접근원칙의 성립

중국과 일본이 관계를 제도화하는 과정에서 취한 접근원칙은 정치 영역과 경제 영역의 관계에 관한 중국의 정경불가분政经不可分과 일본의 정경분리政經分離 논의로 대별된다.

1949년 중화인민공화국 성립 이후 중국은 하나의 중국 원칙을 주창하며 일본 정부가 베이징의 중국 정부만을 승인할 것을 촉구했다. 일본은 중국 정부와 대만 정부 양측과의 관계를 유지하려는 등거리 전략을 유지하려고 했으나 샌프란시스코의 강화조약 체결을 전후로 하나의 정부를 승인할 수밖에 없었다. 냉전이 심화되는 과정 속에서 미국의 정책적 압력 하에 중화민국 정부와 평화조약을 맺었다. 그러나 베이징의 중국 정부와의 관계를 지속해야 할 필요성을 인식했고, 정치와 경제를 분리한다는 정경분리 원리를 통해 기능하게 하려고 했다.

1952년 일본과 대만 간의 평화조약 체결 이후 일본은 정치적으로는 대만 정부를 승인했지만, 중국 대륙과의 경제적 관계는 유지할 수 있다는 논리를 강조했다. 중국 정부는 이에 대해 정치와 경제는 분리될 수 없다는 정경불가분 논의로 반발했다. 그러나 양국 간 경제 협력을 통한 국가이익을 추구하는 과정에서 정경분리와 정경불가분은 양립할 수 있었다. 중국과 일본은 민간 경제 단체를 매개로 L-T무역과 우호무역[10]을

10 L-T무역은 1962년 11월 9일 일본의 다카사키 다쓰노스케高碕達之助와 중국의 랴오청즈廖承志 간에 체결한 각서에 의거하여 1962년부터 1967년까지 5년간의 중일 무역관계의 기반이 되었다. 두 사람 이름의 첫글자를 따 L-T무역으로 부르며 1968년이후 중일각서무역日中覚書貿易으로 명칭을 바꾸었다. 우호무역은 1962년 저우언라이가 제시한 무역3원칙(정부간 무역, 민간 계약, 개별적 배려) 중 개별적 배려에 근거하여 시작된 중일 무역제도이다(최은봉·오승희, 2012: 150 참조).

통해 경제협력 관계를 구축해왔고, 중국은 이를 통해 국교정상화를, 일본은 대만과의 국교 수립으로 인해 차단될 중국 대륙으로의 경제적 이득을 기대할 수 있었다.

1972년 중일 국교정상화가 발표되면서 중국과 대만에 대한 정경분리 정책은 일단락되는 것으로 보였다. 중국이 주장하던 정경불가분 원칙의 확산 효과가 나타난 것으로 이해할 여지가 있다. 그러나 일본의 정경분리 접근원칙은 그 이후에도 지속된다. 대중국 정책에서는 대만에 대한 정경분리가 주장되었고, 한반도에서는 북한에 대한 정경분리가 언급되었다. 그리고 평화우호조약 체결 과정에서 나타나는 소련에 대한 정책에서도 정경분리가 등장하게 된다.

연계와 분리의 동학은 평화우호조약 체결 과정에서도 재현된다. 1972년에서 1978년에 걸쳐 나타난 평화우호조약 체결 과정에서 중국과 일본은 소련에 대한 인식의 불일치를 거듭 확인했다. 중소 갈등이 첨예화되는 과정에서 일본은 중국과 소련 양국과의 관계를 지속해야 할 필요성이 있었고, 대중-대소 등거리 전략을 추진하며(冯瑞云·高秀清·王升, 2006; 添谷芳秀, 2006). 대중 정책과 대소 정책의 분리를 통해 해결하려고 했다. 그러나 중국은 평화우호조약의 반패권조항을 통해 일본을 대소 견제에 동참하게 함으로써 대중 정책과 대소 정책이 연계되도록 압박했다.

평화우호조약은 중국과 일본의 통상, 해운, 어업 등 실무 내용들을 포함하여 전반적인 중일관계의 제고를 목표로 하고 있었으며, 중국과 일본의 경제 발전을 통한 국가 이익이라는 측면에서 필요한 제도였다. 하지만 중국은 정경불가분 원칙에 근거하여 반패권조항과 평화우호조약을 불가분의 것으로 제시했다. 반면 일본은 중국이 시도하는 정치적 구도로부터 벗어나 대중-대소 정책 관계를 분리하기 위한 방안으로 제

3국 조항을 제시했다. 중일평화우호조약의 정치적 특수성과 관련하여 중국은 정경불가분 원칙을 내세우고 일본은 정경분리 원칙으로 접근하고 있었던 것이다.

중일 간 정경분리와 정경불가분 원칙에 관한 양국의 입장에서 사실상 중요했던 것은 정치와 경제의 분리 여부보다는 국가 이익을 추구하는 과정에서 당면한 정치와 경제 영역의 이슈들을 어떻게 바라보는가 하는 문제였다.[11] 그렇기에 경제 발전을 중심으로 협력을 강화해나간다는 점에 기반하여 양측의 모순으로 보이는 접근 방식이 수렴될 수 있었다. 경제 분야로의 접근을 우선시함으로써, 이후 그 교류의 축적이 정치적으로 확산될지 아니면 정치적 구속을 받지 않는 것으로 여겨질지는 중국과 일본의 각자의 해석과 주장의 몫으로 남겨졌다.

(3) 문제 해결 방식의 구안

지엔찐과 쯔미아게

정경분리와 정경불가분 접근 원칙의 모순을 해결하기 위한 과정에서 중국 측은 '지엔찐渐进, 점진'이란 표현을, 일본에서는 '쯔미아게積み上げ' 개념을 도입하여 문제 해결 방안을 모색한다. 유사한 방법의 양국 개념어로 각각 등장한 것이었지만, 중국과 일본의 미묘한 입장의 차이점을

---

11 정경분리에 관해 아마코스트와 파일Michael H. Armacost and Kenneth B. Pyle은 고도의 정치적 계산이 작용한 '두개의 정책'으로 보았고, 존슨Chalmers Johnson은 중국시장 접근을 위한 중상주의적 대외정책의 위장막이라고 보았으며, 소에야는 정치가 허용하는 범위 내에서 경제교류를 추진한다는 소극적 의미로, 이리에는入江昭는 평화적 대외정책을 희구하며 만들어진 독창적 외교로 평가했다. 서승원은 이러한 논의를 종합적으로 분석하여 반정경불가분, 비대중봉쇄, 비군사적 경제외교라는 다면적이고 비냉전적 정책요소를 포괄하는 것으로 보았다. (서승원, 2011: 133-135). 이러한 다면적인 성격으로 인하여 정경분리와 정경불가분이 수렴될 수 있는 공간의 모색이 가능했다.

확인할 수 있다. 중국어의 '지엔찐'이 단계적으로 나아간다는 것을 의미한다면, 일본어의 '쯔미아게'는 쌓아올린다는 누적적인 관계 형성을 의미한다. 이는 중국이 파급효과spill-over와 같은 결과적 측면을 중시한 반면, 일본은 과정적 측면에 방점을 둔 것으로 볼 수 있다. '지엔찐'과 '쯔미아게' 사이의 미묘한 어조 사이에 정경불가분과 정경분리의 접근 원칙이 반영되어 있는 것이다.

1952년부터 1972년 중일국교정상화에 이르는 20년 동안 각각 '지엔찐', '쯔미아게'의 방법을 통해 중국과 일본은 민간 경제 협력을 중심으로 실적을 쌓아가면서 관계를 증진시켜나갔다. 1972년 국교정상화 이후 '지엔찐'과 '쯔미아게' 방식 간의 차이가 좁혀지면서 이해관계가 상충되기보다는 경제 협력의 중일관계를 발전시켜 나아가고자 하는 정치적 의도를 반영한 협력적 방식을 추구한다. 두 개념간 정합성의 확대는 다음의 문제 해결 방식과 연계하여 살펴볼 수 있다.

치유통춘이와 다나아게

1952년 중일국교정상화 과정에서 중국이 일본에 제기했던 가장 주요했던 이슈는 하나의 중국 정책이었다. 1971년 UN 가입 이후 중국은 국제적으로 중국 대표성을 인정받는 것이 최우선적인 국가 이익이 되었고, 일본에 대한 배상청구를 포기하는 등의 결단 등을 통해 국교정상화를 촉진하려고 했다.

반면 중일 간 갈등의 소지가 될 수 있는 센카쿠/댜오위다오 문제에 있어서는 언급하지 않기로 했다. 제3차 정상회담(1972년 9월 27일) 기록은 다음과 같다.

> 다나카: 센카쿠제도에 대해서 어떻게 생각합니까? 우리 쪽에 여러 가지

이야기를 하는 사람이 있습니다.

저우언라이: 센카쿠제도 문제에 대해서는 이번에는 말하고 싶지 않습니다. 지금, 이를 말하는 것은 좋지 않습니다. 석유가 나와서 이것이 문제가 되었습니다. 석유가 나오지 않으면 대만도 미국도 문제 삼지 않습니다(石井明外 2003: 68).

이후 바로 대사관 교환 문제로 의제가 전환되었다. 이에 대해 중국 측에서는 '치유통춘이求同存异, 구동존이'[12]로 일본에서는 '다나아게棚あげ'[13]로 표현되었고(최희식, 2010; 최은봉·석주희, 2012), 영토 문제는 핵심 이익에 해당하는 쟁점이기는 하지만 공동성명에서는 다루지 않기로 합의되었다.

마찬가지의 방법이 평화우호조약의 체결 과정에서도 나타났다. 1974년 반패권조항에 대한 입장차이로 교섭이 단절된 이후 1978년 평화우호조약의 교섭이 재개되었을 때에도 중국과 일본의 입장 차이는 쉽게 좁혀지지 않았다. 중국은 평화우호조약의 타결을 재촉하면서 공통점에 근거하여 문제를 해결해가자는 '치유통춘이' 방식을 제안했다. 그러나 중국과 일본이 인식하는 중일 간 공통점과 차이점은 평화우호조약의 교섭의 난제를 반영한 것이었다. 중국은 양국 입장이 대동소이大同小異하다고 강조했지만, 공통점은 자국이 주장하려는 바를 담았고 차이점은 상대측의 주장 중에서 받아들일 수 없는 점을 지적하면서 '치

12 치유통춘이란 구대동 존소이求大同, 存小异의 준말로 교섭 과정에서 의견이 다른 부분은 남겨두고, 상호 합의할 수 있는 부분을 중심으로 협력을 약속하는 방식으로 중일관계에서만이 아니라 미중관계에서도 나타난다. 대표적인 예로 1972년 닉슨의 중국 방문과 상하이커뮤니케에서도 나타났다(서진영, 2010: 163; Kissinger, 2012: 329-339).

13 다나아게에 관해서는 최희식, 2010; 최은봉·석주희, 2012 참조.

유통춘이' 방식으로도 교착된 교섭을 타결할 수는 없었다.

그러나 센카쿠/댜오위다오 영토 문제에 관해서는 쟁점임을 확인하되 언급하지는 않기로 한 것은 공통점에 속했다. 중국은 이 문제가 핵심 이익에 해당하기는 하지만 미래 세대에 넘기자고 제안했고, 일본은 이에 동의했다.

> 1978년 10월 25일 일본기자클럽에 참석한 덩샤오핑은 다음과 같이 말했다. '국교정상화 때 쌍방은 이를 다루지 않는다고 약속했다. 이번 평화우호조약교섭에서도 마찬가지로 이 문제를 다루지 않는 것으로 일치했다.' '일시 "다나아게"할지, 10년 "다나아게" 할지 등이 우리의 세대보다도 다음 세대가 지혜가 있다'고 말한 것으로 보고된다. 중국 공산당이 편찬한 『邓小平思想年谱』에서 덩샤오핑은 다음과 같이 서술했다. '(댜오위다오 문제, 대륙붕 문제 등) 이와 같은 문제에 대해서는 지금 파고들어야 하는 것은 아니다. 옆에 (미뤄)두고, 나중에 안정되면 검토하여 쌍방 모두 받아들일 수 있는 방법으로 충분히 논의하는 것이 좋다. 지금 세대가 방법을 찾지 않으면, 다음 세대, 아니면 그 다음 세대가 방법을 찾아낼 것이다.' 소노다 외상은 '덩샤오핑은 1978년 어업사건이 우발적인 것이었으며 중국 정부가 이 문제로 문제를 일으키려고 하지 않는다고 믿고 싶다고 했다. 이에 나는 최후의 관문을 헤쳐나갈 수 있었다'고 회상했다(石井明外, 2003: 179-180).

일본 정부는 '다나아게'가 영토 문제에 대한 당시 중국 정부의 입장이며 일본은 이와 관련이 없다고 주장하고 있다. 또한 중국이 문제를 거론하지 않으려도 했던 것에 비해 일본은 평화우호조약 체결 과정에서 과거사 문제를 종결시키려는 의도를 가지고 있었다고 강조하는 연구도 있다(李恩民, 2005: 138-144). 하지만 중일 국교정상화와 평화우호조약 체결을 앞두고 영토 문제를 다루지 않는다는 중국 측의 제안을 일본이 수용 내지 묵인했다는 점에서 일본 정부는 '다나아게'에서 완전히 자유롭지 못하다.[14] 오히려 일본이 중국 측의 입장을 일본어로 '다나아게'로 하면서 이 문제를 해석 그대로 미뤄두고자 했던 일본의 의향을 반영했다고 볼 수도 있다.

중국의 '치유통춘이'가 중국이 추구하는 핵심 문제에 대한 동의를 이끌어내려는 적극적인 형태의 방식이었다면 일본이 인식한 '다나아게'는 갈등의 요소를 유보해두고자 하는 소극적 의미의 문제 해결 방식이었다. '치유통춘이'와 '다나아게'는 중일국교정상화와 평화우호조약을 체결하는 과정에서 추구된 이해의 조율 방식이다. 이를 통해 해결이 어려운 문제를 남겨두거나 미뤄두고 정치적 결단을 가능하게 함으로써 양국의 협력을 촉진할 수 있게 했다. 그러나 중일 간 정책 사고의 이질성과 갈등의 소지를 해결하지 않고 미래 세대에 전가함으로써 양국의 이질성은 관리되기보다 방치되었다는 지적이 가능하다.

이상의 논의를 통해 1970년대 냉전이라는 국제 정치적 환경뿐만이 아니라 국내 정치적 구조의 영향력이 다양하게 작용했고 그것이 중일관계의 제도화라는 동아시아 국제관계의 형성에도 나타났다는 점을 확인할 수 있다. 그러한 배경 하에서 중국과 일본의 관계가 전후 냉전 중기에 재구축되는 과정에서 나타나는 특징과 한계를 살펴볼 수 있다.

14 2010년 10월 27일 중의원 외무위원회에서 가와이 가쓰유키河井克行 의원이 마에하라 세이지前原誠司 외무대신에게 한 질문에서 '다나아게' 관련 논란을 정리해볼 수 있다. 자세한 사항은 国会会議録検索システム, "衆議院外務委員会" (2010. 10. 27) 참조.

4. 평화우호조약의 작동과 한계

1) 접근의 특징: 점진적, 제한적 접근

1970년대 전반에 걸쳐 등장한 1972년의 중일공동성명과 1978년의 평화우호조약은 오늘날 중일관계의 기본 틀을 형성하는 두 개의 축을 형성하고 있다. 이 두 조약에 기반한 오늘날의 중일관계를 '72년 체제'라고 보고 국교정상화 이후의 중일 정치 경제와 외교 안보 전반에 작용하는 구조적인 틀로 정의하기도 한다(손기섭, 2004: 94; 毛里和子, 2006: 108)

두 개의 축으로 형성된 중일관계의 구조를 구상한 것은 중국의 저우언라이 총리였다. 1972년 조약 체결을 위한 협상 과정에서 저우언라이는 1972년 공동성명의 신속한 타결을 위해 중일관계의 발전 단계를 두 개의 단계로 나누어 진행할 것을 제시한다. 우선 '공동성명'과 같은 형식으로 국교를 정상화하여 대사를 교환하고 정식으로 승인하는 문제를 해결한 후, 두 번째 단계로 보다 구체적인 내용을 '평화우호조약'의 형식으로 발전시키자는 제안이었다(張香山, 1998).

이것은 우선 중국이 원하는 대로 신속하게 국교정상화를 이루어가되, 의원내각제에 기초하고 있는 일본의 국내 정치를 고려한 것으로 평가되고 있다(石井明外, 2003: 380). 공동성명이라는 형식은 양국 수상과 총리의 의지가 반영될 가능성이 많지만, 평화우호조약의 형식은 일본 국회의 심의와 비준을 필요로 하기 때문에 보다 장기간에 걸쳐 이루어질 가능성이 있기 때문이다(林晓光, 2003).

또한 저우언라이는 평화우호조약의 내용을 1974년경에 내부적으로 확정하고 외교부에 전달했다(林晓光, 2003). 기본적으로 1972년 공동성명과 거의 유사한 내용을 포함시키면서 굳이 중복할 필요가 없는 조항은 배제하고, 강조할 필요가 있는 문제는 그대로 두도록 하는 등 평화우호조약의 원칙적 수준에서의 기본 내용의 전반적인 틀을 구상해두었다.

실제로 1978년의 평화우호조약은 전반적으로 1972년 공동성명의 원칙적인 내용들을 재확인하는 내용들로 구성되어 있다. 이러한 조약 구성의 전반적인 틀은 중국에서 제기되었고 결국 이 틀을 크게 벗어나지 않는 수준에서 타결되었다는 점을 확인할 수 있다.

그러나 앞서 살펴보았듯이 평화우호조약을 체결하는 과정은 순탄하지 않았다. 1972년 중일공동성명의 정신을 존중한다는 기본적 입장에는 동의했지만, 1972년 조항에 대한 해석이 변화되었고, 문구의 표현도 수정하려고 했다. 특히 소련에 대한 입장 차이와 일본의 국내 반대 의견의 수렴 과정에서 중일관계 개선의 지연이 나타났다. 1978년 평화우호조약 교섭이 타결되는 데에는 일본 측의 반패권조항 존치라는 양보와 중국 측의 제3국 조항의 분리 존치라는 양보가 있었기에 가능했다. 이러한 합의를 이루어가는 과정에서 중국과 일본은 국제 정세에 대한 이해와 인식, 그리고 향후 중일 협력의 방향에 대해 논의를 거듭했다.

전후 중일관계는 1950년대부터 점진적으로 진행되어왔다. 협력을 위한 중일관계의 축적의 효과는 경제 분야에서 두드러지게 나타났다. 민간경제교류는 1972년 공동성명에 이르기까지 중일관계의 핵심축이 되어왔고, 이후 양국 간의 경제관계는 상호 윈-윈win-win 관계로 발전되어왔다. 그 후 개혁·개방 정책 이후 중국의 경제적 성장이 가속화되면서 1970년대 중일관계의 제도가 구축되어가면서 양국 간 안정적인 관계의 기틀을 마련한 것이다.

그러나 중국과 일본의 접근은 경제 발전을 위한 국가 이익을 추구하는 과정에서 모순점을 남겨둔 채 이루어졌다는 점에서 제한적인 것이었다. 정치적 측면에서의 중국과 일본이 가진 상이한 인식들과 이질성은 수렴되지 못했다. 평화우호조약이 체결되어야 한다는 의지와 결단으로 교섭이 마무리 되었으나, 6여 년간의 시차적 과정 속에 결국 갈등적 쟁점을 뒤로 미루어두는 현실적 접근을 택했다. 이런 이유로 체결 이후에도 여전히 평화우호조약은 중국과 일본에 상이한 의미를 담고 있었다. 중국은 반패권조항을 평화를 위한 것으로, 일본은 특별한 의미를 담은 것이 아닌 일반 평화 원칙의 하나로서 반패권조항을 인식했다.

체결 시점에서 나타난 중일 간 가장 큰 공통점은 경제 발전을 위한 국가이익 추구를 위해 평화우호조약을 체결해야 한다는 체결 의지였다. 15차 회담까지 양국 간 입장 차이를 계속 좁히지 못한 채 표류하고 있던 상황에서 일본의 소노다 외상이 중국 방문을 신청하고 1978년 8월 10일 제1차 외상회담이 진행되었다. 중국의 황화부장과 일본의 소노다 외상은 모두 평화우호조약을 조기에 체결하기를 희망한다는 바램을 공유했다. 특히 소노다 외상은 이번 중국방문이 생애와 운명을 걸고 방문한 것이며 일본의 정치가로서 생명을 걸고 왔다는 결의를 표했다. 다음날 열린 사무 회담에서 결국 중국 측 안과 일본 측 안을 절충한 안이 도출되었다. 이전의 교섭 내용과 달라진 점은 거의 없었으나 양국의 체결 의지를 통해 잠정적으로 타결되었다. 그리고 8월 12일 제3차 외상회담에서는 중일 이중국적 문제, 대사관 부지 문제나 안보리 선거 문제 등 평화우호조약을 발판으로 한 향후 중일 협력을 확대하기 위한 다음 논의로 나아갈 수 있었다.

2) 쟁점의 우선순위: 갈등 쟁점의 유보

일본은 중일관계를 제도화하는 과정에서 전후의 관련 문제를 해결하는 총체적 접근을 택하지 않음으로써 교섭 과정에서 나타난 주요 문제들은 논의에서 배제되거나, 거론되었더라도 상이한 해석이 가능한 문구로 표현되었다. 이로 인해 전후 중일관계를 재구축한다는 의미에서 중일관계 제도화 과정에서 다루어졌어야 할 화해와 공생의 방안들은 추상적인 선언에만 머물렀다. 1970년대 당시에 직면한 외교적 과제를 해결하는데 치중함으로써 협의의 협력만을 도출했다.

1970년대 초반부터 이미 중일 간 센카쿠/댜오위다오 영토 분쟁이 표출되었지만, 중국과 일본은 민감한 분쟁 가능성이 있는 쟁점을 다루지 않는 방식을 통해 근본적 문제 해결을 회피했다. 평화우호조약 체결 이전에 논의된 어업협상 역시 문제를 쟁점화하지 않는 수준에서 다루어졌다. 센카쿠/댜오위다오 문제에 대한 일본의 '다나아게'론이 제기된 것도 중국 측이 반패권조항 이외의 조항에 대한 논의를 경시한 것과 함께 평화우호조약의 유효성에 대한 논란의 여지를 남기고 있다. 예를 들어 1978년 4월 중국 어선 사건(李恩民, 2005: 69-70)이 발생했다. 1978년 4월 12일 약 100척의 중국 국기를 내건 어선들이 센카쿠/댜오위다오 부근에 접근하여 약 10여 척이 분쟁 지역에서 조업했다. 일본은 해상보안청 순시선을 파견했고 퇴거를 명령했지만 약 2주간에 걸쳐 대치 상황이 지속되었고 4월 25일경 중국 어선은 귀항했다(李恩民, 2005: 69-70). 13일간 대치하면서 갈등이 고조되고 있었음에도 불구하고 평화우호조약 체결에 부정적인 영향을 미칠 것을 우려하여 의도적으로 교섭 대상에서 제외했다. 이는 비슷한 시기 소련과 일본의 평화조약 체결이 북방 영토 문제를 이유로 성사되지 못한 것과는 매우 대조적이다.

양국 관계의 제도화 과정에서 거론되었던 1972년 공동성명 제5조의 배상청구포기 조항에 대한 청구권 소멸 문제, 과거사 반성 문제 등은 오늘날 중일 간 갈등을 일으키는 쟁점들의 논란의 핵심이 되고 있다. 공동성명에서 주요하게 다루어졌던 전쟁 상태의 종료, 하나의 중국 문제, 배상 문제에 관한 일본과 중국의 입장 간에는 미묘한 차이가 드러난다(井上正也, 2010: 527-535).

평화우호조약에서는 반패권조항과 제3국조항의 절충 방안이 중점적으로 논의되면서 그 외 중일 간의 보다 다양한 쟁점들은 의제화되지 않았다. 앞서 살펴본 바와 같이 중국이 제시한 거시적인 협상 틀 속에서 일본은 각 조건들의 조문과 해석이 일본에 불리하지 않도록 하는 미시적인 작업에 몰두했다. 반패권조항 이외의 논의들도 검토하자는 제의를 하긴 했으나, 그 외의 논점들이 무엇인지에 대해서는 명확한 내용을 제시하지 않았으며, 중국 역시 평화우호조약의 핵심을 반패권조항으로 축소하여 다룸으로써 향후 중일간의 갈등 쟁점들이 고려되지 않은 측면이 있다.

평화우호조약의 내용 구성을 살펴보면, 우선 전문에서 이 조약은 '양국 간의 평화우호관계를 강고히 하고 발전시키기 위하여' 체결되었다고 밝힌다.

제1조는 오늘날 양국 간의 갈등의 소지가 되고 있는 영토 문제와 갈등의 해결 방법 등에 관한 문제를 다루고 있다. 반패권조항은 제2조에서, 제3국 조항은 제4조에서, 그리고 조약의 종료와 관련해서는 제5조에서 다루었다(霞山会, 2008: 97-98). 이와 비교해 볼 때 영토 문제와 관련된 조항에 대한 교섭은 거의 이루어지지 않았고 이러한 갈등적 쟁점의 유보는 의도된 것이었다.

또한 제3조는 중일 간 경제 문화 교류를 중시한 것으로 선린 우호에 근거한다면 경제관계와 문화관계의 발전과 교류의 촉진이라는 긍정적인 측면이 가능할 것이라는 희망과 기대를 담은 것으로, 이 조항 역시 진지하게 검토되지 않은 선언적 의미의 조항이다. 경제와 문화와 같은 협력이 용이한 분야에서의 우호를 강조했지만, 정치적 안보적 협력에 대한 논의는 배제하고 있다는 점도 주목할 만하다.

〈그림 9-1〉은 이상의 논의를 요약한 것이다. 평화우호조약 체결 과정을 구조와 이슈 차원에서 검토하면 양국이 결국은 경제 영역이라는 제한적 접근을 통해 쟁점을 유보시킴으로써 난항을 최소화하고 조약 체결을 이룰 수 있었다. 접근 원칙의 모순을 모호한 해석으로 절충시키고 협력을 위한 '지엔찐'과 '쯔미아게' 방식과, 갈등요소에 대한 '치유통춘이'와 '다나아게' 방식이 차용되었다. 1972년의 공동성명으로부터 1978년의 평화우호조약으로 이어지는 양국 관계의 제도화는 이후 중일관계 진전의 핵심적인 기반이 되어왔다. 그러나 협력을 추구하는 과정에서 나타났던 쟁점의 유보는 이후 갈등의 분출을 억제함으로써 잠재적 분쟁 가능성을 잉태하고 있었다는 점에서 협력과 갈등의 양가적 의미를 갖는 것이었다.

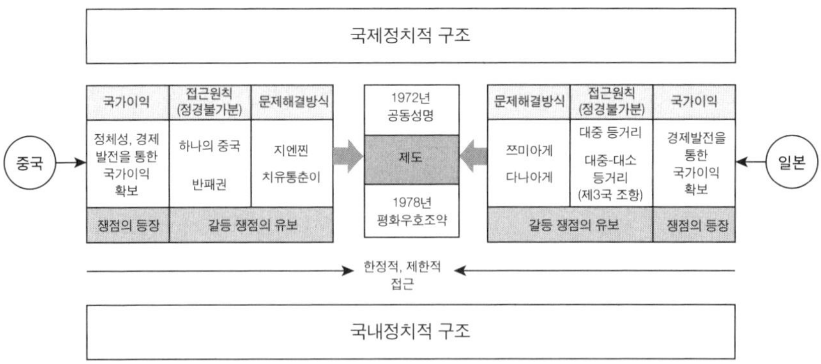

〈그림 9-1〉 중국과 일본의 제한적 접근과 쟁점의 유보

5. 중일 1972년 체제의 완성

중일국교정상화와 중일평화우호조약은 전후 중일 간 비정상적인 관계를 정상 관계로 안정화시키고 양국 간 교류와 협력을 증진시키는 제도로서 기능해오고 있다. 이러한 중일 간 제도가 형성되는 과정에서 논의되었던 주요 의제들을 국내외 정치 구조와 국가 이익, 접근 원칙, 문제 해결 방식을 통해 관찰한 결과 다음과 같은 사항을 확인할 수 있었다.

첫째, 중국은 정체성과 경제 발전에 기반한 국가 이익을 추구하는 과정에서 냉전의 새 국면을 마련했다. 마오쩌둥과 저우언라이의 외교 기조를 유지해가면서 국내적 혼란을 수습해가며 협력의 분위기를 지속시켜나가고자 했다. 중일 간 제도의 전반적인 틀을 구상하고, 정경불가분 원칙에 근거하여 하나의 중국 문제와 반패권 문제를 교섭의 전제로 제시했다. '지엔찐', '치유통춘이' 방법을 구사하며 갈등 소지가 있는 쟁점들을 표출하지 않으려는 의도를 적극적으로 표명했다.

둘째, 일본은 요시다노선을 바탕으로 경제발전을 중심으로 한 평화국가로의 재건을 추구하고 있었으며, 공산권과의 교류를 통해 자주적인 정책 공간을 형성, 확보하고자 노력하고 있었다. 중국과의 관계에서는 정경분리 접근원칙에 기초하여 '쯔미아게'와 '다나아게' 방법을 취하면서 경제 분야를 중심으로 관계를 발전시켜왔다.

셋째, 중일공동성명과 평화우호조약 체결 과정에서 전후 처리 문제는 양국 간 해석이 상이할 수 있는 표현을 담고 있으며, 영토 문제를 비롯한 갈등 쟁점들이 간과되거나 의도적으로 미뤄지면서 충실하게 논의되지 못했다.

넷째, 중일 간 제도적 기틀은 형성될 수 있었으나 경제 영역에 한정된 제한적 접근과 쟁점의 유보라는 한계로 인해 협력과 갈등의 딜레마를 유산으로 남겼다. 중일 우호관계의 상징으로 기능해온 중일 간 제도는 이질성이 부각되지 않는 영역에서 작동했으며 이질성의 방치로 인해 기능적 한계가 잠재되어 있다.

1970년대 중국과 일본이 반영하고자 했던 반패권 조항과 제3국 조항은 국제 정세의 변화 속에서 그 의의를 잃어갔다. 대신, 탈냉전 이후, 간과되고 미루어졌던 쟁점들은 점차 부각되어 나타나고 있다. 그로 인해 1970년대 형성된 전후 중일관계의 제도의 유효성에 대해 의문을 제기하게 된다. 중국의 부상과 동아시아라는 공동체적 관심의 등장과 같은 현상적 측면에서의 변화에도 불구하고, 경제 분야 중심의 협력과 전후 처리의 근거로 거론되는 사항들이 불완전하게나마 존재하고 있다는 점에서 전후 중일관계의 제도가 작동하고 있다고 본다.

최근의 중국의 부상과 일본의 보수 우경화 경향은 1978년의 평화우호조약에 담긴 반패권주의의 자기 구속적 특징을 강조했던 두 나라의 약속을 되돌아보게 만든다. 일본은 군국주의의 재발을 방지할 것, 중국은 미래 패권을 추구하지 않을 것이라는 점을 강조했다. 1970년대 중국과 일본의 지도자들이 당시 시점에서 말했던 미래가 현재로 다가오고 있으며 그들이 희망했던 '미래 세대의 지혜'를 어떻게 구현할 것인지가 오늘의 현실이 되었다. 탈냉전기의 동아시아에서는 여전히 전후 냉전기를 거치며 형성된 문제들에 직면하고 있다. 역사적으로 형성되어온 기존 제도들을 바탕으로 하면서 최근의 국제 환경의 변화를 반영하여 유연하고 개방적으로 동아시아 국제관계를 구상해야 할 시점이다.

5부

1972년 체제는 지속되는가?

시진핑-아베 시기 중일관계[1]

10 장

1. 새로운 중일관계의 모색

아베 신조安倍晋三 총리는 2018년 10월 25일부터 27일까지 중국을 방문하여 리커창李克强 총리와 시진핑習近平 주석과 회담을 가졌다. 2018년 아베 총리의 중국 방문은 2012년 일본 정부의 센카쿠/댜오위다오 일부의 국유화로 양국 관계가 악화된 이후 약 7년 만에 이루어진 것이었다. 이번 정상회담에서 중일 양국 정상은 정치와 해양 안보에서의 '신뢰 구축'과 각 분야의 새로운 협력 방안들을 논의했다.

중일관계는 1972년 중일국교정상화 이후 47년, 1978년 중일평화우호조약 이후 41년이 지난 오늘날, 지역 강대국 및 세계 강대국으로서의 역할을 모색하며 전 지구적 차원에서의 경쟁과 협력관계를 모색해나가

---

1 10장의 내용은 오승희, 2017, "중일 경쟁시대 일본의 중국인식과 중국정책." 『아세아연구』 60(2)를 바탕으로 최근의 정세를 추가 보완한 것으로, 2019년 5월 현대일본학회 춘계학술회의에서 발표했다.

고 있다. 제6장에서 살펴본 바와 같이, 2018년 아베 총리의 방중과, 일본의 대중국 정부개발원조ODA 종료, 양국의 기업인이 500명씩 모인 1,000명의 경제 포럼, 2020년 도쿄 올림픽과 2022년 베이징-장자커우 동계올림픽의 성공적인 개최를 위한 양해각서 체결 등 중일 간 정치-경제-문화 전반의 협력 강화 분위기가 형성되었다.

2018년의 화해 분위기는 지속되어 2019년 이후에도 시진핑 주석과 아베 총리의 상호 방문이 예정되어 있다. 2019년 6월 개최된 오사카 G20 정상회의에 시진핑 주석이 참석하여 회담을 했고 2020년에도 일본에 국빈방문을 약속하는 등 중일 정상간 왕래가 활발해지고 있다.

이러한 중일 간 협력 강화 분위기는 중일관계를 둘러싼 다양한 외부 요인의 변화에서 기인한다. 무엇보다 중일관계에 가장 큰 영향을 미치는 요인은 미국 변수이다. 최근의 중일관계의 변화 역시 최근 북미관계와 미중관계의 연계선상에서 생각해볼 수 있다. 여기에 2018년 10월의 강제징용 문제에 대한 한국의 대법원 판결 이후 더욱 악화된 한일 외교관계와 대비되는 중일 간 접근의 의미에 대해서 생각해볼 필요가 있다. 미국-중국-한반도-일본 간의 관계 속에서 영향력을 유지해나가려는 중국과 일본의 협력 필요성이 최근의 중일관계의 우호적 분위기를 형성하고 있다고 할 수 있다.

아베 총리의 방중 이전, 일본 내부에서는 아베 정권의 외교력에 대한 의구심, 우려의 목소리가 높아지고 있었다. 쓰지모토 기요미辻元清美 입헌민주당 국회대책위원장은 "동북아 긴장 완화를 향한 움직임이 나오고 있지만 아베 총리 혼자 모기장 밖에서 따돌림 당하는 상황이 아닌가 걱정된다"고 발언했으며, 북한 문제에서의 저팬 패싱에 대한 우려, 기존 동맹국이었던 한국, 미국에 대한 동요가 나타나기도 했다. 여기에 미국 트럼프 행정부의 TPPTrans-Pacific Partnership, 환태평양경제동반자협정

탈퇴와 주일 미군 철수 등의 우려와 함께 일본으로서는 외교적 존재감을 확인할 필요가 있었다.

한편, 아베 총리의 중국 접근에 대해 요미우리 신문은 미일 간 이간의 우려, 미국에 대항하기 위한 연대로 보이지 않을까 걱정하는 분위기도 있었으며, 오히려 중국에 이용당하는 것이 아닌가 하는 불안과 함께 경제적 실익을 챙길 것을 주문하기도 했다.

이와 같이 아베 정권의 중국 외교는 최근의 국제 정세의 변화 속에 중국의 호호에미微笑み 외교(미소외교)와 환대외교의 양면성에 주의를 기하고 있다. 실제로 중일 간 정상회담이 이루어지고 있을 때 안보 분야에서의 긴장과 갈등 양상은 지속되고 있었다는 점을 간과해서는 안 된다. 센카쿠/댜오위다오 해경 순시선이 출동했고, 2018년 발간한 외교청서에서도 일본 정부는 여전히 북한의 핵실험과 탄도 미사일 발사와 함께 중국과의 센카쿠/댜오위다오 문제, 동중국해, 남중국해 문제 등 일본을 둘러싼 안전 보장 환경이 위협에 처해 있다고 인식하고 있다. 대표적인 중국통인 고치카이宏池会의 기시다 후미오岸田文雄 회장도 중일관계 개선을 강조하면서도 중국의 일대일로一帶一路, One belt, One road 정책에 대한 의문과 비판이 존재함을 지적하면서 특히 동중국해East China Sea에서의 영해 침입과 자원 개발의 문제를 거론하기도 했다.

무엇보다도 일본 정부는 중국의 '투명성을 결한 군사력의 광범위하고 급속한 강화'와 '일방적인 현상변경의 시도'와 함께 북조선의 '불투명한 동향'으로 인해 동아시아 안전 보장 환경이 심각해지고 있다고 인식하고 있다. 특히 아베 정부는 중국과 필리핀 간의 남중국해 문제에 "심각한 우려"를 표명하고 있으며, 이 문제에 대한 아세안과의 협력 강화 방침을 표명하고 아세안 국가들에 대한 정부개발원조OPA를 활용한 해양 안전 보장 지원과 필리핀 해군과의 공동 훈련 등을 추진할 것임을 표명한다.

시진핑 시기의 중국과 아베 시기의 일본은 강대국 정체성을 강화해 나가며 자국 주도의 지역 구상을 적극 추진해나가고 있다. 중국 주도의 일대일로와 일본 주도의 인도-태평양 전략Indo-Pacific Strategy은 어떠한 협력과 갈등, 경쟁의 구도로 나타날 것인가?

2018년 아베 총리와 시진핑 주석은 중일 간의 합의 사항으로 1) 국제 스탠더드 위에 경쟁에서 협조로, 2) 이웃 국가끼리 상호 위협이 되지 않을 것 3) 자유롭고 공정한 무역 체제를 발전시켜나가기로 약속했다. 일대일로는 '투명성', '개방성', 그리고 '경제성'과 '대상국 재정의 건전성'이 중요함을 강조하면서, 중일 간 '국제 스탠더드'에 따를 것을 강조한다. 중국과 일본은 제3국에 대해 "윈-윈-윈" 관계를 가능하게 하는 개발 협력 모델을 제시하기로 했다.

이와 같이 중국과 일본은 전 세계에 대한 자신의 글로벌 영향력을 확대해나가고 양국 간의 협력을 강화하면서도, 양국 간 센카쿠/댜오위다오, 오키나와, 대만 문제를 둘러싼 갈등을 예고하고 있다. 또한 미국 펜스Michael Richard Pence 부통령의 2018년 10월 4일 허드슨연구소Hudson Institute에서 행한 〈신냉전선언연설〉을 비롯한 미중 무역 갈등이 지속되고 있는 가운데, 일본은 중국을 어떻게 인식하고 있으며 어떠한 정책으로 나타나고 있는지 살펴본다.

이 장에서는 우선 일본이 중국을 어떻게 인식하고 스스로를 규정하는지 살펴보고 아베 내각의 중국 인식이 구체적으로 어떻게 외교 정책에 반영되어 있는지 살펴본다. 또한 중일관계 속에서 일본의 자기정체성이 '탈중국화'를 추구하려고 하지만, 중국과 일본이 지향하는 외교 전략 속에 상당히 유사한 부분들이 있으며 오히려 '중국화'하고 있음을 확인한다.

2. 중국과 일본의 지위 변화와 국가정체성

2010년, 중국과 일본의 국제적 지위가 역전되었다. 명목 GDP 기준 세계 2위 국가가 일본에서 중국으로 변경된 것이다. 이후 일본은 세계 1위 미국, 세계 2위 중국에 이은 세계 3위의 경제대국의 지위를 유지하고 있다. 국제 사회에서의 지위는 그 국가에 대한 인식에 영향을 미친다는 점에서 중요하다. 지위의 변화는 인식의 변화, 그리고 정책의 변화와 밀접하게 연계되어 나타난다.

일본의 중국에 대한 인식과 중국 정책도 2010년을 전후로 뚜렷한 변화가 나타난다.[2] 2010년 간 나오토菅直人 수상은 중국과 일본이 일의대수一衣帶水의 이웃 국가이며, 양국 관계가 아시아 태평양 지역과 세계에 중요하다는 점을 언급했다. 동시에, 중국의 '투명성을 결한 국방력 강화透明性を欠いた国防力の強化'를 주목하고, 인도양에서 동중국에 이르는 해양 활동이 활발해지는 것을 경계하며, 센카쿠제도의 일본 고유영토론을 확인했다(日本国会会議録検索, 2010.10.1).

2012년 아베 신조 내각의 등장 이후 일관되게 나타나는 중국에 대한 수식어는 '힘을 배경으로 현상변경을 시도하는 국가' 또는 '일방적인 현상변경국'이다. 특히 일본 정부는 중국의 '투명성을 결한 군사력 증진'에 우려를 표명해오고 있으며, 기존의 국제 질서에 대한 중국의 현상변경 시도는 "오해나 오산에 근거한 불측의 사태를 초래할 위험을 높일

---

2 손기섭(2016)은 전후 중일관계를 냉전적 미수교기(1945-1971), 전후적 특수관계기(1972~1995), 탈전후적 보통관계기(1996~2010), 갈등적 세력전이기(2010~)로 구분하고 있다. 임재환(2017)은 2010년 이후 중일 72년 체제가 붕괴하고 있으며 전략적 경쟁관계로 이행하고 있다고 주장한다. 그 외 많은 연구들이 2010년을 중일관계의 중대한 전환점으로 인식하고 있다(서승원, 2015; Hagström and Gustafsson, 2015 등).

위험"이 있으며 일본과 지역·국제 사회의 안전 보장상 염려가 되고 있다고 본다(防衛省, 2016). 일본은 중국의 남중국해 분쟁에 깊은 관심을 갖고, 동중국해와 남중국해 문제를 연계하여 중국에 의한 군사 균형의 급속한 변화를 경계하고 있다.

왜 일본은 중국을 현상변경국으로 인식하는 것일까? 이에 대해서는 크게 일본 외부적 요인과 일본 내부적 요인으로 나누어 살펴볼 수 있다. 일본 외부적 요인으로는 첫째, 국제 사회 요인으로, 미국의 아시아 정책을 중시한다. 미일 협력에 기반하여 일본이 중국을 위협으로 인식하며, 일본이 중국 견제의 역할을 담당한다고 본다. 두 번째 외부적 요인은 중국 요인으로, 중국의 국력 강화가 일본의 위협 인식에 영향을 미치는 것으로 설명된다. 두 가지 외부적 요인은 힘에 기반하여 국제관계와 외교 정책을 이해하는 접근 방식으로, 단순 명료한 설명이 가능하다. 그러나 미국과 중국의 힘의 일방적인 투사에 일본이 수동적으로 반응하는 존재로 축소되어 이해될 우려가 있다.

일본 내부적인 요인에 주목하면, 일본의 국내 정치적인 필요에 의해서 일본의 중국 위협 인식이 나타나고 있다는 설명이 가능하다. 일본 아베 내각의 지지율 강화와 정책 목표 달성을 위해 중국에 대한 위협 인식이 활용되고 있다는 측면을 강조한 것이다. 이 역시 일본의 우경화, 군사화 경향을 이해하는 데 도움이 되지만, 국내 정치적 요인을 지나치게 강조하여 일본의 편향된 시각으로 중일관계를 바라볼 위험이 있다.

일본의 중국 위협 인식과 대중 정책의 변화는 국제적 요인, 중국 요인, 일본 국내 정치적 요인에서 각각 설명될 수 있는 부분이 존재하며 이를 통합적으로 이해할 필요가 있다. 여기에서는 이 세 가지 요인에 영향을 미칠 수 있는 매개변수로서 일본의 정체성 변화에 주목한다. 국제 사회, 국내 여론, 그리고 중국의 부상은 각각 독립변수로 작용할 수 있지만, 매개변수로서 일본의 정체성 인식을 거쳐 일본 정부의 중국 인식과 중국 정책의 변화를 이끌어낸다. 일본의 정체성은 집합적 정체성으로 상호주관적으로 구성되는 것으로, 타자로서의 중국에 대한 일본의 정체성 인식과 변화가 일본의 중국 인식과 중국 정책에 보다 직접적인 영향력을 갖는다고 할 수 있다. 이 글에서는 일본의 '현상변경국' 중국 인식과 안보 위협으로서의 중국 대응 정책이 미국과 유엔, 중국, 그리고 국내 여론과의 관계 속에서 형성되는 일본의 정체성 변화에서 비롯되는 것임을 밝히고자 한다.

외교 정책 변화 요인에서 정체성에 주목하는 것은 힘과 국가 이익만이 아니라, 국제 사회에서의 명예나 위신과 같은 관념적인 욕구들도 국가 행위의 주요 동기가 될 수 있음을 의미한다. 케네스 파일Kenneth B. Pyle은 저서 『강대국 일본의 부활』에서 일본이 메이지 유신 이후 국가 정체성 만들기와 위상 서열을 중시했음을 지적했다(Pyle, 2008). 일본은 현행 국제 규율과 제도적 지배권에서 실질적인 이해관계를 갖고 있기 때문에 '현상유지 선호 국가'로 볼 수 있다. 그러나 국제적인 위상 서열을 상승시키고 국가의 존엄성을 확립하고자 하는 일본의 야망은 아직 충족되지 않았으며, 일본은 여전히 국가존엄성을 증진시키기 위해 노력하고 있다(Pyle, 2008). 강대국으로 부활하기 위한 일본의 명예, 존엄, 위상에 대한 욕구는 전전부터, 전후, 그리고 현재에 이르기까지 지속되고 있는 것이다.

그렇다면, 일본은 중국과의 관계 속에서 자신과 타자를 어떻게 인식하고 중일관계를 규정하고 있는가? 일본이 항상 중국을 위협으로만 인식했던 것은 아니다. 1930년대 중일전쟁 교전국이었던 중국과 일본 두 나라는 전후 1972년 9월 29일 발표된 중일공동성명으로 국교를 정상화하고, 1978년 8월 12일 중일평화우호조약을 체결하며 정부 간 관계를 제도적으로 발전시켜왔다.

중일 양국 관계의 기반이 되었던 1972년 중일국교정상화 당시에는 "중일 양국은 일의대수一衣帶水 사이의 이웃 국가이며, 긴 전통적 우호의 역사를 갖는다"란 표현을 사용했다. 일의대수는 한반도와의 관계에서도 사용된 표현으로, 한국과 중국과 이웃한 나라로서의 가까움을 강조하는 비유이다.

이후 중일관계는 냉전이라는 국제 환경의 제약 하에서 경제 분야 중심의 협력이 추진되었고, 탈냉전기 이후에도 일본의 대중 정부개발원조ODA를 비롯한 경제 협력이 양국 우호의 상징으로 자리매김해왔다.

그런데, 2010년 중일 어선 충돌 사건 이후 센카쿠/댜오위다오 일부의 매각 문제, 국유화 논의 등 중일 영토 갈등이 첨예화되면서부터 중국과 일본 사이의 바다가 '일의대수'에서 '동중국해'로 구체적으로 명명되었다. 2013년 외교청서에서 일본은 중국과 "동중국해를 사이에 둔 이웃 국가"라는 표현이 사용되고 중일 간 센카쿠 문제와 동중국해 문제가 중일관계의 핵심 의제가 되었다.

중국을 일본과 '동중국해를 사이에 둔 이웃 국가'로 규정하기 시작한 것은 중일관계의 기본적인 성격의 변화를 시사한다. 동중국해에 대한 언급은 2006년 1차 아베 내각에서도 중일관계의 주요 의제로 다루어지기는 했지만[3], 중일관계를 정의하는 기본 관계 규정으로 언급되지는 않았다.

2000년대 대두된 중국부상론은 2010년 '세계 2위 경제대국 중국'으

---

3 2006년 아베 수상은 중국 방문 이후 동중국해를 평화, 협력, 우호의 바다로 만들자는 인식을 양국 간에 확인했고 협의 프로세스를 가속하여 공동 개발 등의 방법을 모색하기로 했으며, 주권적 권리主權的權利를 확보하여 해결해나가겠다는 의견을 밝힌 바 있다(2006.10.10 중의원 예산위원회 아베 수상 발언).

로 실체화되었고, 센카쿠 영토 분쟁으로 충돌하면서 일본에게 '위협'으로 자리잡았다. 양국의 인적 교류는 지속적으로 증가하고 있지만[4], 변화하는 국제 정세와 위협의 증대의 한가운데 힘과 군사력을 앞세운 현상변경국 중국이 존재하고 있다. 이러한 일본의 중국 인식은 단지 중국의 부상이라는 일본 외부적 요인에 대한 반응으로 이해하기 쉽다. 그러나 중국의 부상은 일본 내부적으로도 영향을 미쳤으며, 일본 내부적 요인에 의한 중국 인식 변화도 복합적으로 작용하고 있음을 주의할 필요가 있다.

이 글은 중국의 부상을 바라보는 일본의 '현상변경국 중국' 인식과 이에 기반한 중국 정책이 상호 주관적으로 형성되는 일본의 정체성 변화에서 비롯하고 있음을 설명한다. 중국의 부상은 단지 힘의 변화나 이익의 변화만을 의미하는 것이 아니다. 중국의 부상은 중국의 정체성과 일본의 정체성에 상호 영향을 주고받으며, 일본의 정체성 변화와 맞물려 중국에 대한 인식의 변화와 정책의 변화를 가져온다. 전후 일본의 정체성 변화를 바탕으로 중국에 대한 인식과 대중 정책의 변화 그리고 새로운 중일관계로의 변화가 나타나고 있음을 확인한다.

1) 일본의 정체성의 변화와 대중국 정책의 변화

전후 일본의 국가정체성에 대한 논의는 '패전국', '자유세계의 일원', '통상국가', '경제국가', '아시아태평양 국가' 등으로 규정되었으며, 일본의 정책적 특색이나 자세를 두고 '반응국가'(Calder, 1988) 또는 '방어적

4 2016년 중국에서 일본을 방문한 여행자 수는 약 637만 명으로(일본정부관광국JNTO 기준), 전년의 약 499만 명에 이어 역대 최고치를 기록했다(外交青書, 2017).

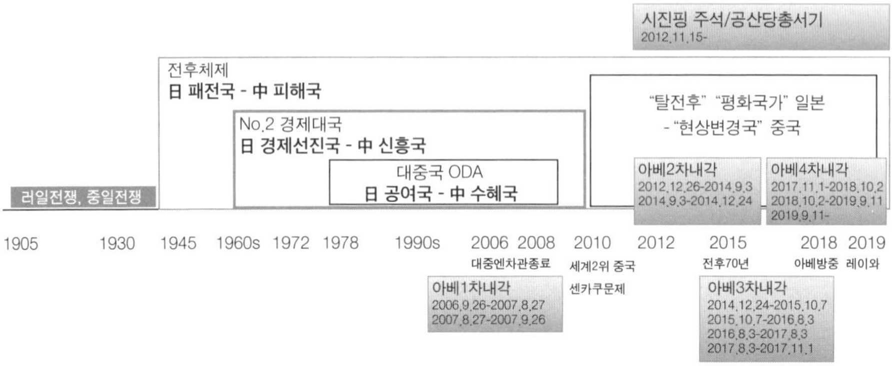

〈그림 10-1〉 일본의 중국 인식과 중일관계의 변화

현실주의'(Green, 2001) 등으로 설명된 바 있다.

일본의 복합적 정체성을 중국과의 관계에서 살펴보면 1945년 이후 '패전국'과 '피해국', 1960년대 이후 '경제선진국'과 '신흥국', 1978년 이후 'ODA 공여국'과 'ODA 수혜국'으로 상호 구성되어왔다. 2008년 대중 엔 차관의 종료, 2010년 중국이 세계 2위의 경제대국으로 일본 추월, 어선 충돌 사건과 센카쿠 문제의 첨예화, 2012년 말 아베 내각의 등장, 2015년 전후 70년을 기점으로 중일 간 정체성은 상호 재구성된다. 이하 중일관계의 주요한 전환점이 된 시점들을 중심으로 일본의 정체성 인식의 변화를 살펴본다(그림 10-1).

(1) 패전국 일본과 피해국 중국(1945~)

오늘날 중일관계에서 첨예한 대립과 갈등이 촉발되는 이슈는 야스쿠니 신사참배 문제, 센카쿠/댜오위다오 문제, 난징대학살 문제 등이 있다. 관련 문제가 제기될 때마다 피해국 중국과 패전국 일본의 정체성은 상호 대립하여 상이한 인식에 입각한 주장이 되풀이되고 있다.

패전국 일본이라는 부정적인 정체성은 전후 일본이 끊임없이 직면하면서도 끊임없이 극복하고자 하는 대상이었다. 패전국 일본의 정체성은 전쟁에서 패한 일본과 함께 유일한 원자폭탄 피해국으로서의 일본과 일본인 그리고 패전 후 폐허 속에서 세계 경제선진국으로 발돋움할 수 있었던 일본인들의 경이로움 등도 포함한다.

반면 중국은 일본에 승리한 전승국이면서도, 전쟁기 일본의 침략에 의해 잊을 수 없는 피해와 고통을 당한 피해국으로서의 중국이라는 정체성이 더욱 두드러진다.

종전 50년, 60년, 70년을 맞이하여 발표한 수상 담화를 통해 패전 또는 종전에 대한 일본 정부의 기본 인식을 살펴볼 수 있다. 1995년의 무라야마村山富市 담화는 일본의 역사 문제를 직시하고 과거 일본의 침략과 식민 지배를 인정하는 내용을 담았다. 2005년 고이즈미小泉純也 담화는 세계 평화와 공헌을 강조하며 보통 국가로 나아가는 일본 정부의 정책 기조를 포함하고 있다.

2015년 8월 14일 발표된 아베 수상의 전후 70주년 담화는 발표 직전까지 국내외적으로 많은 주목을 받았다. 아베 수상은 '21세기구상간담회21世紀構想懇談会'를 조직하여 전문가 집단의 토론과 제언을 바탕으로 담화 내용을 준비했다.[5]

역사 인식과 관련하여 식민 지배에 대한 언급은 있었으나, "100여 년 전의 세계에는 서구 국가들을 중심으로 한 나라들의 광대한 식민지가 펼쳐져 있었"음을 주지하고, "러일전쟁은 식민지 지배하에 있던 많은 아시아와 아프리카인들에게 용기를 주었다"는 자기정당화 내러티브

5 20세기를 되돌아보고 21세기의 세계 질서와 일본의 역할을 구상하기 위한 유식자 간담회20世紀を振り返り21世紀の世界秩序と日本の役割を構想するための有識者懇談会이다.

가 등장했다.

또한 사죄 표명의 문구는 "일본은 지난 대전에서의 행동에 대해 거듭 통절한 반성과 진심 어린 사죄의 마음을 표명해 왔"으며 "이러한 역대 내각의 입장은 앞으로도 흔들림이 없을 것입니다"라고 표현되었다. 전후 50년 발표된 무라야마 담화를 계승한다는 의미라고 주장하지만, 아베 내각이라는 주체가 상실되어 있다는 점에서 전략적 우회 기술이 사용되었다고 할 수 있다.

아베 담화에서 특히 흥미로운 점은 중국에 대한 특별한 고려가 나타난다는 점이다. 만주사변의 존재를 인정하고, 교전국으로 중국을 지칭했다.

> 전쟁의 온갖 고통을 겪은 중국인 여러분과 일본군에 의해 견디기 힘든 고통을 입은 포로 출신 여러분이 그토록 관용을 베풀기 위해서는 얼마만큼 마음의 갈등이 있었고, 얼마만큼 노력이 필요했을까요. 그 점을 우리는 헤아려야 합니다(아베 신조 일본총리 '전후 70주년 담화')(중략).

한국에 대한 언급이 의도적으로 배제되어 있는 것과 비교하면 중국에 대한 고려가 상대적으로 더욱 반영되었음을 알 수 있다. 그러나 무엇보다도 아베 담화의 주요 목적은 다음 문구에서 확인할 수 있다.

> 일본에서는 전후 태어난 세대가 바야흐로 인구의 80퍼센트를 넘어섰습니다. 그 전쟁과는 아무런 상관없는 우리 아이들과 손자, 그리고 그 다음 세대의 아이들에게 계속 사죄의 숙명을 짊어지게 해서는 안 됩니다.
>
> 역사의 교훈을 깊이 가슴에 새겨 보다 나은 미래를 열어나가며, 아시아 그리고 세계의 평화와 번영을 위해 온 힘을 다할 그런 큰 책임이 있습니다

(아베 신조 일본총리 '전후 70주년 담화')(중략).

우리는 국제 질서에 대한 도전자가 되어버린 과거를 우리 가슴에 계속 새기겠습니다. 그러기에 바로 일본은 자유, 민주주의, 인권과 같은 기본적 가치를 흔들림 없이 견지하며, 그 가치를 공유하는 나라들과 손잡고 "적극적 평화주의積極的平和主義"의 기치를 높이 내걸며 세계 평화와 번영에 지금까지 해온 것 이상으로 공헌해나가겠습니다(아베 신조 일본총리 '전후 70주년 담화')(중략).

무라야마 담화에서는 일본을 식민지 지배와 침략의 주체로 명시하고, 신의를 바탕으로 역사 문제에 대한 성실한 대응을 강조한 바 있다. 이와 비교한다면 아베 담화는 역사 문제를 미래 세대의 부담으로 남기지 않겠다는 의지와 역사 문제를 역사 교육이 아닌 '가슴에 깊이 새기겠다'는 우회적인 표현을 사용하며 미래 지향적인 국제 사회 공헌으로 역사적 책임을 다하겠다는 방침으로 대처하고 있다.

동시에 스스로를 '국제 질서에 대한 도전자'로 평가한 일본의 과거 정체성과 '자유, 민주주의, 인권'의 기본 가치를 공유하는 나라들과 함께한다는 부분은, 현재 시점에서 국제 사회에 도전자로 등장하고 있는 '현상변경국' 중국에 대한 경고이다. 기본 가치 공유를 국가정체성과 결부하여 바라보는 것은 사실상 중국에 대한 견제 의식을 반영하고 있는 것이다.

전후 70주년 아베 담화는 패전국 일본으로서의 정체성 종료와 역사 문제의 종언을 시도했지만, 한중일 간 과거 인식의 불일치와 성급한 전후체제 탈각의 시도로 인해 피해자 중국과의 관계 변화는 2015년 이후에도 완수하지 못한 과제로 남아 있다.

(2) 공여국 일본과 수혜국 중국(1979~2008)

1978년 중일평화우호조약 체결 이후 일본 정부의 대중국 원조가 본격적으로 시작되었다. 중국은 일본의 경제 협력 자금을 바탕으로 개혁 개방 정책을 적극적으로 추진하며 경제 성장의 기틀을 마련할 수 있었다.

일본의 경제 협력에 기반한 전후 처리 및 배상 대책은 일본의 패전국 정체성을 포장하는 전략이었다. 일본에서 중국으로 건너가는 자금은 '패전국' 일본의 배상금이 아닌, '경제선진국' 일본이 ODA '공여국'으로서 중국에 도움을 주는 협력 자금으로 명명되었다. 패전국에서 공여국으로의 정체성 전환은 일본의 중국에 대한 우월적 지위를 형성했다.

중국은 개혁 개방 정책을 실시한 1978년 이래, 높은 경제 성장률을 유지했다. 1979년부터 2010년까지의 연평균 GDP성장률은 실질 9.9퍼센트(2010년의 GDP 성장률은 실질 10.3퍼센트), 2010년에는 일인당 GDP가 약 4,382달러가 되었다(ODA白書, 2011). 2001년 12월 WTO에 가입한 이후 중국은 개혁 개방 노선을 가속하여, 세계 경제 속 중국 경제의 존재감을 높였다(ODA白書 2015).

2007년 10월 중국 제17차 당대회에서는 시진핑習近平이 차기 중국 최고지도자로 낙점되고 2020년까지 소강사회를 실현하는 정책이 재확인되었다. 2012년 시진핑 주석의 등장과 함께 중국의 꿈中國夢이 '중화민족의 위대한 부흥'이라는 슬로건으로 제시되었다. 구체적으로는 2020년까지 1인당 GDP를 2000년 시점의 4배로 만드는 것을 목표로 하고 있다.

중국 경제의 발전이 진행되는 속에서 중국 자국의 자금 조달 능력이 증대되고, 유입되는 민간 자금이 대폭 증가하면서, 엔 차관을 중심으로 하는 대규모 자금 협력의 필요성은 이전보다 저하되었다. 일본 정부는 2006년부터 경제, 기술을 포함하여, 다방면에서 큰 변화를 수반한 중국에 대한 개발원조는 "이미 일정한 역할을 다했다"고 판단했다. 따라서 대중 ODA의 대부분을 점하는 엔 차관에 대해서 중국의 경제, 사회 발전을 상징하는 2008년 베이징 올림픽 전까지 신규 공여를 원만하게 종료하기로 중일 간 합의가 이루어졌다(ODA白書, 2015). 2007년도 안건의 교환공문으로 최후의 신규 공여가 이루어지고, 2008년부터 일본 정부의 엔 차관은 종료되었다.

중국의 국력이 증대되고 있는 반면 일본의 경제 재정 사정이 개선되지 않자 당시 일본의 대중 ODA 부담을 두고 일본 내부의 비판도 제기되기 시작했다. '중국의 대국화에 일본이 경제적으로 일조하고 있는 것이 아닌가'란 질문은 일본이 대중국 ODA를 종료하게 된 근거가 되었다. 강한 중국이 강한 일본에 도움이 된다는 이전까지의 정당화가 변화된 것이다(김호섭, 2008). 중국을 바라보는 일본의 인식과 정책의 변화를 단적으로 보여주는 예이다.

2000년 12월 개최된 '21세기를 향한 대중 경제 협력의 방향에 관한 간담회'에서는 대중 원조를 높이 평가하면서 일본의 중국 원조에 대한 재검토를 실시하고, 환경 문제와 빈곤 퇴치, 보건 의료, 인재 양성 등으로의 방향 전환을 제시했다(毛里和子, 2006).

일본 정부는 일본 내 존재하는 다양한 의견을 바탕으로 2001년 10월 '대중국경제협력계획対中国経済協力計画'을 마련했다. 일본의 대중국 ODA에 대해 일본 국민의 이해와 지지를 얻을 수 있도록, 국익의 관점에서 환경 보전, 내륙부의 민생 향상이나 사회 개발, 인재 육성, 제도 구축, 기술 이전 등 일본 국민에게도 도움이 되는 분야를 더욱 중시하도록 정책 방향을 수정했다(ODA白書, 2015).

이에 대해 일본 정부는 "중국 경제의 안정적 발전은 아시아 태평양 지역의 안정에 공헌할 뿐만 아니라 일본 기업의 중국에서의 투자 환경의 개선이나 중일 민간 경제 관계의 진전에도 크게 기여하는 것"이라고 설명했다. 그리고 "중국의 개발에 도움이 되는 지원이 이미 일정한 역할을 수행했다."고 평가하며(ODA白書, 2015), 2008년 엔 차관 종료 이후 기술 협력, 대중 지원, 인간의 안전 보장 무상 자금 협력 등을 한정적으로 실시하는 정책으로 대체했다.

> 중국에 대한 ODA는 일본 국민의 생활에 직접 영향을 미치는 초국경적 공해, 전염병, 식품의 안전 등 협력의 필요성이 매우 요구되는 분야에 기술 협력이나 근본적인 인간 안전 보장, 무상 자금 협력 등 한정된 분야에서의 협력으로 진행되고 있다. 또한 대중 ODA의 대부분을 점하는 기술 협력에 대해서는 중일의 새로운 협력의 존재로서 중일 쌍방이 적절하게 비용을 부담하는 방법을 단계적으로 실시함으로써 일본 국내의 비판에 대응하고 있다(ODA白書, 2015).

2008년 대중국 관여 정책의 상징이었던 대중 ODA가 종료되고, 중국 경제 협력의 주요 공여국의 순위에서도 일본이 밀려나기 시작했다. 2009년 3위로 밀려난 이후 2010년부터는 중국의 상환 금액이 더욱 많아지게 되면서 마이너스 경제 협력 실적으로 나타나기 시작했다.

2008년 엔 차관의 종료로 '공여국' 일본과 '수혜국' 중국의 관계가 종료되었다. 대중 ODA는 경제대국 일본의 중국에 대한 경제적 우월감을 뒷받침하는 것이었다. 중국의 급속한 경제 성장은 대중 ODA의 필요성을 감소시켰고, 기존의 신흥국 중국에 대한 인식의 변화를 요구하고 있었다. 중국의 부상은 일본 국내 여론에 영향을 미치면서 중국 정책이 수정되었고, 공여국 일본의 정체성 종료와 함께 대중국 경제 우위의 상징성도 약화되었다.

(3) 세계 2위 중국과 세계 3위 일본(2010~)

1995년 세계은행은 구매력평가PPP 기준으로 중국을 미국에 이은 세계 제2위로 평가했다(毛里和子 2006, 149). 이 발표로 '신흥대국'으로서의 중국이 주목되기 시작했고, 일본 내 중국위협론이 본격적으로 등장하기 시작했다.[6] 2004년 등장한 중국 주도의 베이징 컨센서스Beijing Consensus[7] 개념은 미국 주도의 워싱턴 컨센서스Washington Consensus와 대비되며 미중 경쟁 시대의 도래를 예고했다. 특히 2008년 미국발 세계금융위기는 중국 경제의 성장가능성을 확인하는 계기가 되었다. 2008년, 2009년, 2010년 미국의 GDP 추이는 주춤한 반면, 중국의 경제 성장은 2004년부터 2015년까지 매년 1,000억 달러 이상의 GDP 증가를 기록했다. 반면 일본은 2000년 이후 명목 GDP가 약 5,000억 달러 전후에서 정체되어 있다(그림 10-2).

2008년 베이징 올림픽의 개최로 중국의 자신감은 더욱 높아졌다. 1964년 도쿄 올림픽과 1988년 서울 올림픽과 마찬가지로 고도의 경제성장 국가로서의 위상을 국제적으로 발신했다. 그리고 2010년 명목 GDP 기준으로 중국은 약 6조 달러, 일본은 5조 7천억 달러를 기록하며 세계 2위 경제대국 중국이 현실화되었다. 향후 중일 간 GDP 격차는 증가하고, 미국과 중국 간의 GDP 격차는 점차 줄어들 것으로 예상되고 있다(IMF, 2019).

이에 대해 일본의 대응은 크게 두 가지로 나타나고 있다. 첫 번째는

---

6 IMF 통계를 보면 PPP 기준 중국은 2013년 미국을 추월했다(IMF, 2017). 2017년 현재 PPP 기준 순위는 중국(23조1,944억), 미국(19조4,171억), 인도(5조4,893억), 일본(5조4,202억) 순으로, 중국이 1위이다(IMF, 2019).

7 2004년 골드만삭스의 고문이자 중국 칭화清華대 겸임교수인 레이모Joshua Cooper Ramo가 제시한 개념이다. 혁신, 비대칭적 발전, 평등에 대한 관심, 시민권에 대한 새로운 사고 등의 현상과 그것을 관통하는 핵심적인 사상이 반영되어 있다(Ramo, 2009: 74).

1인당 GDP 기준의 중시이다. 1인당 GDP 기준의 세계 순위는 명목 GDP 순위와 상당한 차이가 있다. 2017년 기준 룩셈부르크(10만1,715억 달러), 스위스(7만8,245억 달러)를 필두로 하여 미국(5만9,609달러)은 8위, 일본(3만8,282달러)이 세계 24위, 중국(8,481달러)이 세계 74위이다. 인구 대국 중국으로서는 일본과의 격차를 좁히기가 쉽지 않다.

또한 일본은 2016년 중국의 경제 성장률 감소로 중국 경제 성장이 새로운 단계에 진입했다는 신창타이新常態에 주목하며 중국 국내 상황을 다음과 같이 인식하고 있다.

> 중국은 경기가 완만하게 둔화되고 있으며 2015년의 실질 GDP성장률은 전년 대비 6.9퍼센트 증가, 무역 총액은 전년 대비 8.0퍼센트 감소(특히 수입 총액은 전년 대비 14.1퍼센트 감소)되고 있다. 경제 성장이 둔화되는 가운데 빈부 격차, 환경 오염, 부패의 만연, 소수 민족 문제의 격화 등 여러 사회 문제가 심각한 수준에서 가시화되고 있다(外務省, 2016).
>
> 중국은 많은 구조적 문제를 안고 있으며, 구체적으로는 농촌부의 발전, 환경을 고려한 에너지 자원의 효율적 이용, 지역 간, 도시 농촌 간, 도시 내의 경제 격차 시정, 시장경제를 위해 필요한 각종 개혁 등이 언급된다. (중략) 중국은 경제 발전과 사회 발전의 불균형이 현저하여 사회적으로 불안정해지기 쉬우며, 급격한 경제 발전의 뒤틀림이 사회적 약자의 증가나 환경 등의 분야에서 현저해지고 있다(外務省, 2016).

그럼에도 불구하고, 〈그림 10-2〉에서 보듯이, 여전히 명목GDP 기준으로 중국은 세계 2위 경제대국으로 인식되고 있다. 2017년 현재 명목GDP기준 순위는 미국 19조4,717억, 중국 11조7,953억, 일본 4조

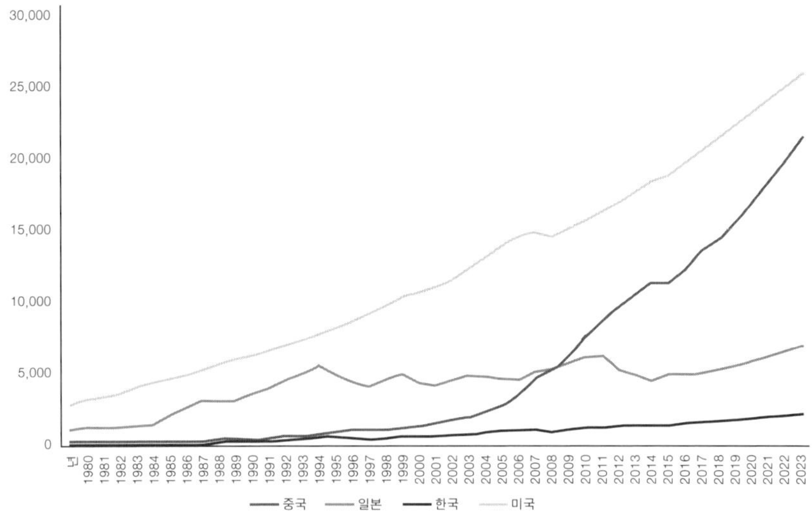

〈그림 10-2〉 미국, 일본, 중국, 한국의 GDP 추이(1980-2024)

출처: IMF. World Economic and Financial Surveys World Economic Outlook Database. (https://www.imf.org/external/pubs/ft/weo/2019/01/weodata/index.aspx)

8,412억 달러이다. 미국과 중국에 비해 일본의 명목GDP 격차가 상당하다. 미중 경쟁 시대 일본의 세계 3위 위치가 더욱 불만족스러울 수밖에 없는 이유이다. 일본은 세계 2위를 중국에 추월당한 것만이 아니라, 미중과의 격차가 커지면서 미중일 사이에서 자국의 역할과 위치를 인정받기 위해 더욱 적극적 전략을 모색하고 있다.[8]

(4) 평화국가 일본과 힘에 의한 현상변경국 중국

전후 일본국헌법은 패전국 일본의 새로운 출발을 알리는 상징이었다. 특히 제9조는 평화를 희구하며 전쟁을 방지하고자 하는 의지를 담

8 서승원은 미중일 3각관계에 대해 미중일 정삼각형론과 미일동맹 기축론이 대립한 바 있으며, 향후 미일 대 중의 구도가 지속될 것이라고 전망했다(서승원, 2015).

은 문구로 '평화헌법'으로 명명되었다. 전쟁 및 무력에 의한 위협, 그리고 군사력과 교전권 보유를 금지하여 전쟁의 부재와 평화를 추구하는 기본 정신을 담았다.

1995년 오자와 이치로小沢一郎가 발표한 『일본열도개조계획』은 군사력을 가진 보통국가론을 제기했고, 군사력 보유 문제에 대한 사회적 공론화가 본격화된다. 군사력을 갖지 못한 '비정상'적인 상태를 인지시키고 군사력을 갖는 보통국가가 되어야 한다는 주장은 일본의 정체성 변화를 추동했다. 보통국가론은 헌법 9조의 개헌이라는 변화를 요구함과 동시에 일본 내부로부터의 정체성 재검토와 변화를 시도한 것이라는 점에서도 매우 중요하다.

오자와의 보통국가론과 아베 수상의 적극적 평화주의 외교 이념을 제시한 인물로 알려진 기타오카 신이치北岡伸一는 집단적 자위권에 대해 다음과 같이 설명한다.

> 전 세계에서 집단적 자위권이 없는 나라는 일본밖에 없다. 일본은 밀접한 관계에 있는 국가가 부당한 공격을 받아 그걸 방치하면 일본의 존립이 위협받고, 국민의 권리가 근저로부터 뒤집힐 명백한 위험이 있는 경우에 한해 '필요 최소한도'의 행사를 하겠다는 것이다. 일본보다 억제된 룰이 있는 나라가 있으면 말해달라. 한국은 베트남 전쟁 당시 군대를 보냈다. 집단적 자위권 행사였다. 그런데 일본은 그런 걸 하지 않겠다는 것이다. 왜냐하면 베트남 전쟁으로 일본이 근본적인 영향을 받지 않기 때문이다(北岡伸一, 2015).

일본이 군사력을 가져야 하는 이유에 대해서 보통국가론은 필요 최소한도의 '자위'와 함께 국제 사회에 '공헌'하기 위한 것이라는 자기정당화 논리를 제공했다. 더 나아가 최근 아베 정부의 '적극적 평화주의'는 국제주의에 국가주의적 성격이 가미되었으며, 평화주의를 표면적으로 내세우고 있다. 적극적 평화주의에서의 평화는 이전보다 복합적이고 포괄적이며 주도적이다. 국제 사회에서의 공헌을 정당화 근거로 제시하면서 강대국으로서의 정체성을 인정받기 위한 '인정투쟁'의 양상을 띠고 있다(오승희, 2017).

한편 일본의 중국에 대한 인식은 '힘'에 의한 현상변경국으로 표상된다. 일본의 입장에서 보면 중국은 불투명한 군사력의 광범위하고 급속한 확대를 추진하고 있으며, 중국의 '일방적인' '현상변경 시도'를 계속하고 있다.

> 중국이 평화를 지향하는 책임 있는 국가로 발전하는 것은 일본을 포함한 국제 사회가 환영하는 것이다. 한편 투명성을 결여한 군사력 증강과 해양활동의 활성화는 지역 공통의 우려 사항이다(外交青書, 2014-2016).

> 중국은 계속하여 높은 수준에서 국방비를 증가시켰으며 2016년 국방 예산도 전년 집행액보다 7.6퍼센트 증가하는 등 높은 증가세를 보이고 있지만 그 지출의 세부 내역에 대한 설명은 없고, 증액의 의도에 대해서도 밝혀지지 않았다. 이러한 가운데 최근 핵미사일 전력과 해공군 전력을 중심으로 한 군사력은 광범위하며 급속히 강화되고 있는 것으로 알려졌다(外交青書, 2016).

여기서 무력에 근거한 현상변경 시도로 규정하는 것은 일본이 전후 지속적으로 갈등해온 평화국가로서의 고민과 상호 영향을 미치며 구성된 개념으로 보인다. 단순한 현상변경국이 아닌 '힘에 의한 현상변경국'

으로서의 중국은 기존 질서에 대한 도전자로서 더욱 국제 사회로부터 비난받을 수 있는 존재라는 부정적인 인식을 반영하고 있는 것이다.

일본은 중국을 현상변경국으로 규정함으로써, 일견 일본을 현상유지 선호 국가로 인식하게 하지만, 일본은 평화국가에 대한 해석을 재시도하며 적극적으로 국제 사회에서의 자기정체성과 전후 정책의 현상변경을 시도해오고 있다. 일본은 안보, 금융, 무역 등 미국이 형성해온 국제 질서와 관련된 영역에서는 현상유지국으로 평가할 수 있지만, 유엔 안보리 상임이사국으로서의 도전, 영토 문제와 영해 문제의 현상변경을 시도해오고 있다(서승원, 2009). 특히 아베 정권이 등장하면서부터 보다 적극적으로 전후 체제를 탈각하려는 시도와 함께 새로운 일본으로 거듭나려는 시도가 명백히 드러나고 있다. 현상변경과 현상유지의 영역과 시각이 교차하는 가운데, 일본과 중국 모두 현상변경을 추진하고 있다는 점을 인식할 필요가 있다. 다시 말해, 2010년 이후의 중일관계는 강대국으로서의 중국과 일본이 다양한 영역에서 현상변경을 시도하고 있는 경쟁의 장에 놓여 있다고 할 수 있다.

3. 강한 일본, 안보화, 가치 경쟁

일본은 중국을 힘을 바탕으로 한 현상변경 국가로 인식하고 있지만, 일본도 최근 아시아 국가들과의 관계에서 현상변경의 의지를 보이고 있다. 이는 경제 성장과 평화주의를 내세운 적극적인 외교 정책으로 나타나고 있다. 아베 내각은 '적극적 평화주의'를 내세우며 외교 정책의 세 기둥日本外交の三本柱으로 ①미일동맹의 강화, ②근린제국과의 협력 강화, ③일본 경제의 성장을 뒷받침하는 경제 외교의 추진을 제시하고

있다(外交青書, 2013-2018).

이러한 일본의 외교 정책 기본 기조의 핵심에 중국과의 경쟁과 협력이 자리하고 있다. 중국이라는 특정한 타자와의 관계에서 구체화된 일본의 정체성 확인과 자기정당화는 크게 1) 강한 일본으로의 새로운 정체성 구상, 2) 중일관계의 안보화, 그리고 3) 국제 사회의 공헌을 강조하는 가치 경쟁으로 요약할 수 있다.

1) 정체성의 상실과 새로운 정체성의 추구: 전후 체제의 탈각과 '강한 일본'

2011년 3월 11일 동일본대지진이 발생한 지 벌써 여러 해가 지났다. 2012년 12월 제2기 아베 내각의 출범 이후, 아베 수상의 일본 재건을 향한 노력은 적극적인 '국가만들기国づくり' 정책으로 추진되어왔다.

재난으로부터의 극복은, 전후 재건과 마찬가지로, 일본의 부흥, 일본의 복귀, 더 나아가 새로운 일본으로 부상하려는 적극적인 외교 정책에 반영되었다. 미일동맹의 강화와 경제 성장 가속화라는 측면에서는 전반적인 일본의 정책 기조를 강화해나가는 것으로 보인다. 그러나 아시아 지역에서는 새로운 지역 질서를 추진하려는 적극적인 수정 정책이 두드러진다.

아베 내각의 아시아 지역에서의 위협 인식과 현상에 대한 불만족은 현상변경을 위한 정당화 기제로 작동한다. 중국과 북한의 무력 강화에 대한 위협 인식은 일본의 안보 강화 정책을 뒷받침하고 있다. 중국과 북한의 안보 위협을 미일동맹의 강화를 통해 대비하고 보통국가로 나아가는 정당화 근거로 작용하고 있다.

경제적인 면에서는 중국의 경제 성장 둔화를 인식하고, 경제 외교를 바탕으로 새로운 경제대국으로 부상하고자 하는 희망이 정책에 반영되고 있다. 중국에 추월당한, 세계 2위, 아시아 1위 경제대국으로서의 과거 지위에 대한 재도약의 의지도 읽을 수 있다.

또한 일본은 2012년 중일국교정상화 40주년, 2015년 전후 70년, 한일국교 정상화 50주년을 기념하여 역사 문제의 종언을 모색하기도 했다. 미래지향적인 관계 구축을 강조하면서 한일간 위안부 문제를 최종적으로 불가역적으로 해결하려는 정책이 적극 추진되었다. 그러나 피해자를 고려하지 못한 국가 간 해결이라는 외교적 접근은 1965년 한일기본조약을 상기시키며 오히려 역효과를 낳아 위안부 문제를 둘러싼 갈등은 더욱 첨예화되고 말았다.

아베 내각은 중국과 북한에 대한 위협을 새롭게 부각시키는 동시에 자유와 민주주의에 대한 강조, 미국과의 협력, 보편적 가치와 인권 존중을 요구하고 있다. 2016년 오바마 미국 대통령의 히로시마 방문과 아베 수상의 진주만 방문 등으로 미국과 일본 간 화해는 진전되었지만, 성급한 전후 체제 탈각의 시도로 인해 역사 문제 관련 아시아 국가들과의 관계 개선은 더욱 어려워졌다.

그럼에도 불구하고 아베 수상은 2017년 신년 연설에서 "급변하는 국제 정세의 격랑 속에서 적극적 평화주의의 깃발을 더욱 높이 들고, 일본을, 세계의 한복판에서 빛나게 한다"고 하며 "올해 아베 내각은 국민 여러분과 함께 새로운 나라 만들기를 본격적으로 시작"하겠다는 강한 결의를 내비추었다. 새로운 일본, 강한 일본, 그리고 세계 속에서 빛나는 일본을 만들기 위해 일본은 정체성의 변화를 적극적으로 추진해가고 있다.

2) 안보화

중일관계는 2010년 이후 안보화Securitization 경향이 나타난다. 안보화란 어떠한 대상을 위협으로 인식하고 그 위협을 사회적 이슈로 부각하는 과정을 통해 언어행위speech-act로 나타나는 것을 의미한다(Waever, 1995; 민병원, 2006; 신욱희, 2012). 안보화 개념은 안보 담론이 사회적으로 구성된다는 점을 강조한다.

많은 연구들이 아베 정권의 군사화, 보통국가화, 집단적 자위권 문제가 중국의 부상과 중국의 군사대국화에 대한 견제에서 비롯되고 있음을 확인했다. 박영준(2013)은 아베의 수정주의적 보통국가적인 정책 추진에 중국의 팽창 경향에 대한 우려가 반영되어 있음을 지적했다. 서승원(2015)은 일본 아베 정권의 집단적 자위권 문제가 중국 정책에도 영향을 미치고 있다는 점을 직시한 바 있다. 손기섭(2016) 역시 2016년 3월 29일 발효된 '안전보장관련법'이 통과된 배경에 중국위협론의 대두가 결정적 요인이었다고 본다. 하그스트룀Linus Hagström은 일본의 자아 정체성이 한편으로는 미국/서구, 다른 한편으로는 중국/아시아를 타자화하면서 '예외성exceptionalisation'을 획득했는데, 미국/서구라는 타자와의 관계 속에서는 사회화socialisation가, 중국/아시아와의 관계에서는 안보화가 작동했다는 점을 밝히고 있다(Hagström, 2015).

일본은 센카쿠/댜오위다오 문제, 동중국해 문제에 대해 고유영토론을 주장하며 일본의 주권적 권리로서 영토 영해 문제를 언급한다. 남중국해 문제에 대해서도 기존의 체제를 변경하려는 시도로서 '위협'이자 '현상변경'으로 규정하고 있다. 이전까지는 북한 납치 문제나 미사일 발사, 핵문제 등 북한과의 관계에서 쟁점의 안보화가 일본의 안보 강화를 추진해왔다(Hagström, 2015). 2010년 이후에는 중국과의 문제를 안보화로 집중화하며 이에 대응하는 일본의 안보 강화를 위한 주요 정당화 근거로 작동하고 있다.

특히 2010년 발생한 센카쿠/댜오위다오를 둘러싼 영토 갈등이 안보화를 발촉했다. 일본 정부는 2013년 11월 동중국해 방공식별구역 Air Defense Identification Zones over the East China Sea의 설정이나 2015년 11월 중국 해군정보수집함의 센카쿠/댜오위다오 접속수역 바깥쪽 반복 항행 등 일본 주변 해상공역에서 중국군의 일방적인 활동이 증가하고 있다고 주장한다. 동중국해에서는 중국의 일방적인 현상변경의 시도가 지속되고 있다고 강조한다. 센카쿠/댜오위다오에 중국 공사선의 영해 침입이 처음 나타난 것은 2008년 12월로, 중국은 2016년 12월까지 1년간 36회(누계 121척)에 걸쳐 영해 침입을 반복하고 있다고 상황을 인식하고 있다(外務省, 2017).

센카쿠/댜오위다오에 대한 일본 정부의 입장은 "센카쿠제도는 역사적으로도 국제법상으로도 일본 고유의 영토이며, 현재 일본은 이를 유효하게 지배하고 있다. 따라서 해결하지 않으면 안 되는 영유권의 문제는 애초부터 존재하지 않는다. 일본 정부로서는 일본의 영토, 영해, 영공을 단호하게 지켜낸다는 결의로 계속 대응해간다"는 것이다(外務省, 2017). 일본 정부는 중국 선박의 센카쿠/댜오위다오 주변의 영해 침입이나 동중국해의 경계 미확정 해역의 일방적인 자원 개발이 계속되고 있음을 지적하고, 관련국과 연계하여 법의 지배에 따른 국제 질서에 중국이 참여하도록 하는 정책을 추진해오고 있다.

한편, 중국은 동중국해에서 자원 개발을 진행하고 있다. 동중국해에서의 중일 간 배타적 경제 수역 및 대륙붕 경계는 미확정된 상태로 일본은 중일 간 중간선을 바탕으로 경계 획정을 실시해야 한다는 입장이다. 일본은 동중국해 자원 개발에 관한 '2008년 6월 합의'의 실시 관련

협상 재개를 요청하고 있다.

또한 일본은 중국의 남중국해 문제에 깊은 관심을 가지고 있다. 남중국해를 둘러싼 중국과 필리핀 간의 영유권 분쟁과 이에 대한 유엔해양법조약UNCLOS에 따른 중재 결과에 대한 갈등이 나타나고 있다. 여기에 미국이 이 지역에서 군사 훈련을 실시하면서, 미중 간 갈등도 고조되고 있다. 일본은 필리핀을 비롯한 동남아시아 국가들과 협력하여 남중국해 문제를 지원하고 있으며, 미국이 아시아태평양 지역의 안정에 필요하다는 점을 설득하고 있다.

흥미로운 것은 대만과의 센카쿠 문제에 대한 일본 정부의 입장이다. 일본은 대만에 대해서는 비위협세력으로 인식하고 있기 때문에, 센카쿠/댜오위다오 문제가 대만과의 관계에서도 나타나지만 "관계 전반에 영향을 미치는 사태에는 이르지 않았다"고 판단하고 있다(外務省, 2016). 이러한 인식은 안보 담론의 사회적 구성의 단면으로, 일본이 중국을 '위협'으로 인식하고 사회적으로 '위협'으로 부각해내는 안보화의 자기정당화 과정이 작동하고 있음을 보여준다.

3) '적극적 평화주의'와 '글로벌 스탠더드'

고이즈미 내각기 야스쿠니 신사참배로 악화되었던 중일관계는 아베 1차 내각기인 2006년 10월 8일 '전략적 호혜관계戰略的互恵関係'를 정립했다. 전략적 호혜관계란 공통의 전략적 이익을 위해 호혜관계를 만들어나가는 것이다. 중일 양국이 아시아 및 세계에 대해서 엄숙한 책임을 진다는 인식 아래, 아시아 및 세계에 함께 공헌하는 가운데 서로 이익을 얻어 공통 이익을 확대하고 중일관계를 발전시키는 것을 의미한다(外務省, 2017).

2017년 아베 신조 내각에서도 중일국교정상화, 중일평화우호조약, 전략적 호혜관계라는 기본적인 원칙이 중일관계의 기반이 되고 있다. 여기에 일본 정부는 다양한 의제에 대해 다양한 레벨에서 대화와 협력을 거듭하며 양국 관계를 발전시켜나가겠다는 의지를 밝히고 있다(外務省, 2017). 중일 간 충돌 가능성이 높아지고 있지만, 중일 모두에 이익이 될 수 있는 전략적 호혜 가능성을 모색하면서 협력의 가능성을 모색하겠다는 의미이다. 1990년대 중일관계를 지역적 그리고 세계 평화와 안전을 위한 것으로 인식했다면 2010년 이후의 중일관계는 보다 넓은 영역에서 다양한 의제들로 확장되고 있다는 점에 차이가 있다.

대표적인 예로 아프리카 원조 정책에서 중일 간 경쟁과 협력이 공존하는 양상이 나타나고 있다. 2007년 아프리카에 대한 원조 정책에서도 2008년 메콩정책대화를 통해 일본과 중국 그리고 현지 국가가 모두 이익을 얻을 수 있는 '호혜관계'를 구축하는 것이 중요하다는 데 인식을 같이하고 있다(ODA白書, 2010). 국제 사회로의 기여를 강조하는 아베 내각의 '적극적 평화주의' 외교 정책과도 맞물리는 부분이다.

국제 협력과 원조를 담당하는 일본국제협력기구JICA의 이사장이었던 다나카 아키히코田中明彦는 2013년 '정부개발원조 등에 관한 특별위원회'에 참석하여 중국과의 원조 경쟁에 대해 다음과 같은 발언을 한 바 있다.

> 중국과의 관계에서 말하면 이 방대한 아프리카의 인프라 수요를 생각하면 중국이 AU나 인프라 개발 프로젝트의 일부를 이끌면 일본도 그 일부를 담당하게 될 것이므로 결과적으로 보면 일본과 중국이 함께 세계은행, 아프리카 개발 은행이나 유럽에서 다양한 자금 공급에 의해 아프리카 전체의 인프라가 정비된다는 점에서 일본, 중국, 기타 국제 사회의 협력으로 이어

지지 않나 생각합니다(참의원 '정부개발원조 등에 관한 특별위원회' 다나카 아키히코 이사장 발언. 2014년 2월 20일).

아프리카 원조와 관련하여 일본은 아프리카 개발회의TICAD I ~ VI를 적극적으로 개최해오고 있다. 회의 결과 채택한 선언에 기반하여 관민이 연계하여 '질 높은 인프라 투자'가 가능하도록 아프리카 국가들을 지원하고, 관계 강화를 추구해가고 있다. 국제 원조는 일본의 국가 이익에도 도움이 되는 현실주의적 속성을 반영하고 있으며(김영근, 2013), 중일 간 절대적 국가 이익의 증가를 위해 협력이 가능한 부분이 존재한다.

동시에 일본은 자유 민주주의, 기본적 인권, 법의 지배라는 기본적 가치를 중시한다는 점을 강조하고 있다. 앞서 아베 담화에서 살펴본 바와 같이 일본의 기본 가치와 중국식 가치가 일치하지 않는 면이 존재하는 바, 중국 견제로 해석될 수 있는 부분이다. 1차 아베 내각에서 마련되었던 가치외교와 자유와 번영의 호를 염두에 둔 '적'과 '친구'의 구분이 지속·강화되고 있는 것이다. 아베 수상은 일본이 좀 더 아시아에 열린 나라가 되기 위해서는 동남아시아, 한국, 서남아시아는 물론 지역으로서의 대만도 시야에 넣을 필요가 있다는 의견을 보인 바 있다(安倍晋三, 2013). 일본은 자유와 민주주의, 그리고 기본적 인권을 존중하는 사회이며 법의 지배하에 있으며 시장경제라는 공통 인식을 강조하고 있다는 점에서 대만에 대해 중국과는 다른 인식과 정책을 추진할 가능성이 있다.

일본과 대만 관계는 1972년 중일공동성명에 따르는 정부 간 실무 관계로 유지되고 있다. 일본에게 대만은 자유 민주주의, 기본적 인권, 법의 지배라는 기본적 가치를 공유하고 긴밀한 경제 관계와 인적 왕래를 가지는 중요한 파트너이며 소중한 친구이다(安培信三, 2013).

더 나아가 유엔 상임이사국인 중국과 유엔 상임이사국으로의 도전을 추구하는 일본의 중국과의 양자관계는 동아시아를 넘어 국제적 차원에서 경쟁과 전략적 협력으로 나타나고 있다. 특히 일본은 유엔과의 협조를 중시해왔으며, 최근에는 UN의 지속 가능한 개발목표持続可能な開発目標, SDGs: Sustainable Development Goals의 실현을 위해 관련 활동에 적극적으로 참여하고 있다.

이와 같이, 일본이 국제 사회로의 공헌과 가치 지향을 강조하는 이유는 무엇일까? 아베 수상은 일본이 추구하는 자아상을 적극적으로 표명하고 있다. 강대국 일본의 부활을 꿈꾸며 '안보리상임이사국' 일본과 '국제 사회에서 인정받는 강대국 일본'을 향한 외교 정책을 추진해나가고 있다. 앞서 살펴본 전후 체제로부터의 탈각, 강한 일본으로의 추구, 세계 속에서 인정받는 강대국 일본을 향한 전후 일본의 인정 투쟁은 중국과의 협력과 경쟁 속에서 구체화되고 있으며, 중일 간 전략적 호혜관계와 적극적 평화주의라는 정책으로 제시되고 있다.

4. '탈중국화'하려는 일본의 '중국화'의 딜레마

2019년 일본에서는 레이와令和 시대가 시작되었다. 일본 정부는 새 연호를 일본 고전 『만엽집万葉集』에서 인용했다고 강조했다. 레이와는 645년 '다이카大化'로부터 248번째 연호로 '다이카'에서 '헤이세이'까지는 중국의 유교 경전인 '사서오경四書五経' 등 중국 서적을 출전으로 하고 있었기 때문에 이번 연호는 중국이 아닌 일본의 정체성을 강조하는 연호임을 강조했다. 아베 신조 총리는 기자회견을 열고 출전인 『만엽집』은 "우리 나라의 풍부한 국민문화와 긴 전통을 상징하는 서적"이라고 설명했다. 환구시보를 비롯한 중국 언론은 이를 일본의 "탈중국화" 선언이라고 소개하기도 했다.[9]

그러나, 이후 『만엽집』의 해당 문구 역시 중국 고전을 인용한 것이었다는 점이 밝혀졌다. '레이와'의 출전이 된 『만엽집』보다 수백 년 전에 장형張衡이 지은 '귀전부帰田賦'라는 시와 매우 유사하다는 지적이 나왔다. 또한 중국에서는 중화 레스토랑 체인점 '융허다왕永和大王'이 화제가 되기도 했다. 지적재산권조사회사에 따르면 지난 10월에 '令和'를 10년 간 사용한 술의 상표로 등록한 허베이성에 사는 사람이 있다는 사실이 전해지기도 했다.

일본과 중국은 세계의 기준으로서 자국을 인식하고 적극적인 정책을 추진해나가고 있다. 요나하與那覇潤는 저서 『중국화하는 일본』에서 일본 역시 글로벌 스탠더드를 요청하는 중국화가 나타나고 있다고 지적한다. 일본의 역사는 중국화와 반중국화의 대립과 갈등으로 설명할 수 있는데, 이제까지 결과의 평등으로 설명되는 일본식의 에도 시대화가 승리해왔지만 점차 일본이 기회의 평등이라는 '중국화'의 특징을 보이며 글로벌 스탠더드에 동참하게 되고 있다고 주장한다. 일본 사회의 존재방식과 사고방식이 중국 사회와 닮아가고 있다는 것이다.

2010년 세계 2위 지위의 상실과 2011년 동일본대지진이라는 국가적인 재난을 겪은 이후에도 일본은 여전히 GDP 기준 세계 3위의 경제

9 朝日新聞. 2019. "令和､世界各地で話題「ルーツは中国」「コナン心配」." https://www.asahi.com/articles/ASM415R8GM41UHBI02H.html(검색일: 2019.5.1.)

대국이다(IMF, 2016). 일본은 중국에 대해 현상변경 시도를 중단하고, 평화를 지향하는 책임있는 국가로서 발전해나갈 것을 주문하고 있다. 또한 2016년 이후 중국의 경제성장률이 둔화되면서, 일본은 경제 성장을 바탕으로 한 중국의 존재감은 중시하면서도 중국 경제 상황이 이전과는 다른 새로운 국면으로 접어들고 있음도 인식하고 있다.

안보 영역에서 일본은 중국의 행보에 우려를 표하며, 북한과 중국을 위협으로 인식하고 이에 대응하는 안보 강화 움직임이 나타나고 있다. 그리고 역사 문제에서는 2015년 전후 70년을 맞이하여 전후 체제로부터 탈각하고 역사 문제로부터 벗어나 주변 국가들과 새로운 관계를 시작하려는 의지를 표명했다.

일본의 국가 정책 기조에는 중국과의 관계에서 형성되고 변화하는 일본의 국가정체성이 반영되어 있다. 일본의 정체성은 중국이라는 역사적, 지정학적, 지명학적으로 특별한 타자와의 관계에서 구체화된다. 특히 일본은 패전국 일본을 극복하고 강대국 일본으로 거듭나고자 하며, 이 과정에서 일본은 '평화국가 일본'을 내세우며 헌법 개정, 집단적 자위권 확보, 국제 사회로의 공헌 강화를 추진하고 있다. 평화국가 일본으로 거듭나기 위한 과정에서 일본 국내 여론에 대해 '일본다운 일본'과 '강한 일본'을 주장한다.

일본은 군사화에 대한 주변국들의 우려에 대해 '적극적 평화주의'를 내세우며 국제 사회로의 공헌을 강조한다. 일본은 중국을 '힘에 의한 현상변경국'으로 규정하며 해양대국으로의 진출을 극도로 경계하고 있다. 민주주의와 기본 인권, 법의 지배를 강조하며 중국의 독자적이고 불투명한 군사력 강화를 견제하는 발언이 두드러지게 나타나고 있다. 동시에 양국 관계는 상호 국익 추구가 가능한 전략적 호혜관계로 표현되고 있다.

미국 주도의 국제 질서의 제약을 극복하려는 중국과 전후 체제를 탈각하고 새로운 일본으로 거듭나려는 일본은 2020년을 목표로 각각 중화민족의 부흥과 세계의 중심에서 빛나는 일본을 향하고 있다. 중국과 일본의 강대국으로서의 국가정체성 강화와 글로벌 스탠더드의 강조는 경쟁적 대국관계로서의 새로운 중일관계를 예고하고 있다. 일본은 미국과의 협력을 강화하면서 중일 간 전략적 호혜관계를 바탕으로 한 경쟁적 대국관계의 중일관계를 만들어가고 있다.

아베 정부의 '탈중국화' 시도는 일본의 '탈전후' 강대국으로서의 국가정체성을 확립해나가는 시도였다. 아베 수상이 구상하는 '아름다운 나라'에서 '새로운 나라'로, 그리고 '세계의 중심에서 빛나는 일본'으로의 행보는 미중 경쟁 시대 속에서 영향력을 강화해나가는 중국과 상당히 닮아가고 있으며, 향후 중국과 일본의 대국으로서의 국가 구상과 외교 정책으로 나타날 가능성이 있다.

부록

부록 1 전후 중일관계 주요 문서 자료집

부록 2 중일관계 연표(1949-1972)

부록 1

전후 중일관계 주요 문서 자료집

1. 1951년 샌프란시스코 강화조약(영문)[1]

TREATY OF PEACE WITH JAPAN

WHEREAS the Allied Powers and Japan are resolved that henceforth their relations shall be those of nations which, as sovereign equals, cooperate in friendly association to promote their common welfare and to maintain international peace and security, and are therefore desirous of concluding a Treaty of Peace which will settle questions still outstanding as a result of the existence of a state of war between them;

WHEREAS Japan for its part declares its intention to apply for

1 Taiwan Documents Project. http://www.taiwandocuments.org/sanfrancisco01.htm

membership in the United Nations and in all circumstances to conform to the principles of the Charter of the United Nations; to strive to realize the objectives of the Universal Declaration of Human Rights; to seek to create within Japan conditions of stability and well-being as defined in Articles 55 and 56 of the Charter of the United Nations and already initiated by post-surrender Japanese legislation; and in public and private trade and commerce to conform to internationally accepted fair practices;

WHEREAS the Allied Powers welcome the intentions of Japan set out in the foregoing paragraph;

THE ALLIED POWERS AND JAPAN have therefore determined to conclude the present Treaty of Peace, and have accordingly appointed the undersigned Plenipotentiaries, who, after presentation of their full powers, found in good and due form, have agreed on the following provisions:

CHAPTER I
PEACE

Article 1

(a) The state of war between Japan and each of the Allied Powers is terminated as from the date on which the present Treaty comes into force between Japan and the Allied Power concerned as provided for in Article 23.

(b) The Allied Powers recognize the full sovereignty of the

Japanese people over Japan and its territorial waters.

CHAPTER II
TERRITORY

Article 2

(a) Japan recognizing the independence of Korea, renounces all right, title and claim to Korea, including the islands of Quelpart, Port Hamilton and Dagelet.

(b) Japan renounces all right, title and claim to Formosa and the Pescadores.

(c) Japan renounces all right, title and claim to the Kurile Islands, and to that portion of Sakhalin and the islands adjacent to it over which Japan acquired sovereignty as a consequence of the Treaty of Portsmouth of 5 September 1905.

(d) Japan renounces all right, title and claim in connection with the League of Nations Mandate System, and accepts the action of the United Nations Security Council of 2 April 1947, extending the trusteeship system to the Pacific Islands formerly under mandate to Japan.

(e) Japan renounces all claim to any right or title to or interest in connection with any part of the Antarctic area, whether deriving from the activities of Japanese nationals or otherwise.

(f) Japan renounces all right, title and claim to the Spratly Islands and to the Paracel Islands.

Article 3

Japan will concur in any proposal of the United States to the United Nations to place under its trusteeship system, with the United States as the sole administering authority, Nansei Shoto south of 29deg. north latitude (including the Ryukyu Islands and the Daito Islands), Nanpo Shoto south of Sofu Gan (including the Bonin Islands, Rosario Island and the Volcano Islands) and Parece Vela and Marcus Island. Pending the making of such a proposal and affirmative action thereon, the United States will have the right to exercise all and any powers of administration, legislation and jurisdiction over the territory and inhabitants of these islands, including their territorial waters.

Article 4

(a) Subject to the provisions of paragraph (b) of this Article, the disposition of property of Japan and of its nationals in the areas referred to in Article 2, and their claims, including debts, against the authorities presently administering such areas and the residents (including juridical persons) thereof, and the disposition in Japan of property of such authorities and residents, and of claims, including debts, of such authorities and residents against Japan and its nationals, shall be the subject of special arrangements between Japan and such authorities. The property of any of the Allied Powers or its nationals in the areas referred to in Article 2 shall, insofar as this has not already been done, be returned by the administering authority in the condition in which it now exists. (The term nationals whenever used in the present Treaty includes juridical persons.)

(b) Japan recognizes the validity of dispositions of property of Japan and Japanese nationals made by or pursuant to directives of the United States Military Government in any of the areas referred to in Articles 2 and 3.

(c) Japanese owned submarine cables connection Japan with territory removed from Japanese control pursuant to the present Treaty shall be equally divided, Japan retaining the Japanese terminal and adjoining half of the cable, and the detached territory the remainder of the cable and connecting terminal facilities.

CHAPTER III
SECURITY

Article 5

(a) Japan accepts the obligations set forth in Article 2 of the Charter of the United Nations, and in particular the obligations

(i) to settle its international disputes by peaceful means in such a manner that international peace and security, and justice, are not endangered;

(ii) to refrain in its international relations from the threat or use of force against the territorial integrity or political independence of any State or in any other manner inconsistent with the Purposes of the United Nations;

(iii) to give the United Nations every assistance in any action it takes in accordance with the Charter and to refrain from giving assistance to any State against which the United Nations may take preventive or enforcement action.

(b) The Allied Powers confirm that they will be guided by the principles of Article 2 of the Charter of the United Nations in their relations with Japan.

(c) The Allied Powers for their part recognize that Japan as a sovereign nation possesses the inherent right of individual or collective self-defense referred to in Article 51 of the Charter of the United Nations and that Japan may voluntarily enter into collective security arrangements.

Article 6

(a) All occupation forces of the Allied Powers shall be withdrawn from Japan as soon as possible after the coming into force of the present Treaty, and in any case not later than 90 days thereafter. Nothing in this provision shall, however, prevent the stationing or retention of foreign armed forces in Japanese territory under or in consequence of any bilateral or multilateral agreements which have been or may be made between one or more of the Allied Powers, on the one hand, and Japan on the other.

(b) The provisions of Article 9 of the Potsdam Proclamation of 26 July 1945, dealing with the return of Japanese military forces to their homes, to the extent not already completed, will be carried out.

(c) All Japanese property for which compensation has not already been paid, which was supplied for the use of the occupation forces and which remains in the possession of those forces at the time of the coming into force of the present Treaty, shall be returned to the Japanese Government within the same 90 days unless other arrangements are made by mutual agreement.

CHAPTER IV
POLITICAL AND ECONOMIC CLAUSES

Article 7

(a) Each of the Allied Powers, within one year after the present Treaty has come into force between it and Japan, will notify Japan which of its prewar bilateral treaties or conventions with Japan it wishes to continue in force or revive, and any treaties or conventions so notified shall continue in force or by revived subject only to such amendments as may be necessary to ensure conformity with the present Treaty. The treaties and conventions so notified shall be considered as having been continued in force or revived three months after the date of notification and shall be registered with the Secretariat of the United Nations. All such treaties and conventions as to which Japan is not so notified shall be regarded as abrogated.

(b) Any notification made under paragraph (a) of this Article may except from the operation or revival of a treaty or convention any territory for the international relations of which the notifying Power is responsible, until three months after the date on which notice is given to Japan that such exception shall cease to apply.

Article 8

(a) Japan will recognize the full force of all treaties now or hereafter concluded by the Allied Powers for terminating the state of war initiated on 1 September 1939, as well as any other arrangements by the Allied Powers for or in connection with the restoration of peace. Japan also accepts the arrangements made for terminating the former League of Nations and Permanent Court of International Justice.

(b) Japan renounces all such rights and interests as it may derive from being a signatory power of the Conventions of St. Germain-en-Laye of 10 September 1919, and the Straits Agreement of Montreux of 20 July 1936, and from Article 16 of the Treaty of Peace with Turkey signed at Lausanne on 24 July 1923.

(c) Japan renounces all rights, title and interests acquired under, and is discharged from all obligations resulting from, the Agreement between Germany and the Creditor Powers of 20 January 1930 and its Annexes, including the Trust Agreement, dated 17 May 1930, the Convention of 20 January 1930, respecting the Bank for International Settlements; and the Statutes of the

Bank for International Settlements. Japan will notify to the Ministry of Foreign Affairs in Paris within six months of the first coming into force of the present Treaty its renunciation of the rights, title and interests referred to in this paragraph.

Article 9

Japan will enter promptly into negotiations with the Allied Powers so desiring for the conclusion of bilateral and multilateral agreements providing for the regulation or limitation of fishing and the conservation and development of fisheries on the high seas.

Article 10

Japan renounces all special rights and interests in China, including all benefits and privileges resulting from the provisions of the final Protocol signed at Peking on 7 September 1901, and all annexes, notes and documents supplementary thereto, and agrees to the abrogation in respect to Japan of the said protocol, annexes, notes and documents.

Article 11

Japan accepts the judgments of the International Military Tribunal for the Far East and of other Allied War Crimes Courts both within and outside Japan, and will carry out the sentences imposed thereby upon Japanese nationals imprisoned in Japan. The power to grant clemency, to reduce sentences and to parole with respect to such prisoners may not be exercised except on the decision of the Government or Governments which imposed the sentence in each instance, and on recommendation of Japan. In the case of persons sentenced by the International Military Tribunal for the Far East, such power may not be exercised except on the decision of a majority of the Governments represented on the Tribunal, and on the recommendation of Japan.

Article 12

(a) Japan declares its readiness promptly to enter into negotiations for the conclusion with each of the Allied Powers of treaties or agreements to place their trading, maritime and other commercial relations on a stable and friendly basis.

(b) Pending the conclusion of the relevant treaty or agreement, Japan will, during a period of four years from the first coming into force of the present Treaty

(1) accord to each of the Allied Powers, its nationals, products and vessels

(i) most-favoured-nation treatment with respect to customs duties, charges, restrictions and other regulations on or in connection with the importation and exportation of goods;

(ii) national treatment with respect to shipping, navigation and imported goods, and with respect to natural and juridical persons and their interests—such treatment to include all matters pertaining to the levying and collection of taxes, access to the courts, the making and performance of contracts, rights to property (tangible and intangible), participating in juridical entities constituted under Japanese law, and generally the conduct of all kinds of business and professional activities;

(2) ensure that external purchases and sales of Japanese state trading enterprises shall be based solely on commercial considerations.

(c) In respect to any matter, however, Japan shall be obliged to accord to an Allied Power national treatment, or most-favored-nation treatment, only to the extent that the Allied Power concerned accords Japan national treatment or most-favored-nation treatment, as the case may be, in respect of the same matter. The reciprocity envisaged in the foregoing sentence shall be determined, in the case of products, vessels and juridical entities of, and persons domiciled in, any non-metropolitan territory of an Allied Power, and in the case of juridical entities of, and persons domiciled in, any state or province of an Allied Power having a federal government, by reference to the treatment accorded to Japan in such territory, state or province.

(d) In the application of this Article, a discriminatory measure shall not be considered to derogate from the grant of national or most-favored-nation treatment, as the case may be, if such measure is based on an exception customarily provided for in the commercial treaties of the party applying it, or on the need to safeguard that party's external financial position or balance of payments (except in respect to shiping and navigation), or on the need to maintain its essential security interests, and provided such measure is proportionate to the circumstances and not applied in an arbitrary or unreasonable manner.

(e) Japan's obligations under this Article shall not be affected by the exercise of any Allied rights under Article 14 of the present Treaty; nor shall the provisions of this Article be understood as limiting the undertakings assumed by Japan by virtue of Article 15 of the Treaty.

Article 13

(a) Japan will enter into negotiations with any of the Allied Powers, promptly upon the request of such Power or Powers, for the conclusion of bilateral or multilateral agreements relating to international civil air transport.

(b) Pending the conclusion of such agreement or agreements, Japan will, during a period of four years from the first coming into force of the present Treaty, extend to such Power treatment not less favorable with respect to air-traffic rights and privileges than those exercised by any such Powers at the date of such coming into force, and will accord complete equality of opportunity in respect to the operation and development of air services.

(c) Pending its becoming a party to the Convention on International Civil Aviation in accordance with Article 93 thereof,

Japan will give effect to the provisions of that Convention applicable to the international navigation of aircraft, and will give effect to the standards, practices and procedures adopted as annexes to the Convention in accordance with the terms of the Convention.

CHAPTER V
CLAIMS AND PROPERTY

Article 14

(a) It is recognized that Japan should pay reparations to the Allied Powers for the damage and suffering caused by it during the war. Nevertheless it is also recognized that the resources of Japan are not presently sufficient, if it is to maintain a viable economy, to make complete reparation for all such damage and suffering and at the same time meet its other obligations.

Therefore,

1. Japan will promptly enter into negotiations with Allied Powers so desiring, whose present territories were occupied by Japanese forces and damaged by Japan, with a view to assisting to compensate those countries for the cost of repairing the damage done, by making available the services of the Japanese people in production, salvaging and other work for the Allied Powers in question. Such arrangements shall avoid the imposition of additional liabilities on other Allied Powers, and, where the

manufacturing of raw materials is called for, they shall be supplied by the Allied Powers in question, so as not to throw any foreign exchange burden upon Japan.

2. (I) Subject to the provisions of subparagraph (II) below, each of the Allied Powers shall have the right to seize, retain, liquidate or otherwise dispose of all property, rights and interests of

(a) Japan and Japanese nationals,

(b) persons acting for or on behalf of Japan or Japanese nationals, and

(c) entities owned or controlled by Japan or Japanese nationals,

which on the first coming into force of the present Treaty were subject to its jurisdiction. The property, rights and interests specified in this subparagraph shall include those now blocked, vested or in the possession or under the control of enemy property authorities of Allied Powers, which belong to, or were held or managed on behalf of, any of the persons or entities mentioned in (a), (b) or (c) above at the time such assets came under the controls of such authorities.

(II) The following shall be excepted from the right specified in subparagraph (I) above:

(i) property of Japanese natural persons who during the war resided with the permission of the Government concerned in the territory of one of the Allied Powers, other than territory occupied by Japan, except property subjected to restrictions during the war and not released from such restrictions as of the date of the first coming into force of the present Treaty;

(ii) all real property, furniture and fixtures owned by the Government of Japan and used for diplomatic or consular purposes, and all personal furniture and furnishings and other private property not of an investment nature which was normally necessary for the carrying out of diplomatic and consular functions, owned by Japanese diplomatic and consular personnel;

(iii) property belonging to religious bodies or private charitable institutions and used exclusively for religious or charitable purposes;

(iv) property, rights and interests which have come within its jurisdiction in consequence of the resumption of trade and financial relations subsequent to 2 September 1945, between the country concerned and Japan, except such as have resulted from transactions contrary to the laws of the Allied Power concerned;

(v) obligations of Japan or Japanese nationals, any right, title or interest in tangible property located in Japan, interests in enterprises organized under the laws of Japan, or any paper evidence thereof; provided that this exception shall only apply to obligations of Japan and its nationals expressed in Japanese currency.

(III) Property referred to in exceptions (i) through (v) above shall be returned subject to reasonable expenses for its preservation and administration. If any such property has been liquidated the proceeds shall be returned instead.

(IV) The right to seize, retain, liquidate or otherwise dispose of property as provided in subparagraph (I) above shall be exercised in accordance with the laws of the Allied Power concerned, and the owner shall have only such rights as may be given him by those laws.

(V) The Allied Powers agree to deal with Japanese trademarks and literary and artistic property rights on a basis as favorable to Japan as circumstances ruling in each country will permit.

(b) Except as otherwise provided in the present Treaty, the Allied Powers waive all reparations claims of the Allied Powers, other claims of the Allied Powers and their nationals arising out of any actions taken by Japan and its nationals in the course of the prosecution of the war, and claims of the Allied Powers for direct military costs of occupation.

Article 15

(a) Upon application made within nine months of the coming into force of the present Treaty between Japan and the Allied Power concerned, Japan will, within six months of the date of such application, return the property, tangible and intangible, and all rights or interests of any kind in Japan of each Allied Power and its nationals which was within Japan at any time between 7 December 1941 and 2 September 1945, unless the owner has freely disposed thereof without duress or fraud. Such property shall be returned free of all encumbrances and charges to which it may have become subject because of the war, and without any charges for its return. Property whose return is not applied for by or on behalf of the owner or by his Government within the prescribed period may be disposed of by the Japanese Government as it may determine. In cases where such property was within Japan on 7 December 1941, and cannot be returned or has suffered injury or damage as a result of the war, compensation will be made on terms not less favorable than the terms provided in the draft Allied Powers Property Compensation Law approved by the Japanese Cabinet on 13 July 1951.

(b) With respect to industrial property rights impaired during the war, Japan will continue to accord to the Allied Powers and their nationals benefits no less than those heretofore accorded by Cabinet Orders No. 309 effective 1 September 1949, No. 12 effective 28 January 1950, and No. 9 effective 1 February 1950, all as now amended, provided such nationals have applied for such benefits within the time limits prescribed therein.

(c) (i) Japan acknowledges that the literary and artistic property rights which existed in Japan on 6 December 1941, in respect to the published and unpublished works of the Allied Powers and their nationals have continued in force since that date, and recognizes those rights which have arisen, or but for the war would have arisen, in Japan since that date, by the operation of any conventions and agreements to which Japan was a party on that date, irrespective of whether or not such conventions or agreements were abrogated or suspended upon or since the outbreak of war by the domestic law of Japan or of the Allied Power concerned.

(ii) Without the need for application by the proprietor of the right and without the payment of any fee or compliance with any other formality, the period from 7 December 1941 until the coming into force of the present Treaty between Japan and the Allied Power concerned shall be excluded from the running of the normal term of such rights; and such period, with an additional period of six months, shall be excluded from the time within which a literary work must be translated into Japanese in order to obtain translating rights in Japan.

Article 16

As an expression of its desire to indemnify those members of the armed forces of the Allied Powers who suffered undue hardships while prisoners of war of Japan, Japan will transfer its assets and those of its nationals in countries which were neutral during the war, or which were at war with any of the Allied Powers, or, at its option, the equivalent of such assets, to the International Committee of the Red Cross which shall liquidate such assets and distribute the resultant fund to appropriate national agencies, for the benefit of former prisoners of war and their families on such basis as it may determine to be equitable. The categories of assets described in Article 14(a)2(II)(ii) through (v) of the present Treaty shall be excepted from transfer, as well as assets of Japanese natural persons not residents of Japan on the first coming into force of the Treaty. It is equally understood that the transfer provision of this Article has no application to the 19,770 shares in the Bank for International Settlements presently owned by Japanese financial institutions.

Article 17

(a) Upon the request of any of the Allied Powers, the Japanese Government shall review and revise in conformity with international law any decision or order of the Japanese Prize Courts in cases involving ownership rights of nationals of that Allied Power and shall supply copies of all documents comprising the records of these cases, including the decisions taken and orders issued. In any case in which such review or revision shows that restoration is due, the provisions of Article 15 shall apply to the property concerned.

(b) The Japanese Government shall take the necessary measures to enable nationals of any of the Allied Powers at any time within one year from the coming into force of the present Treaty between Japan and the Allied Power concerned to submit to the appropriate Japanese authorities for review any judgment given by a Japanese court between 7 December 1941 and such coming into force, in any proceedings in which any such national was unable to make adequate presentation of his case either as plaintiff or defendant. The Japanese Government shall provide that, where the national has suffered injury by reason of any such judgment, he shall be restored in the position in which he was before the judgment was given or shall be afforded such relief as may be just and equitable in the circumstances.

Article 18

(a) It is recognized that the intervention of the state of war has not affected the obligation to pay pecuniary debts arising out of obligations and contracts (including those in respect of bonds) which existed and rights which were acquired before the existence of a state of war, and which are due by the Government or nationals of Japan to the Government or nationals of one of the Allied Powers, or are due by the Government or nationals of one of the Allied Powers to the Government or nationals of Japan. The intervention of a state of war shall equally not be regarded as affecting the obligation to consider on their merits claims for loss or damage to property or for personal injury or death which arose before the existence of a state of war, and which may be presented or re-presented by the Government of one of the Allied Powers to the Government of Japan, or by the Government of Japan to any of the Governments of the Allied Powers. The provisions of this paragraph are without prejudice to the rights conferred by Article 14.

(b) Japan affirms its liability for the prewar external debt of the Japanese State and for debts of corporate bodies subsequently declared to be liabilities of the Japanese State, and expresses its intention to enter into negotiations at an early date with its creditors with respect to the resumption of payments on those debts; to encourage negotiations in respect to other prewar claims and obligations; and to facilitate the transfer of sums accordingly.

Article 19

(a) Japan waives all claims of Japan and its nationals against the Allied Powers and their nationals arising out of the war or out of actions taken because of the existence of a state of war, and waives all claims arising from the presence, operations or actions of forces or authorities of any of the Allied Powers in Japanese territory prior to the coming into force of the present Treaty.
(b) The foregoing waiver includes any claims arising out of actions taken by any of the Allied Powers with respect to Japanese ships between 1 September 1939 and the coming into force of the present Treaty, as well as any claims and debts arising in respect to Japanese prisoners of war and civilian internees in the hands of the Allied Powers, but does not include Japanese claims specificially recognized in the laws of any Allied Power enacted since 2 September 1945.
(c) Subject to reciprocal renunciation, the Japanese Government also renounces all claims (including debts) against Germany and German nationals on behalf of the Japanese Government and Japanese nationals, including intergovernmental claims and claims

for loss or damage sustained during the war, but excepting (a) claims in respect of contracts entered into and rights acquired before 1 September 1939, and (b) claims arising out of trade and financial relations between Japan and Germany after 2 September 1945. Such renunciation shall not prejudice actions taken in accordance with Articles 16 and 20 of the present Treaty.

(d) Japan recognizes the validity of all acts and omissions done during the period of occupation under or in consequence of directives of the occupation authorities or authorized by Japanese law at that time, and will take no action subjecting Allied nationals to civil or criminal liability arising out of such acts or omissions.

Article 20

Japan will take all necessary measures to ensure such disposition of German assets in Japan as has been or may be determined by those powers entitled under the Protocol of the proceedings of the Berlin Conference of 1945 to dispose of those assets, and pending the final disposition of such assets will be responsible for the conservation and administration thereof.

Article 21

Notwithstanding the provisions of Article 25 of the present Treaty, China shall be entitled to the benefits of Articles 10 and 14(a)2; and Korea to the benefits of Articles 2, 4, 9 and 12 of the present Treaty.

CHAPTER VI
SETTLEMENT OF DISPUTES

Article 22

If in the opinion of any Party to the present Treaty there has arisen a dispute concerning the interpretation or execution of the Treaty, which is not settled by reference to a special claims tribunal or by other agreed means, the dispute shall, at the request of any party thereto, be referred for decision to the International Court of Justice. Japan and those Allied Powers which are not already parties to the Statute of the International Court of Justice will deposit with the Registrar of the Court, at the time of their respective ratifications of the present Treaty, and in conformity with the resolution of the United Nations Security Council, dated 15 October 1946, a general declaration accepting the jurisdiction, without special agreement, of the Court generally in respect to all disputes of the character referred to in this Article.

CHAPTER VII
FINAL CLAUSES

Article 23

(a) The present Treaty shall be ratified by the States which sign it, including Japan, and will come into force for all the States which have then ratified it, when instruments of ratification have been deposited by Japan and by a majority, including the United States of America as the principal occupying Power, of the following States, namely Australia, Canada, Ceylon, France, Indonesia, the Kingdom of the Netherlands, New Zealand, Pakistan, the Republic of the Philippines, the United Kingdom of Great Britain and Northern Ireland, and the United States of America. The present Treaty shall come into force of each State which subsequently ratifies it, on the date of the deposit of its instrument of ratification.

(b) If the Treaty has not come into force within nine months after the date of the deposit of Japan's ratification, any State which has ratified it may bring the Treaty into force between itself and Japan by a notification to that effect given to the Governments of Japan and the United States of America not later than three years after the date of deposit of Japan's ratification.

Article 24

All instruments of ratification shall be deposited with the Government of the United States of America which will notify all the signatory States of each such deposit, of the date of the coming into force of the Treaty under paragraph (a) of Article 23, and of any notifications made under paragraph (b) of Article 23.

Article 25

For the purposes of the present Treaty the Allied Powers shall be the States at war with Japan, or any State which previously formed a part of the territory of a State named in Article 23, provided that in each case the State concerned has signed and ratified the Treaty. Subject to the provisions of Article 21, the present Treaty shall not confer any rights, titles or benefits on any State which is not an Allied Power as herein defined; nor shall any right, title or interest of Japan be deemed to be diminished or prejudiced by any provision of the Treaty in favour of a State which is not an Allied Power as so defined.

Article 26

Japan will be prepared to conclude with any State which signed or adhered to the United Nations Declaration of 1 January 1942, and which is at war with Japan, or with any State which previously formed a part of the territory of a State named in Article 23, which is not a signatory of the present Treaty, a bilateral Treaty of Peace on the same or substantially the same terms as are provided for in the present Treaty, but this obligation on the part of Japan will expire three years after the first coming into force of the present Treaty. Should Japan make a peace settlement or war claims settlement with any State granting that State greater advantages than those provided by the present Treaty, those same advantages shall be extended to the parties to the present Treaty.

Article 27

The present Treaty shall be deposited in the archives of the Government of the United States of America which shall furnish each signatory State with a certified copy thereof.

IN FAITH WHEREOF the undersigned Plenipotentiaries have signed the present Treaty.

DONE at the city of San Francisco this eighth day of September 1951, in the English, French, and Spanish languages, all being equally authentic, and in the Japanese language.

For Argentina:
Hipólito J. PAZ
For Australia:
Percy C. SPENDER
For Belgium:
Paul VAN ZEELAND SILVERCRUYS
For Bolivia:
Luis GUACHALLA
For Brazil:
Carlos MARTINS A. DE MELLO-FRANCO
For Cambodia:
PHLENG
For Canada:
Lester B. PEARSON R.W. MAYHEW
For Ceylon:
J.R. JAYEWARDENE G.C.S. COREA R.G. SENANAYAKE
For Chile:
F. NIETODEL RÍO
For Colombia:
Cipríano RESTREPO JARAMILLO Sebastián OSPINA
For Costa Rica:
J. Rafael OREAMUNO V. VARGAS Luis DOBLES SÁNCHEZ
For Cuba:
O. GANS L. MACHADO Joaquín MEYER
For the Dominican Republic:
V. ORDÓÑEZ Luis F. THOMEN
For Ecuador:
A. QUEVEDO R.G. VALENZUELA
For Egypt:

Kamil A. RAHIM

For El Salvador:

Héctor DAVID CASTRO Luis RIVAS PALACIOS

For Ethiopia:

Men YAYEJIJRAD

For France:

SCHUMANN H. BONNET Paul-Émile NAGGIAR

For Greece:

A.G. POLITIS

For Guatemala:

E. CASTILLO A. A.M. ORELLANA J. MENDOZA

For Haiti:

Jacques N. LÉGER Gust. LARAQUE

For Honduras:

J.E. VALENZUELA Roberto GÁLVEZ B. Raúl ALVARADO T.

For Indonesia:

Ahmad SUBARDJO

For Iran:

A.G. ARDALAN

For Iraq:

A.I. BAKR

For Laos:

SAVANG

For Lebanon:

Charles MALIK

For Liberia:

Gabriel L. DENNIS James ANDERSON Raymond HORACE J. Rudolf GRIMES

For the Grand Duchy of Luxembourg:

Hugues LE GALLAIS

For Mexico:

RafaelDELA COLINA Gustavo DÍAZ ORDAZ A.P. GASGA

For the Netherlands:

D.U. STIKKER J.H. VAN ROIJEN

For New Zealand:

C. BERENDSEN

For Nicaragua:

G. SEVILLA SACASA Gustavo MANZANARES

For Norway:

Wilhelm Munthe MORGENSTERNE

For Pakistan:

ZAFRULLAH KHAN

For Panama:

Ignacio MOLINO José A. REMON Alfredo ALEMÁN J. CORDOVEZ

For Peru:

Luis Oscar BOETTNER

For the Republic of the Philippines:

Carlos P. RÓMULO J.M. ELIZALDE Vicente FRANCISCO Diosdado MACAPAGAL Emiliano T. TIRONA V.G. SINCO

For Saudi Arabia:

Asad AL-FAQIH

For Syria:

F. EL-KHOURI

For Turkey:

Feridun C. ERKIN

For the Union of South Africa:

G.P. JOOSTE

For the United Kingdom of Great Britain and Northern Ireland:

Herbert MORRISON Kenneth YOUNGER Oliver FRANKS

For the United States of America:

Dean ACHESON John Foster DULLES Alexander WILEY John J. SPARKMAN

For Uruguay:

José A. MORA

For Venezuela:

Antonio M. ARAUJO R. GALLEGOS M.

For Viet-Nam:

T.V. HUU T. VINH D. THANH BUU KINH

For Japan:

Shigeru YOSHIDA Hayato IKEDA Gizo TOMABECHI Niro HOSHIJIMA Muneyoshi TOKUGAWA Hisato ICHIMADA

2. 1951년 샌프란시스코 강화조약(일문)[2]

日本国との平和条約

連合国及び日本国は、両者の関係が、今後、共通の福祉を増進し且つ国際の平和及び安全を維持するために主権を有する対等のものとして友好的な連携の下に協力する国家の間の関係でなければならないことを決意し、よつて、両者の間の戦争状態の存在の結果として今なお未決である問題を解決する平和条約を締結することを希望するので、

日本国としては、国際連合への加盟を申請し且つあらゆる場合に国際連合憲章の原則を遵守し、世界人権宣言の目的を実現するために努力し、国際連合憲章第五十五条及び第五十六条に定められ且つ既に降伏後の日本国の法制によつて作られはじめた安定及び福祉の条件を日本国内に創造するために努力し、並びに公私の貿易及び通商において国際的に承認された公正な慣行に従う意思を宣言するので、

連合国は、前項に掲げた日本国の意思を歓迎するので、

よつて、連合国及び日本国は、この平和条約を締結することに決定し、これに応じて下名の全権委員を任命した。これらの全権委員は、その全権委任状を示し、それが良好妥当であると認められた後、次の規定を協定した。

2 일본 외무성外務省. https://www.mofa.go.jp/mofaj/annai/honsho/shiryo/archives/pdfs/heiwajouyaku5_24.pdf

第一章　平和

第一条　(a) 日本国と各連合国との間戦争状態は、第二十三条の定めるところによりこの条約が日本国と当該連合国との間に効力を生ずる日に終了する。

(b) 連合国は、日本国及びその領水に対する日本国民の完全な主権を承認する。

第二章　領域

第二条　(a) 日本国は、朝鮮の独立を承認して、済洲島、巨文島及び欝陵島を含む朝鮮に対するすべての権利、権原及び請求権を放棄する。

(b) 日本国は、台湾及び澎湖諸島に対するすべての権利、権原及び請求権を放棄する。

(c) 日本国は、千島列島並びに日本国が千九百五年九月五日のポーツマス条約の結果として主権を獲得した樺太の一部及びこれに近接する諸島に対するすべての権利、権原及び請求権を放棄する。

(d) 日本国は、国際連盟の委任統治制度に関連するすべての権利、権原及び請求権を放棄し、且つ、以前に日本国の委任統治の下にあつた太平洋の諸島に信託統治制度を及ぼす千九百四十七年四月二日の国際連合安全保障理事会の行動を受諾する。

(e) 日本国は、日本国民の活動に由来するか又は他に由来するかを問わず、南極地域のいずれの部分に対する権利若しくは権原又はいずれの部分に関する利益についても、すべての請求権を放棄する。

(f) 日本国は、新南群島及び西沙群島に対するすべての権利、権原及び請求権を放棄する。

第三条　日本国は、北緯二十九度以南の南西諸島(琉球諸島及び大東諸島を含む。)、孀婦岩の南の南方諸島(小笠原群島、西之島及び火山列島を含む。) 並びに沖の鳥島及び南鳥島を合衆国を唯一の施政権者とする信託統治制度の下におくこととする国際連合に対する合衆国のいかなる提案にも同意する。このような提案が行われ且つ可決されるまで、合衆国は、領水を含むこれらの諸島の領域及び住民に対して、行政、立法及び司法上の権力の全部及び一部を行使する権利を有するものとする。

第四条　(a) この条の(b)の規定を留保して、日本国及びその国民の財産で第二条に掲げる地域にあるもの並びに日本国及びその国民の請求権(債権を含む。) で現にこれらの地域の施政を行つている当局及びそこの住民(法人を含む。) に対するものの処理並びに日本国におけるこれらの当局及び住民の財産並びに日本国及びその国民に対するこれらの当局及び住民の請求権(債権を含む。) の処理は、日本国とこれらの当局との間の特別取極の主題とする。第二条に掲げる地域にある連合国又はその国民の財産は、まだ返還されていない限り、施政を行つている当局が現状で返還しなければならない。(国民という語は、この条約で用いるときはいつでも、法人を含む。)

(b) 日本国は、第二条及び第三条に掲げる地域のいずれかにある合衆国軍政府により、又はその指令に従つて行われた日本国及びその国民の財産の処理の効力を承認する。

(c) 日本国とこの条約に従つて日本国の支配から除かれる領域とを結ぶ日本所有の海底電線は、二等分され、日本国は、日本の終点施設及びこれに連なる電線の半分を保有し、分離される領域は、残りの電線及びその終点施設を保有する。

第三章　安全

第五条　(a) 日本国は、国際連合憲章第二条に掲げる義務、特に次の義務を受諾する。

(i) その国際紛争を、平和的手段によつて国際の平和及び安全並びに正義を危うくしないように解決すること。

(ii) その国際関係において、武力による威嚇又は武力の行使は、いかなる国の領土保全又は政治的独立に対するものも、また、国際連合の目的と両立しない他のいかなる方法によるものも慎むこと。

(iii) 国際連合が憲章に従つてとるいかなる行動についても国際連合にあらゆる援助を与え、且つ、国際連合が防止行動または強制行動をとるいかなる国に対しても援助の供与を慎むこと。

(b) 連合国は、日本国との関係において国際連合憲章第二条の原則を指針とすべきことを確認する。

(c) 連合国としては、日本国が主権国として国際連合憲章第五十一条に掲げる個別的又は集団的自衛の固有の権利を有すること及び日本国が集団的安全保障取極を自発的に締結することができることを承認する。

第六条　(a) 連合国のすべての占領軍は、この条約の効力発生の後なるべくすみやかに、且つ、いかなる場合にもその後九十日以内に、日本国から撤退しなければならない。但し、この規定は、一または二以上の連合国を一方とし、日本国を他方として双方の間に締結された若しくは締結される二国間若しくは多数国間の協定に基く、又はその結果としての外国軍隊の日本国の領域における駐とん又は駐留を妨げるものではない。

(b) 日本国軍隊の各自の家庭への復帰に関する一九四五年七月二十六日のポツダム宣言の第九項の規定は、まだその実施が完了されていない限り、実行されるものとする。

(c) まだ対価が支払われていないすべての日本財産で、占領軍の使用に供され、且つ、この条約の効力発生の時に占領軍が占有しているものは、相互の合意によつて別段の取極が行われない限り、前記の九十日以内に日本国政府に返還しなければならない。

第四章　政治及び経済条項

第七条　(a) 各連合国は、自国と日本国との間にこの条約が効力を生じた後一年以内に、日本国との戦前のいずれの二国間の条約又は協約を引き続いて有効とし又は復活させることを希望するかを日本国に通告するものとする。こうして通告された条約又は協約は、この条約に適合することを確保するための必要な修正を受けるだけで、引き続いて有効とされ、又は復活される。こうして通告された条約又は協約は、通告の日の後三箇月で引き続いて有効なものとみなされ、又は復活され、且つ、国際連合事務局に登録されなければならない。日本国にこうして通告されないすべての条約又は協約は、廃棄されたものとみなす。

(b) この条の(a)に基いて行う通告においては、条約又は協約の実施又は復活に関し、国際関係について通告国が責任をもつ地域を除外することができる。この除外は、除外の適用を禁止することが日本国に通告される日の三箇月後まで行われるものとする。

第八条　(a) 日本国は、連合国が千九百三十九年九月一日に開始された戦争状態を終了するために現に締結し又は今後締結するすべての条約及び連合国が平和の回復のため又はこれに関連して行う他の取極の完全な効力を承認する。日本国は、また、従前の国際連盟及び常設国際司法裁判所を終止するために行われた取極を受諾する。

(b) 日本国は、千九百十九年九月十日のサン·ジェルマン＝アン＝レイの諸条約及び千九百三十六年七月二十日のモントルーの海峡条約の署名国であることに由来し、並びに千九百二十三年七月二十四日にローザンヌで署名されたトルコとの平和条約の第十六条に由来するすべての権利及び利益を放棄する。

(c) 日本国は、千九百三十年一月二十日のドイツと債権国との間の協定及び千九百三十年五月十七日の信託協定を含むその附属書並びに千九百三十年一月二十日の国際決済銀行に関する条約及び国際決済銀行の定款に基いて得たすべての権利、権原及び利益を放棄し、且つ、この条約の最初の効力発生の後六箇月以内に、この項に掲げる権利、権原及び利益の放棄をパリの外務省に通告するものとする。

第九条　日本国は、公海における漁猟の規制又は制限並びに漁業の保存及び発展を規定する二国間及び多数国間の協定を締結するために、希望する連合国とすみやかに交渉を開始するものとする。

第十条　日本国は、千九百一年九月七日に北京で署名された最終議定書並びにこれを補足するすべての附属書、書簡及び文書の規定から生ずるすべての利益及び特権を含む中国におけるすべての特殊の権利及び利益を放棄し、且つ、前記の議定書、附属書、書簡及び文書を日本国に関して廃棄することに同意する。

第十一条　日本国は、極東国際軍事裁判所並びに日本国内及び国外の他の連合国戦争犯罪法廷の裁判を受諾し、且つ、日本国で拘禁されている日本国民にこれらの法廷が課した刑を執行するものとする。これらの拘禁されている者を赦免し、減刑し、及び仮出獄させる権限は、各事件について刑を課した一又は二以上の政府の決定及び日本国の勧告に基くの外、行使することができない。極東国際軍事裁判所が刑を宣告した者については、この権限は、裁判所に代表者を出した政府の過半数の決定及び日本国の勧告に基く場合の外、行使することができない。

第十二条　(a) 日本国は、各連合国と、貿易、海運その他の通商の関係を安定した且つ友好的な基礎の上におくために、条約又は協定を締結するための交渉をすみやかに開始する用意があることを宣言する。

(b) 該当する条約又は協定が締結されるまで、日本国は、この条約の最初の効力発生の後四年間、

(1) 各連合国並びにその国民、産品及び船舶に次の待遇を与える。

(i) 貨物の輸出入に対する、又はこれに関連する関税、課金、制限その他の規制に関する最恵国待遇

(ii) 海運、航海及び輸入貨物に関する内国民待遇並びに自然人、法人及びその利益に関する内国民待遇。この待遇は、税金の賦課及び徴収、裁判を受けること、契約の締結及び履行、財産権(有体財産及び無体財産に関するもの)、日本国の法律に基いて組織された法人への参加並びに一般にあらゆる種類の事業活動及び職業活動の遂行に関するすべての事項を含むものとする。

(2) 日本国の国営商企業の国外における売買が商業的考慮にのみ基くことを確保する。

(c) もつとも、いずれの事項に関しても、日本国は、連合国が当該事項についてそれぞれ内国民待遇又は最恵国待遇を日本国に与える限度にお

いてのみ、当該連合国に内国民待遇又は最恵国待遇を与える義務を負うものとする。前段に定める相互主義は、連合国の非本土地域の産品、船舶、法人及びそこに住所を有する人の場合並びに連邦政府をもつ連合国の邦又は州の法人及びそこに住所を有する人の場合には、その地域、邦又は州において日本国に与えられる待遇に照らして決定される。

(d) この条の適用上、差別的措置であつて、それを適用する当事国の通商条約に通常規定されている例外に基くもの、その当事国の対外的財政状態若しくは国際収支を保護する必要に基くもの(海運及び航海に関するものを除く。) 又は重大な安全上の利益を維持する必要に基くものは、事態に相応しており、且つ、ほしいままな又は不合理な方法で適用されない限り、それぞれ内国民待遇又は最恵国待遇の許与を害するものと認めてはならない。

(e) この条に基く日本国の義務は、この条約の第十四条に基く連合国の権利の行使によつて影響されるものではない。また、この条の規定は、この条約の第十五条によつて日本国が引き受ける約束を制限するものと了解してはならない。

第十三条　(a) 日本国は、国際民間航空運送に関する二国間または多数国間の協定を締結するため、一又は二以上の連合国の要請があつたときはすみやかに、当該連合国と交渉を開始するものとする。

(b) 一又は二以上の前記の協定が締結されるまで、日本国は、この条約の最初の効力発生の時から四年間、この効力発生の日にいずれかの連合国が行使しているところよりも不利でない航空交通の権利及び特権に関する待遇を当該連合国に与え、且つ、航空業務の運営及び発達に関する完全な機会均等を与えるものとする。

(c) 日本国は、国際民間航空条約第九十三条に従つて同条約の当事国となるまで、航空機の国際航空に適用すべきこの条約の規定を実施し、且つ、同条約の条項に従つて同条約の附属書として採択された標準、方式及び手続を実施するものとする。

第五章　請求権及び財産

第十四条　(a) 日本国は、戦争中に生じさせた損害及び苦痛に対して、連合国に賠償を支払うべきことが承認される。しかし、また、存立可能な経済を維持すべきものとすれば、日本国の資源は、日本国がすべての前記の損害及び苦痛に対して完全な賠償を行い且つ同時に他の債務を履行するためには現在充分でないことが承認される。

よつて、

1 日本国は、現在の領域が日本国軍隊によつて占領され、且つ、日本国によつて損害を与えられた連合国が希望するときは、生産、沈船引揚げその他の作業における日本人の役務を当該連合国の利用に供することによつて、与えた損害を修復する費用をこれらの国に補償することに資するために、当該連合国とすみやかに交渉を開始するものとする。その取極は、他の連合国に追加負担を課することを避けなければならない。また、原材料からの製造が必要とされる場合には、外国為替上の負担を日本国に課さないために、原材料は、当該連合国が供給しなければならない。

2(I) 次の(II)の規定を留保して、各連合国は、次に掲げるもののすべての財産、権利及び利益でこの条約の最初の効力発生の時にその管轄の下にあるものを差し押え、留置し、清算し、その他何らかの方法で処分する権利を有する。

(a) 日本国及び日本国民

(b) 日本国又は日本国民の代理者又は代行者　並びに
(c) 日本国又は日本国民が所有し、又は支配した団体

この (I) に明記する財産、権利及び利益は、現に、封鎖され、若しくは所属を変じており、又は連合国の敵産管理当局の占有若しくは管理に係るもので、これらの資産が当該当局の官吏の下におかれた時に前記の(a)、(b) 又は(c)に掲げるいずれかの人又は団体に属し、又はこれらのために保有され、若しくは管理されていたものを含む。

(II) 次のものは、前記の(I)に明記する権利から除く。

(i) 日本国が占領した領域以外の連合国の一国の領域に当該政府の許可を得て戦争中に居住した日本の自然人の財産。但し、戦争中に制限を課され、且つ、この条約の最初の効力発生の日にこの制限を解除されない財産を除く。

(ii) 日本国政府が所有し、且つ、外交目的又は領事目的に使用されたすべての不動産、家具及び備品並びに日本国の外交職員又は領事職員が所有したすべての個人の家具及び用具類その他の投資的性質をもたない私有財産で外交機能又は領事機能の遂行に通常必要であったもの

(iii) 宗教団体又は私的慈善団体に属し、且つ、もつぱら宗教又は慈善の目的に使用した財産

(iv) 関係国と日本国との間における千九百四十五年九月二日後の貿易及び金融の関係の再開の結果として日本国の管轄内にはいつた財産、権利及び権益。但し、当該連合国の法律に反する取引から生じたものを除く。

(v) 日本国若しくは日本国民の債務、日本国に所在する有体財産に関する権利、権原若しくは利益、日本国の法律に基いて組織された企業に関する利益又はこれらについての証書。但し、この例外は、日本国

の通貨で表示された日本国及びその国民の債務にのみ適用する。

(III) 前記の例外(i)から(v)までに掲げる財産は、その保存及び管理のために要した合理的な費用が支払われることを条件として、返還しなければならない。これらの財産が清算されているときは、代わりに売得金を返還しなければならない。

(IV) 前記の(I)に規定する日本財産を差し押え、留置し、清算し、その他何らかの方法で処分する権利は、当該連合国の法律に従つて行使され、所有者は、これらの法律によつて与えられる権利のみを有する。

(V) 連合国は、日本の商標並びに文学的及び美術的著作権を各国の一般的事情が許す限り日本国に有利に取り扱うことに同意する。

(b) この条約に別段の定がある場合を除き、連合国は、連合国のすべての賠償請求権、戦争の遂行中に日本国及びその国民がとつた行動から生じた連合国及びその国民の他の請求権並びに占領の直接軍事費に関する連合国の請求権を放棄する。

第十五条　(a) この条約が日本国と当該連合国との間に効力を生じた後九箇月以内に申請があつたときは、日本国は、申請の日から六箇月以内に、日本国にある各連合国及びその国民の有体財産及び無体財産並びに種類のいかんを問わずすべての権利又は利益で、千九百四十一年十二月七日から千九百四十五年九月二日までの間のいずれかのときに日本国内にあつたものを返還する。但し、所有者が強迫又は詐欺によることなく自由にこれらを処分した場合は、この限りでない。この財産は、戦争があつたために課せられたすべての負担及び課金を免除して、その返還のための課金を課さずに返還しなければならない。所有者により若しくは所有者のために又は所有者の政府により所定の期間内に返還が申請されない財産は、日本国政府がその定めるところに従つて処分することができる。この財産が千九百四十一年十二月七日に日本国に所在し、且つ、返還することができず、又は戦争の結果として損傷若しくは損害を受けている場合には、日本国内閣が千九百五十一年七月十三日に決定した連合国財産補償法案の定める条件よりも不利でない条件で補償される。

(b) 戦争中に侵害された工業所有権については、日本国は、千九百四十九年九月一日施行の政令第三百九号、千九百五十年一月二十八日施行の政令第十二号及び千九百五十年二月一日施行の政令第九号(いずれも改正された現行のものとする。)によりこれまで与えられたところよりも不利でない利益を引き続いて連合国及びその国民に与えるものとする。但し、前記の国民がこれらの政令に定められた期限までにこの利益を許与を申請した場合に限る。

(c)(i) 日本国は、公にされ及び公にされなかつた連合国及びその国民の著作物に関して千九百四十一年十二月六日に日本国に存在した文学的及び美術的著作権がその日以後引き続いて効力を有することを認め、且つ、その日に日本国が当事国であつた条約又は協定が戦争の発生の時又はその時以後日本国又は当該連合国の国内法によつて廃棄され又は停止されたかどうかを問わず、これらの条約及び協定の実施によりその日以後日本国において生じ、又は戦争がなかつたならば生ずるはずであつた権利を承認する。

(ii) 権利者による申請を必要とすることなく、且つ、いかなる手数料の支払又は他のいかなる手続もすることなく、千九百四十一年十二月七日から日本国と当該連合国との間にこの条約が効力を生ずるまでの期間は、これらの権利の通常期間から除算し、また、日本国において翻訳権を取得するために文学的著作物が日本語に翻訳されるべき期間からは、六箇月の期間を追加して除算しなければならない。

第十六条　日本国の捕虜であつた間に不当な苦難を被つた連合国軍隊の構成員に償いをする願望の表現として、日本国は、戦争中中立であつた国にある又は連合国のいずれかと戦争していた国にある日本国及びその国民の資産又は、日本国が選択するときは、これらの資産と等価のものを赤十字国際委員会に引き渡すものとし、同委員会は、これらの資産を清算し、且つ、その結果生ずる資金を、同委員会が衡平であると決定する基礎において、捕虜であつた者及びその家族のために、適当な国内期間に対して分配しなければならない。この条約の第十四条(a) 2 (II)の(ii)から(v)までに掲げる種類の資産は、条約の最初の効力発生の時に日本国に居住しない日本の自然人の資産とともに、引渡しから除外する。またこの条の引渡規定は、日本国の金融機関が現に所有する一万九千七百七十株の国際決済銀行の株式には適用がないものと了解する。

第十七条　(a) いずれかの連合国の要請があつたときは、日本国政府は、当該連合国の国民の所有権に関係のある事件に関する日本国の捕獲審検所の決定又は命令を国際法に従い再検査して修正し、且つ、行われた決定及び発せられた命令を含めて、これらの事件の記録を構成するすべての文書の写を提供しなければならない。この再審査又は修正の結果、返還すべきことが明らかになつた場合には、第十五条の規定を当該財産に適用する。
(b) 日本国政府は、いずれかの連合国の国民が原告又は被告として事件について充分な陳述ができなかつた訴訟手続において、千九百四十一年十二月七日から日本国と当該連合国との間にこの条約が効力を生ずるまでの期間に日本国の裁判所が行つた裁判を、当該国民が前記の効力発生の後一年以内にいつでも適当な日本国の機関に再審査のため提出することができるようにするために、必要な措置をとらなければならない。日本国政府は、当該国民が前記の裁判の結果損害を受けた場合には、その者をその裁判が行われる前の地位に回復するようにし、又はその者にそれぞれの事情の下において公正かつ衡平な救済が与えられるようにしなければならない。

第十八条 (a) 戦争状態の介在は、戦争状態の存在前に存在した債務及び契約(債券に関するものを含む。) 並びに戦争状態の存在前に取得された権利から生ずる金銭債務で、日本国の政府若しくは国民が連合国の一国の政府若しくは国民に対して、又は連合国の一国の政府若しくは国民が日本国の政府若しくは国民に対して負つているものを支払う義務に影響を及ぼさなかつたものと認める。戦争状態の介在は、また、戦争状態の存在前に財産の滅失若しくは損害又は身体傷害若しくは死亡に関して生じた請求権で、連合国の一国の政府が日本国の政府に対して、又は日本国政府が連合国政府のいずれかに対して提起し又は再提起するものの当否を審議する義務に影響を及ぼすものとみなしてはならない。この項の規定は、第十四条によつて与えられる権利を害するものではない。
(b) 日本国は、日本国の戦前の対外債務に関する責任と日本国が責任を負うと後に宣言された団体の債務に関する責任とを確認する。また、日本国は、これらの債務の支払再開に関して債権者とすみやかに交渉を開始し、他の戦前の請求権及び債務に関する交渉を促進し、且つ、これに応じて金額の支払を容易にする意図を表明する。

第十九条　(a) 日本国は、戦争から生じ、または戦争状態が存在したためにとられた行動から生じた連合国及びその国民に対する日本国及びその国民のすべての請求権を放棄し、且つ、この条約の効力発生の前に日本国領域におけるいずれかの連合国の軍隊又は当局の存在、職務遂行又は行動から生じたすべての請求権を放棄する。

(b) 前記の放棄には、千九百三十九年九月一日からこの条約の効力発生までの間に日本国の船舶に関していずれかの連合国がとつた行動から生じた請求権並びに連合国の手中にある日本人捕虜及び被抑留者に対して生じた請求権及び債権が含まれる。但し、千九百四十五年九月二日以後いずれかの連合国が制定した法律で特に認められた日本人の請求権を含まない。

(c) 相互放棄を条件として、日本国政府は、また、政府間の請求権及び戦争中に受けた滅失又は損害に関する請求権を含むドイツ及びドイツ国民に対するすべての請求権(債権を含む。) を日本国政府及び日本国民のために放棄する。但し、(a) 千九百三十九年九月一日前に締結された契約及び取得された権利に関する請求権並びに(b)千九百四十五年九月二日後に日本国とドイツの間の貿易及び金融の関係から生じた請求権を除く。この放棄は、この条約の第十六条及び第二十条に従つてとられる行動を害するものではない。

(d) 日本国は、占領期間中に占領当局の指令に基いて若しくはその結果として行われ、又は当時の日本国の法律によつて許可されたすべての作為又は不作為の効力を承認し、連合国民をこの作為又は不作為から生ずる民事又は刑事の責任に問ういかなる行動もとらないものとする。

第二十条　日本国は、千九百四十五年のベルリン会議の議事の議定書に基いてドイツ財産を処分する権利を有する諸国が決定した又は決定する日本国にあるドイツ財産の処分を確実にするために、すべての必要な措置をとり、これらの財産の最終的処分が行われるまで、その保存及び管理について責任を負うものとする。

第二十一条　この条約の第二十五条の規定にかかわらず、中国は、第十条及び第十四条(a)2の利益を受ける権利を有し、朝鮮は、この条約の第二条、第四条、第九条及び第十二条の利益を受ける権利を有する。

第六章　紛争の解決

第二十二条　この条約のいずれかの当事国が特別請求権裁判所への付託又は他の合意された方法で解決されない条約の解釈又は実施に関する紛争が生じたと認めるときは、紛争は、いずれかの紛争当事国の要請により、国際司法裁判所に決定のため付託しなければならない。日本国及びまだ国際司法裁判所規程の当事国でない連合国は、それぞれがこの条約を批准する時に、且つ、千九百四十六年十月十五日の国際連合安全保障理事会の決議に従つて、この条に掲げた性質をもつすべての紛争に関して一般的に同裁判所の管轄権を特別の合意なしに受諾する一般的宣言書を同裁判所書記に寄託するものとする。

第七章　最終条項

第二十三条　(a) この条約は、日本国を含めて、これに署名する国によつて批准されなければならない。この条約は、批准書が日本国により、且つ、主たる占領国としてのアメリカ合衆国を含めて、次の諸国、すなわちオーストラリア、カナダ、セイロン、フランス、インドネシア、オランダ、ニュー·ジーランド、パキスタン、フィリピン、グレート·ブリテン及び北部アイルランド連合王国及びアメリカ合衆国の過半数により寄託された時に、その時に批准しているすべての国に関して効力を有する。この条約は、その後これを批准する各国に関しては、その批准書の寄託の日に効力を生ずる。

(b) この条約が日本国の批准書の寄託の日の後九箇月以内に効力を生じなかつたときは、これを批准した国は、日本国の批准書の寄託の日の後三年以内に日本国政府及びアメリカ合衆国政府にその旨を通告して、自国と日本国との間にこの条約の効力を生じさせることができる。

第二十四条　すべての批准書は、アメリカ合衆国政府に寄託しなければならない。同政府は、この寄託、第二十三条(a)に基くこの条約の効力発生の日及びこの条約の第二十三条(b)に基いて行われる通告をすべての署名国に通告する。

第二十五条　この条約の適用上、連合国とは、日本国と戦争していた国又は以前に第二十三条に列記する国の領域の一部をなしていたものをいう。但し、各場合に当該国がこの条約に署名し且つこれを批准したことを条件とする。第二十一条の規定を留保して、この条約は、ここに定義された連合国の一国でないいずれの国に対しても、いかなる権利、権原又は利益も与えるものではない。また、日本国のいかなる権利、権原及び利益も、この条約のいかなる規定によつても前記のとおり定義された連合国の一国でない国のために減損され、又は害されるものとみなしてはならない。

第二十六条　日本国は、一九四二年一月一日の連合国宣言に署名し若しくは加入しており且つ日本国に対して戦争状態にある国又は以前に第二十三条に列記する国の領域の一部をなしていた国で、この条約の署名国でないものと、この条約に定めるところと同一の又は実質的に同一の条件で二国間の平和条約を締結する用意を有すべきものとする。但し、この日本国の義務は、この条約の効力発生の後三年で満了する。日本国が、いずれかの国との間で、この条約で定めるところよりも大きな利益をその国に与える平和処理又は戦争請求権処理を行つたときは、これと同一の利益は、この条約の当事国にも及ぼされなければならない。

第二十七条　この条約は、アメリカ合衆国政府の記録に寄託する。同政府は、その認証謄本を各署名国に交付する。

以上の証拠として、下名の全権委員は、この条約に署名した。
千九百五十一年九月八日にサン·フランシスコ市で、ひとしく正文である英語、フランス語及びスペイン語により、並びに日本語により作成した。

(全権委員署名略)

3. 1952년 일화평화조약(일문)[3]

日華平和条約日本国と中華民国との間の平和条約

日本国及び中華民国は、

その歴史的及び文化的のきずなと地理的の近さとにかんがみ、善隣関係を相互に希望することを考慮し、

その共通の福祉の増進並びに国際の平和及び安全の維持のための緊密な協力が重要であることを思い、

両者の間の戦争状態の存在の結果として生じた諸問題の解決の必要を認め、

平和条約を締結することに決定し、よつて、その全権委員として次のとおり任命した。

日本国政府　河田烈

中華民国大統領　葉公超

これらの全権委員は、互にその全権委任状を示し、それが良好妥当であると認められた後、次の諸条を協定した。

第一条

日本国と中華民国との間の戦争状態は、この条約が効力を生ずる日に終了する。

3　동양문화연구소. 데이터베이스 〈세계와 일본〉.(データベース「世界と日本」) http://worldjpn.grips.ac.jp/documents/texts/docs/19520428.T1J.html

第二条

日本国は、千九百五十一年九月八日にアメリカ合衆国のサン·フランシスコ市で署名された日本国との平和条約 (以下「サン·フランシスコ条約」という。) 第二条に基き、台湾及び澎湖諸島並びに新南群島及び西沙群島に対するすべての権利、権原及び請求権を放棄したことが承認される。

第三条

日本国及びその国民の財産で台湾及び澎湖諸島にあるもの並びに日本国及びその国民の請求権 (債権を含む。) で台湾及び澎湖諸島における中華民国の当局及びその住民に対するものの処理並びに日本国におけるこれらの当局及び住民の財産並びに日本国及びその国民に対するこれらの当局及び住民の請求権 (債権を含む。) の処理は、日本国政府と中華民国政府との間の特別取極の主題とする。国民及び住民という語は、この条約で用いるときはいつでも、法人を含む。

第四条

千九百四十一年十二月九日前に日本国と中国との間で締結されたすべての条約、協約及び協定は、戦争の結果として無効となつたことが承認される。

第五条

日本国はサン·フランシスコ条約第十条の規定に基き、千九百一年九月七日に北京で署名された最終議定書並びにこれを補足するすべての附属書、書簡及び文書の規定から生ずるすべての利得及び特権を含む中国におけるすべての特殊の権利及び利益を放棄し、且つ、前記の議定書、附属書、書簡及び文書を日本国に関して廃棄することに同意したことが承認される。

第六条

(a) 日本国及び中華民国は、相互の関係において、国際連合憲章第二条の原則を指針とするものとする。

(b) 日本国及び中華民国は、国際連合憲章の原則に従つて協力するものとし、特に、経済の分野における友好的協力によりその共通の福祉を増進するものとする。

第七条

日本国及び中華民国は、貿易、海運その他の通商の関係を安定した且つ友好的な基礎の上におくために、条約又は協定をできる限りすみやかに締結することに努めるものとする。

第八条

日本国及び中華民国は、民間航空運送に関する協定をできる限りすみやかに締結することに努めるものとする。

第九条

日本国及び中華民国は、公海における漁猟の規制又は制限並びに漁業の保存及び発展を規定する協定をできる限りすみやかに締結することに努めるものとする。

第十条

この条約の適用上、中華民国の国民には、台湾及び澎湖諸島のすべての住民及び以前にそこの住民であつた者並びにそれらの子孫で、台湾及び澎湖諸島において中華民国が現に施行し、又は今後施行する法令によつて中国の国籍を有するものを含むものとみなす。また、中華民国の法人には、台湾及び澎湖諸島において中華民国が現に施行し、又は今後施行する法令に基いて登録されるすべての法人を含むものとみなす。

第十一条

この条約及びこれを補足する文書に別段の定がある場合を除く外、日本国と中華民国との間に戦争状態の存在の結果として生じた問題は、サン·フランシスコ条約の相当規定に従つて解決するものとする。

第十二条

この条約の解釈又は適用から生ずる紛争は、交渉又は他の平和的手段によつて解決するものとする。

第十三条

この条約は、批准されなければならない。批准書は、できる限りすみやかに台北で交換されなければならない。この条約は、批准書の交換の日に効力を生ずる。

第十四条

この条約は、日本語、中国語及び英語によるものとする。解釈の相違がある場合には、英語の本文による。

以上の証拠として、それぞれの全権委員は、この条約に署名調印した。

昭和二十七年四月二十八日（中華民国の四十一年四月二十八日及び千九百五十二年四月二十八日に相当する。）に台北で、本書二通を作成した。

日本国のために

河田烈

中華民国のために

葉公超

日華平和条約議定書

本日日本国と中華民国との間の平和条約（以下「この条約」という。）に署名するに当り、下名の全権委員は、この条約の不可分の一部をなす次の条項を協定した。

1 この条約の第十一条の適用は、次の了解に従うものとする。

(a) サン·フランシスコ条約において、期間を定めて、日本国が義務を負い、又は約束をしているときは、いつでも、この期間は、中華民国の領域のいずれの部分に関しても、この条約がこれらの領域の部分に対して適用可能となつた時から直ちに開始する。

(b) 中華民国は、日本国民に対する寛厚と善意の表徴として、サン·フランシスコ条約第十四条 (a) 1に基き日本国が提供すべき役務の利益を自発的に放棄する。

(c) サン·フランシスコ条約第十一条及び第十八条は、この条約の第十一条の実施から除外する。

2 日本国と中華民国との間の通商及び航海は、次の取極によつて規律する。

(a) 各当事国は、相互に他の当事国の国民、産品及び船舶に対して、次の待遇を与える。

(I) 貨物の輸出及び輸入に対する、又はこれに関連する関税、課金、制限その他の規制に関する最恵国待遇

(II) 海運、航海及び輸入貨物に関する最恵国待遇並びに自然人及び法人並びにその利益に関する最恵国待遇。この待遇には、税金の賦課及び徴収、裁判を受けること、契約の締結及び履行、財産権 (無体財産に関するものを含み、鉱業権に関するものを除く。)、法人への参加並びに一般にあらゆる種類の事業活動及び職業活動 (金融(保険を含む。) 活動及び一方の当事国がその国民にもつぱら留保する活動を除く。) の遂行に関するすべての事項を含むものとする。

(b) 前記の (a) (II) に明記する財産権、法人への参加並びに事業活動及び職業活動の遂行に関して、一方の当事国が他方の当事国に対し最恵国待遇を与えることが、実質的に内国民待遇を与えることとなるときは、いつでも、この当事国は、他の当事国が最恵国待遇に基き与える待遇よりも有利な待遇を与える義務を負わない。

(c) 政府の商企業の国外における売買は、商業的考慮にのみ基くものとする。

(d) この取極の適用上、次のとおり了解する。

(I) 中華民国の船舶には、台湾及び澎湖諸島において中華民国が現に施行し、又は今後施行する法令に基き登録されたすべての船舶を含むものとみなす。また、中華民国の産品には、台湾及び澎湖諸島を原産地とするすべての産品を含むものとみなす。

(II) 差別的措置であつて、それを適用する当事国の通商条約に通常規定されている例外に基くもの、その当事国の対外的財政状態若しくは国際収支を保護する必要に基くもの (海運及び航海に関するものを除く。) 又は重大な安全上の利益を維持する必要に基くものは、事態に相応しており、且つ、ほしいままな又は不合理な方法で適用されない限り、前記の待遇の許与を害するものと認めてはならない。

本項に定める取極は、この条約が効力を生ずる日から一年間効力を有する。

昭和二十七年四月二十八日 (中華民国の四十一年四月二十八日及び千九百五十二年四月二十八日に相当する。) に台北で、本書二通を作成した。

河田烈

葉公超

日華平和条約に関する交換公文

第一号

書簡をもって啓上いたします。本日署名された日本国と中華民国との間の平和条約に関して、本全権委員は、本国政府に代つて、この条約の条項が、中華民国に関しては、中華民国政府の支配下に現にあり、又は今後入るすべての領域に適用がある旨のわれわれの間で達した了解に言及する光栄を有します。

本全権委員は、貴全権委員が前記の了解を確認されれば幸であります。

以上を申し進めるのに際しまして、本全権委員は、貴全権委員に向つて敬意を表します。

千九百五十二年四月二十八日台北において

(河田烈)

中華民国全権委員　葉公超殿

第一号

書簡をもつて啓上いたします。本日署名された中華民国と日本国との間の平和条約に関して、本全権委員は、本日付の貴全権委員の次の書簡を受領したことを確認する光栄を有します。

本日署名された日本国と中華民国との間の平和条約に関して、本全権委員は、本国政府に代つて、この条約の条項が、中華民国に関しては、中華民国政府の支配下に現にあり、又は今後入るすべての領域に適用がある旨のわれわれの間で達した了解に言及する光栄を有します。

本全権委員は、貴全権委員が前記の了解を確認されれば幸であります。

本全権委員は、本国政府に代つて、ここに回答される貴全権委員の書簡に掲げられた了解を確認する光栄を有します。

以上を申し進めるのに際しまして、本全権委員は、貴全権委員に向つて敬意を表します。

千九百五十二年四月二十八日台北において

(葉公超)

日本国全権委員　河田烈殿

第二号

書簡をもつて啓上いたします。本全権委員は、中華民国と日本国との間の平和条約第八条において予見される協定が締結されるまでの間、サン·フランシスコ条約の関係規定が適用されるという本国政府の了解を申し述べる光栄を有します。

本全権委員は、貴全権委員が、前記のことが日本国政府の了解でもあることを確認されることを要請する光栄を有します。

以上を申し進めるのに際しまして、本全権委員は、貴全権委員に向つて重ねて敬意を表します。

千九百五十二年四月二十八日台北において

(葉公超)

日本国全権委員　河田烈殿

第二号

書簡をもつて啓上いたします。本日署名された日本国と中華民国との間の平和条約に関して、本全権委員は、本日付の貴全権委員の次の書簡を受領したことを確認する光栄を有します。

本全権委員は、日本国と中華民国との間の平和条約第八条において予見される協定が締結されるまでの間、サン·フランシスコ条約の関係規定が適用されるという本国政府の了解を申し述べる光栄を有します。

本全権委員は、貴全権委員が、前記のことが日本国政府の了解でもあることを確認されることを要請する光栄を有します。

本全権委員は、右のことが日本国政府の了解でもあることを確認する光栄を有します。

以上を申し進めるのに際しまして、本全権委員は、貴全権委員に向つて敬意を表します。

千九百五十二年四月二十八日台北において

(河田烈)

中華民国全権委員　葉公超殿

書簡をもつて啓上いたします。本日署名された日本国と中華民国との間の平和条約に関して、本全権委員は、本国政府に代つて、千九四十五年九月二日以後に中華民国の当局がだ捕 {だに強調} し、又は抑留した日本国の漁船に関する日本国の請求権に言及する光栄を有します。これらの請求権は、サン·フランシスコ条約が締結される前に、連合国最高司令官及び日本国政府を一方とし中華民国政府を他方とする交渉の主題となつていました。よつて、この交渉を継続し、且つ、これらの請求権を本日署名された日本国と中華民国との間の平和条約の相当規定に関係なく解決することを提議いたします。

本全権委員は、貴全権委員が、中華民国政府に代つて、前記の提案を受諾することを表示されれば幸であります。

以上を申し進めるのに際しまして、本全権委員は、貴全権委員に向つて敬意を表します。

千九百五十二年四月二十八日台北において

(河田烈)

中華民国全権委員　葉公超殿

書簡をもつて啓上いたします。本日署名された中華民国と日本国との間の平和条約に関して、本全権委員は、本日付の貴全権委員の次の書簡を受領したことを確認する光栄を有します。

本日署名された日本国と中華民国との間の平和条約に関して、本全権委員は、本国政府に代つて、千九百四十五年九月二日以後に中華民国の当局がだ捕 {だに強調} し、又は抑留した日本国の漁船に関する日本国の請求権に言及する光栄を有します。これらの請求権は、サン·フランシスコ条約が締結される前に、連合国最高司令官及び日本国政府を一方とし中華民国政府を他方とする交渉の主題となつていました。よつて、この交渉を継続し、且つ、これらの請求権を本日署名された日本国と中華民国との間の平和条約の相当規定に関係なく解決することを提議いたします。

本全権委員は、貴全権委員が、中華民国政府に代つて、前記の提案を受諾することを表示されれば幸であります。

本全権委員は、本国政府に代つて、前記の提案を受諾することを表示する光栄を有します。

以上を申し進めるのに際しまして、本全権委員は、貴全権委員に向つて重ねて敬意を表します。

千九百五十二年四月二十八日台北において

(葉公超)

日本国全権委員　河田烈殿

日華平和条約に関する同意された議事録

一、

中華民国代表

私は、本日交換された書簡の「又は今後入る」という表現は、「及び今後入る」という意味にとることができると了解する。その通りであるか。

日本国代表

然り、その通りである。私は、この条約が中華民国政府の支配下にあるすべての領域に適用があることを確言する。

二、

中華民国代表

私は、千九百三十一年九月十八日のいわゆる「奉天事件」の結果として中国に設立された「満州国」及び「汪精衛政権」のような協力政権の日本国における財産、権利又は利益は、両当事国間の同意によりこの条約及びサン·フランシスコ条約の関係規定に従い、中華民国に移管されうるものであると了解する。その通りであるか。

日本国代表

その通りである。

三、

中華民国代表

私は、サン·フランシスコ条約第十四条（a）2(II)（ii）の規定は千九百三十一年九月十八日以降中華民国の同意なしに設置され、且つ、かつて中国における日本国政府の外交上又は領事上の機関であると称せられたものが使用した不動産、家具及び備品並びにこの機関の職員が使用した個人の家具、備品及び他の私有財産について除外例を及ぼすものと解釈してはならないと了解する。その通りであるか。

日本国代表

その通りである。

四、

日本国代表

私は、中華民国は本条約の議定書第一項 (b) において述べられているように、役務賠償を自発的に放棄したので、サン·フランシスコ条約第十四条 (a) に基き同国に及ぼされるべき唯一の残りの利益は、同条約第十四条 (a) 2に規定された日本国の在外資産であると了解する。その通りであるか。

中華民国代表

然り、その通りである。

河田烈

葉公超

4. 1952년 일화평화조약(중문)[4]

中華民國與日本國間和平條約

一、中華民國與日本國間和平條約

四十一年四月二十八日簽訂

四十一年八月五日互換批准書

四十一年八月五日生效

中華民國與日本國

鑒於兩國由於其歷史文化關係及領土鄰近而產生之相互睦鄰願望；

4 中外條約輯編 (中華民國十六年至四十六年)，248－257頁.
「世界和日本」資料庫. 〈中華民國與日本國間和平條約〉.
http://worldjpn.grips.ac.jp/documents/texts/docs/19520428.T1T.html

了解兩國之密切合作對於增進其共同福利及維持世界和平與安全，均屬重要；

均認由於兩國間戰爭狀態之存在而引起之各項問題，亟待解決；

爰經決定締結和平條約，並為此各派全權代表如左：

中華民國總統閣下： 葉公超先生；

日本國政府： 河田烈先生；

各該全權代表經將其所奉全權證書提出互相校閱，認為均屬妥善，爰議定條款如左：

第一條　中華民國與日本國間之戰爭狀態，自本約發生效力之日起，即告終止。

第二條　茲承認依照公曆一千九百五十一年九月八日在美利堅合眾國金山市簽訂之對日和平條約 (以下簡稱金山和約) 第二條，日本國業已放棄對於臺灣及澎湖群島以及南沙群島及西沙群島之一切權利、權利名義與要求。

第三條　關於日本國及國民在臺灣及澎湖之財產及其對於在臺灣及澎湖之中華民國當局及居民所作要求(包括債權在內)之處置，及該中華民國當局及居民在日本國之財產及其對於日本國及日本國國民所作要求(包括債權在內)之處置，應由中華民國政府與日本國政府間另商特別處理辦法。本約任何條款所用「國民」及「居民」等名詞，均包括法人在內。

第四條　茲承認中國與日本國間在中華民國三十年即公曆一千九百四十一年十二月九日以前所締結之一切條約、專約及協定，均因戰爭結果而歸無效。

第五條　茲承認依照金山和約第十條之規定，日本國業已放棄在中國之一切特殊權利及利益。包括由於中華民國紀元前十一年即公曆一千九百零一年九月七日在北京簽訂之最後議定書與一切附件及補充之各換文暨文件所產生之一切利益與特權；並已同意就關於日本國方面廢除該議定書、附件、換文及文件。

第六條　(甲)中華民國與日本國在其相互之關係上，願各遵聯合國憲章第二條之各項原則　(乙) 中華民國與日本國願依聯合國憲章之原則彼此合作，並特願經由經濟方面之友好合作，促進兩國之共同福利。

第七條　中華民國與日本國願儘速商訂一項條約或協定，藉以將兩國貿易、航業及其他商務關係，置於穩定與友好之基礎上。

第八條　中華民國與日本國願儘速商訂一項關於民用航空運輸之協定。

第九條　中華民國與日本國願儘速締結一項為規範或限制捕魚、及保存暨開發公海漁業之協定。

第十條　就本約而言，中華民國國民應認為包括依照中華民國在臺灣及澎湖所已施行或將來可能施行之法律規章而具有中國國籍之一切臺灣及澎湖居民及前屬臺灣及澎湖之居民及其後裔；中華民國法人應認為包括依照中華民國在臺灣及澎湖所已施行或將來可能施行之法律規章所登記之一切法人。

第十一條　除本約及其補充文件另有規定外，凡在中華民國與日本國間因戰爭狀態存在之結果而引起之任何問題，均應依照金山和約之有關規定予以解決。

第十二條　凡因本約之解釋或適用可能發生之任何爭執，應以磋商或其他和平方式解決之。

第十三條　本約應予批准，批准文件應儘速在臺北互換。本約應自批准文件互換之日起發生效力。

第十四條　本約應分繕中文、日文及英文。遇有解釋不同，應以英文本為準。

為此，雙方全權代表各於本約簽字蓋印，以昭信守。

本約共繕二份，於中華民國四十一年四月二十八日即日本國昭和二十七年四月二十八日即公曆一千九百五十二年四月二十八日訂於臺北。

中華民國代表：葉公超 (蓋印)

日本國代表：河田烈 (蓋印)

二、議定書

署名於後之雙方全權代表，於本日簽署中華民國與日本國間和平條約(以下簡稱本約)時，議定左列各條款，各該條款應構成本約內容之一部分，計開：

(一)本約第十一條之實施，應以下列各項了解為準：

(甲) 凡在金山和約內有對日本國所負義務或承擔而規定時期者，該項時期，對於中華民國領土之任一地區而言，應於本條約一經適用於該領土之該地區之時，開始計算。

(乙)為對日本人民表示寬大與友好之意起見，中華民國自動放棄根據金山和約第十四條甲項第一款日本國所應供應之服務之利益。

(丙)金山和約第十一條及第十八條不在本約第十一條實施範圍之內。

(二)中華民國與日本國間之商務及航業應以下列辦法為準繩：

(甲) 雙方將相互以左列待遇給予對方之國民、產品及船舶：

(子) 關於關稅、規費、限制及其他施行於貨物之進口及出口或與其有關之規章，給予最惠國待遇；及

(丑) 關於船運、航行及進口貨物，及關於自然人與法人及其利益，給予最惠國待遇；該項待遇包括關於徵收稅捐、起訴及應訴、訂立及執行契約、財產權 (包括無形財產權但業權除外)、參加法人團體、及通常關於除金融 (包括保險) 業及任何一方專為其國民所保留之各種職業活動以外之各種商業及職業活動行為之一切事項。

(乙) 關於本項(甲)款(丑)節所載之財產權、參加法人團體及商業及職業活動之行為，凡遇任何一方所給予彼方之最惠國待遇，在事實上臻於國民

待遇之程度時，則該方對於彼方並無給與較諸彼方依照最惠國待遇所給待遇更高待遇之義務。

(丙) 國營貿易企業之對外購買及出售，應僅以商務考慮為基礎。

(丁) 在適用本辦法時，雙方了解：

(子) 中華民國之船舶應認為包括依照中華民國在臺灣及澎湖所已施行或將來可能施行之法律規章所登記之一切船舶；中華民國之產品應認為包括發源於臺灣及澎湖之一切產品；及

(丑) 如某項差別待遇辦法係基於適用該項辦法一方之商約中所通常規定之一項例外，或基於保障該方之對外財政地位，或收支平衡之需要(除涉及船運及航行者外)，或基於其保持其主要安全利益，又如該項辦法係隨情勢推移，且不移獨斷或不合理之方式適用者，則該項差別待遇辦法不得視為對於以上規定所應給予之各待遇有所減損。

本項所規定之辦法應自本約生效之日起一年之期限內繼續有效。

本議定書共繕二份，於中華民國四十一年四月二十八日即日本國昭和二十七年四月二十八日即公曆一千九百五十二年四月二十八日訂於臺北。

葉公超 (簽字)

河田烈 (簽字)

三、換文

(一) 日本國全權代表致中華民國全權代表照會譯文

照會　第一號

關於本日簽訂之日本國與中華民國間和平條約，本代表謹代表本國政府提及貴我雙方所成立之了解，即：本約各條款，關於中華民國之一方，應適用於現在在中華民國政府控制下或將來在其控制下之全部領土。

上述了解，如荷

貴代表惠予證實，本代表當深感紉。

本代表順向

貴代表表示崇高之敬意。

此致

中華民國全權代表葉公超閣下

河田烈 (簽字)

昭和二十七年四月二十八日於臺北

(二) 中華民國全權代表覆日本國全權代表照會

照會　第一號

關於本日簽訂之中華民國與日本國間和平條約，頃准

貴代表本日照會內開：

「關於本日簽訂之日本國與中華民國間和平條約，本代表謹代表本國政府提及貴我雙方所成立之了解，即：本約各條款，關於中華民國之一方，應適用於現在在中華民國政府控制下或將來在其控制下之全部領土。

上述了解，如荷

貴代表惠予證實，本代表當深感紉。」

本代表謹代表本國政府證貴代表來照所述之了解。

本代表順向

貴代表表示崇高之敬意。

此致

日本國全權代表河田烈閣下

葉公超 (簽字)

中華民國四十一年四月二十八日於臺北

(三) 中華民國全權代表致日本國全權代表照會

照會　第二號

本代表茲謹聲述，本國政府了解：在本日簽署之中華民國與日本國間和

平條約第八條所規定之協定未締結以前，金山和約之相關規定應予適用。

本代表謹請

貴代表惠予證實：此亦係日本國政府之了解。

本代表順向

貴代表重表崇高之敬意。

此致

日本國全權代表河田烈閣下

葉公超 (簽字)

中華民國四十一年四月二十八日於台北

(四) 日本國全權代表覆中華民國全權代表照會譯文

照會　第二號

關於本日簽訂之日本國與中華民國間和平條約，頃准

貴代表本日照會內開：

「本代表茲謹聲述，本國政府了解：在本日簽署之中華民國與日本國間和平條約第八條所規定之協定未締結以前，金山和約之相關規定應予適用。

本代表謹請

貴代表惠予證實：此亦係日本國政府之了解。」

本代表謹證實此亦係日本國政府之了解。

本代表順向

貴代表重表崇高之敬意。

此致

中華民國全權代表葉公超閣下

河田烈 (簽字)

昭和二十七年四月二十八日於臺北

四、同意紀錄

(壹)

中華民國全權代表：

『本人了解：本日第一號換文中所用「或將來在其……」等字樣，可認為具有「及將來在其……」之意。是否如此？』

日本國全權代表：

『然，確係如此。本人確告貴代表：本約係對於中華民國政府所控制之全部領土，概予實施。』

(貳)

中華民國全權代表：

『本人了解：凡因中華民國二十年即公曆一千九百三十一年九月十八日所謂「瀋陽事變」之結果而在中國組設之偽政權，如「滿州國」及「汪精衛政權」，其在日本國之財產，權利或利益，應於雙方依照本約及金山和約有關規定成立協議後移交與中華民國。是否如此？』

日本國全權代表：

『確係如此。』

(參)

中華民國全權代表：

『本人了解：金山和約第十四條甲項第二款(二)(丑)內之任何規定，不得解釋為對於自中華民國二十年即公曆一千九百三十一年九月十八日以來未經中華民國政府同意而曾一度自稱為日本國政府在中國之外交或領事機構所使用之不動產、傢具及裝備及各該機構人員所使用之傢具設備及其他私人財產，予以除外，是否如此？』

日本國全權代表：

『確係如此。』

(肆)

日本國全權代表：

『本人了解：中華民國既已如本約議定書第(一)項(乙)款所述自動放棄服務補償，則根據金山和約第十四條甲項之規定日本國尚須給予中華民國之唯一利益，即為該約第十四條甲項第二款所規定之日本國在其本國外之資產。是否如此?』

中華民國全權代表：

『然，即係如此。』

葉公超 (簽字)

河田烈 (簽字)

5. 1972년 중일공동성명(일문)[5]

日本国政府と中華人民共和国政府の共同声明

日本国内閣総理大臣田中角栄は、中華人民共和国国務院総理周恩来の招きにより、千九百七十二年九月二十五日から九月三十日まで、中華人民共和国を訪問した。田中総理大臣には大平正芳外務大臣、二階堂進内閣官房長官その他の政府職員が随行した。

毛沢東主席は、九月二十七日に田中角栄総理大臣と会見した。双方は、真剣かつ友好的な話合いを行った。

---

5 일본 외무성外務省.
https://www.mofa.go.jp/mofaj/area/china/nc_seimei.html

田中総理大臣及び大平外務大臣と周恩来総理及び姫鵬飛外交部長は、日中両国間の国交正常化問題をはじめとする両国間の諸問題及び双方が関心を有するその他の諸問題について、終始、友好的な雰囲気のなかで真剣かつ率直に意見を交換し、次の両政府の共同声明を発出することに合意した。

日中両国は、一衣帯水の間にある隣国であり、長い伝統的友好の歴史を有する。両国国民は、両国間にこれまで存在していた不正常な状態に終止符を打つことを切望している。戦争状態の終結と日中国交の正常化という両国国民の願望の実現は、両国関係の歴史に新たな一頁を開くこととなろう。

日本側は、過去において日本国が戦争を通じて中国国民に重大な損害を与えたことについての責任を痛感し、深く反省する。また、日本側は、中華人民共和国政府が提起した「復交三原則」を十分理解する立場に立って国交正常化の実現をはかるという見解を再確認する。中国側は、これを歓迎するものである。

日中両国間には社会制度の相違があるにもかかわらず、両国は、平和友好関係を樹立すべきであり、また、樹立することが可能である。両国間の国交を正常化し、相互に善隣友好関係を発展させることは、両国国民の利益に合致するところであり、また、アジアにおける緊張緩和と世界の平和に貢献するものである。

一　日本国と中華人民共和国との間のこれまでの不正常な状態は、この共同声明が発出される日に終了する。

二　日本国政府は、中華人民共和国政府が中国の唯一の合法政府であることを承認する。

三　中華人民共和国政府は、台湾が中華人民共和国の領土の不可分の一部であることを重ねて表明する。日本国政府は、この中華人民共和国政府の立場を十分理解し、尊重し、ポツダム宣言第八項に基づく立場を堅持する。

四　日本国政府及び中華人民共和国政府は、千九百七十二年九月二十九日から外交関係を樹立することを決定した。両政府は、国際法及び国際慣行に従い、それぞれの首都における他方の大使館の設置及びその任務遂行のために必要なすべての措置をとり、また、できるだけすみやかに大使を交換することを決定した。

五　中華人民共和国政府は、中日両国国民の友好のために、日本国に対する戦争賠償の請求を放棄することを宣言する。

六　日本国政府及び中華人民共和国政府は、主権及び領土保全の相互尊重、相互不可侵、内政に対する相互不干渉、平等及び互恵並びに平和共存の諸原則の基礎の上に両国間の恒久的な平和友好関係を確立することに合意する。

両政府は、右の諸原則及び国際連合憲章の原則に基づき、日本国及び中国が、相互の関係において、すべての紛争を平和的手段により解決し、武力又は武力による威嚇に訴えないことを確認する。

七　日中両国間の国交正常化は、第三国に対するものではない。両国のいずれも、アジア·太平洋地域において覇権を求めるべきではなく、このような覇権を確立しようとする他のいかなる国あるいは国の集団による試みにも反対する。

八　日本国政府及び中華人民共和国政府は、両国間の平和友好関係を強固にし、発展させるため、平和友好条約の締結を目的として、交渉を行うことに合意した。

九　日本国政府及び中華人民共和国政府は、両国間の関係を一層発展させ、人的往来を拡大するため、必要に応じ、また、既存の民間取決めをも考慮しつつ、貿易、海運、航空、漁業等の事項に関する協定の締結を目的として、交渉を行うことに合意した。
千九百七十二年九月二十九日に北京で

日本国内閣総理大臣	田中角栄 (署名)
日本国外務大臣	大平正芳 (署名)
中華人民共和国国務院総理	周恩来 (署名)
中華人民共和国　外交部長	姫鵬飛 (署名)

6. 1972년 중일공동성명(중문)[6]

中华人民共和国政府和日本国政府联合声明(中日联合声明)

日本国内阁总理大臣田中角荣应中华人民共和国国务院总理周恩来的邀请，于一九七二年九月二十五日至九月三十日访问了中华人民共和国。陪同田中角荣总理大臣的有大平正芳外务大臣、二阶堂进内阁官房长官以及其他政府官员。

毛泽东主席于九月二十七日会见了田中角荣总理大臣。双方进行了认真、友好的谈话。 周恩来总理、姬鹏飞外交部长和田中角荣总理大臣、大

6 신화뉴스. https://web.archive.org/web/20150926165030/http://news.xinhuanet.com/ziliao/2002-03/26/content_331579.htm 검색일: 2019.2.28.
중화인민공화국외교부中华人民共和国外交部. http://treaty.mfa.gov.cn/tykfiles/20180718/1531876475787.pdf

平正芳外务大臣，始终在友好气氛中，以中日两国邦交正常化问题为中心，就两国间的各项问题，以及双方关心的其他问题，认真、坦率地交换了意见，同意发表两国政府的下述联合声明：

中日两国是一衣带水的邻邦，有着悠久的传统友好的历史。两国人民切望结束迄今存在于两国间的不正常状态。战争状态的结束，中日邦交的正常化，两国人民这种愿望的实现，将揭开两国关系史上新的一页。

日本方面痛感日本国过去由于战争给中国人民造成的重大损害的责任，表示深刻的反省。日本方面重申站在充分理解中华人民共和国政府提出的“复交三原则”的立场上，谋求实现日中邦交正化这一见解。中国方面对此表示欢迎。

中日两国尽管社会制度不同，应该而且可以建立和平友好关系。两国邦交正常化，发展两国的睦邻友好关系，是符合两国人民利益的，也是对缓和亚洲紧张局势和维护世界和平的贡献。

(一) 自本声明公布之日起，中华人民共和国和日本国之间迄今为止的不正常状态宣告结束。

(二) 日本国政府承认中华人民共和国政府是中国的唯一合法政府。

(三) 中华人民共和国政府重申：台湾是中华人民共和国领土不可分割的一部分。日本国政府充分理解和尊重中国政府的这一立场，并坚持遵循波茨坦公告第八条的立场。

(四) 中华人民共和国政府和日本国政府决定自一九七二年九月二十九日起建立外交关系。两国政府决定，按照国际法和国际惯例，在各自的首都为对方大使馆的建立和履行职务采取一切必要的措施，并尽快互换大使。

(五) 中华人民共和国政府宣布：为了中日两国人民的友好，放弃对日本国的战争赔偿要求。

(六) 中华人民共和国政府和日本国政府同意在互相尊重主权和领土完整、

互不侵犯、互不干涉内政、平等互利、和平共处各项原则的基础上，建立两国间持久的和平友好关系。根据上述原则和联合国宪章的原则，两国政府确认，在相互关系中，用和平手段解决一切争端，而不诉诸武力和武力威胁。

(七) 中日邦交正常化，不是针对第三国的。两国任何一方都不应在亚洲和太平洋地区谋求霸权，每一方都反对任何其他国家或集团建立这种霸权的努力。

(八) 中华人民共和国政府和日本国政府为了巩固和发展两国间的和平友好关系，同意进行以缔结和平友好条约为目的的谈判。

(九) 中华人民共和国政府和日本国政府为进一步发展两国间的关系和扩大人员往来，根据需要并考虑到已有的民间协定，同意进行以缔结贸易、航海、航空、渔业等协定为目的的谈判。

中华人民共和国国务院总理　　日本国内阁总理大臣

周恩来 (签字)　　田中角荣 (签字)

中华人民共和国外交部长　　日本国外务大臣

姬鹏飞 (签字)　　大平正芳 (签字)

一九七二年九月二十九日于北京

7. 1972년 중일공동성명(영문)[7]

Joint Communique of the Government of Japan and the Government of the People's Republic of China

September 29, 1972

Prime Minister Kakuei Tanaka of Japan visited the People's Republic of China at the invitation of Premier of the State Council Chou En-lai of the People's Republic of China from September 25 to September 30, 1972. Accompanying Prime Minister Tanaka were Minister for Foreign Affairs Masayoshi Ohira, Chief Cabinet Secretary Susumu Nikaido and other government officials.

Chairman Mao Tse-tung met Prime Minister Kakuei Tanaka on September 27. They had an earnest and friendly conversation.

Prime Minister Tanaka and Minister for Foreign Affairs Ohira had an earnest and frank exchange of views with Premier Chou En-lai and Minister for Foreign Affairs Chi Peng-fei in a friendly atmosphere throughout on the question of the normalization of relations between Japan and China and other problems between the two countries as well as on other matters of interest to both sides, and agreed to issue the following Joint Communique of the two Governments:

Japan and China are neighbouring countries, separated only by a

---

7 일본 외무성外務省. https://www.mofa.go.jp/region/asia-paci/china/joint72.html

strip of water with a long history of traditional friendship. The peoples of the two countries earnestly desire to put an end to the abnormal state of affairs that has hitherto existed between the two countries. The realization of the aspiration of the two peoples for the termination of the state of war and the normalization of relations between Japan and China will add a new page to the annals of relations between the two countries.

The Japanese side is keenly conscious of the responsibility for the serious damage that Japan caused in the past to the Chinese people through war, and deeply reproaches itself. Further, the Japanese side reaffirms its position that it intends to realize the normalization of relations between the two countries from the stand of fully understanding "the three principles for the restoration of relations" put forward by the Government of the People's Republic of China. The Chinese side expresses its welcome for this.

In spite of the differences in their social systems existing between the two countries, the two countries should, and can, establish relations of peace and friendship. The normalization of relations and development of good-neighborly and friendly relations between the two countries are in the interests of the two peoples and will contribute to the relaxation of tension in Asia and peace in the world.

1. The abnormal state of affairs that has hitherto existed between

Japan and the People's Republic of China is terminated on the date on which this Joint Communique is issued.

2. The Government of Japan recognizes that Government of the People's Republic of China as the sole legal Government of China.
3. The Government of the People's Republic of China reiterates that Taiwan is an inalienable part of the territory of the People's Republic of China. The Government of Japan fully understands and respects this stand of the Government of the People's Republic of China, and it firmly maintains its stand under Article 8 of the Postsdam Proclamation.
4. The Government of Japan and the Government of People's Republic of China have decided to establish diplomatic relations as from September 29, 1972. The two Governments have decided to take all necessary measures for the establishment and the performance of the functions of each other's embassy in their respective capitals in accordance with international law and practice, and to exchange ambassadors as speedily as possible.
5. The Government of the People's Republic of China declares that in the interest of the friendship between the Chinese and the Japanese peoples, it renounces its demand for war reparation from Japan.
6. The Government of Japan and the Government of the People's Republic of China agree to establish relations of perpetual

peace and friendship between the two countries on the basis of the principles of mutual respect for sovereignty and territorial integrity, mutual non-aggression, non-interference in each other's internal affairs, equality and mutual benefit and peaceful co-existence.

The two Governments confirm that, in conformity with the foregoing principles and the principles of the Charter of the United Nations, Japan and China shall in their mutual relations settle all disputes by peaceful means and shall refrain from the use or threat of force.

7. The normalization of relations between Japan and China is not directed against any third country. Neither of the two countries should seek hegemony in the Asia-Pacific region and each is opposed to efforts by any other country or group of countries to establish such hegemony.
8. The Government of Japan and the Government of the People's Republic of China have agreed that, with a view to solidifying and developing the relations of peace and friendship between the two countries, the two Governments will enter into negotiations for the purpose of concluding a treaty of peace and friendship.
9. The Government of Japan and the Government of the People's Republic of China have agreed that, with a view to further promoting relations between the two countries and to expanding interchanges of people, the two Governments will,

as necessary and taking account of the existing non-governmental arrangements, enter into negotiations for the purpose of concluding agreements concerning such matters as trade, shipping, aviation, and fisheries.

Done at Peking, September 29, 1972

Prime Minister of Japan

Minister for Foreign Affairs of Japan

Premier of the State Council of the People's Republic of China

Minister for Foreign Affairs of the People's Republic of China

8. 1978년 중일평화우호조약 (일문)[8]

日本国と中華人民共和国との間の平和友好条約

日本国及び中華人民共和国は、

千九百七十二年九月二十九日に北京で日本国政府及び中華人民共和国政府が共同声明を発出して以来、両国政府及び両国民の間の友好関係が新しい基礎の上に大きな発展を遂げていることを満足の意をもつて回顧し、

前記の共同声明が両国間の平和友好関係の基礎となるものであること及び前記の共同声明に示された諸原則が厳格に遵守されるべきことを確認し、

8 일본 외무성外務省. https://www.mofa.go.jp/mofaj/area/china/nc_heiwa.html

国際連合憲章の原則が十分に尊重されるべきことを確認し、アジア及び世界の平和及び安定に寄与することを希望し、

両国間の平和友好関係を強固にし、発展させるため、

平和友好条約を締結することに決定し、このため、次のとおりそれぞれ全権委員を任命した。

日本国　　　外務大臣　園田　直

中華人民共和国　外交部長　黄　華

これらの全権委員は、互いにその全権委任状を示し、それが良好妥当であると認められた後、次のとおり協定した。

第一条

1　両締約国は、主権及び領土保全の相互尊重、相互不可侵、内政に対する相互不干渉、平等及び互恵並びに平和共存の諸原則の基礎の上に、両国間の恒久的な平和友好関係を発展させるものとする。

2　両締約国は、前記の諸原則及び国際連合憲章の原則に基づき、相互の関係において、すべての紛争を平和的手段により解決し及び武力又は武力による威嚇に訴えないことを確認する。

第二条

両締約国は、そのいずれも、アジア·太平洋地域においても又は他のいずれの地域においても覇権を求めるべきではなく、また、このような覇権を確立しようとする他のいかなる国又は国の集団による試みにも反対することを表明する。

第三条

両締約国は、善隣友好の精神に基づき、かつ、平等及び互恵並びに内政に対する相互不干渉の原則に従い、両国間の経済関係及び文化関係の一層の発展並びに両国民の交流の促進のために努力する。

第四条

この条約は、第三国との関係に関する各締約国の立場に影響を及ぼすものではない。

第五条

1　この条約は、批准されるものとし、東京で行われる批准書の交換の日に効力を生ずる。この条約は、十年間効力を有するものとし、その後は、2の規定に定めるところによつて終了するまで効力を存続する。

2　いずれの一方の締約国も、一年前に他方の締約国に対して文書による予告を与えることにより、最初の十年の期間の満了の際またはその後いつでもこの条約を終了させることができる。

以上の証拠として、各全権委員は、この条約に署名調印した。

千九百七十八年八月十二日に北京で、ひとしく正文である日本語及び中国語により本書二通を作成した。

日本国のために　　　園田　直 (署名)

中華人民共和国のために　黄　華 (署名)

9. 1978년 중일평화우호조약 (중문)[9]

中华人民共和国和日本国和平友好条约

中华人民共和国和日本国满意地回顾了自一九七二年九月二十九日中华人民共和国政府和日本国政府在北京发表联合声明以来，两国政府和两国人民之间的友好关系在新的基础上获得很大的发展；确认上述联合声明是两国间和平友好关系的基础，联合声明所表明的各项原则应予严格遵守；确认联合国宪章的原则应予充分尊重；希望对亚洲和世界的和平与安定作出贡献；为了巩固和发展两国间的和平友好关系；决定缔结和平友好条约，为此各自委派全权代表如下：

中华人民共和国委派外交部长黄华；

日本国委派外务大臣园田直。

双方全权代表互相校阅全权证书，认为妥善后，达成协议如下：

第一条

缔约双方应在互相尊重主权和领土完整、互不侵犯、互不干涉内政、平等互利、和平共处各项原则的基础上，发展两国间持久的和平友好关系。

根据上述各项原则和联合国宪章的原则，缔约双方确认，在相互关系中，用和平手段解决一切争端，而不诉诸武力和武力威胁。

第二条　缔约双方表明：任何一方都不应在亚洲和太平洋地区或其他任何

9　중화인민공화국외교부中华人民共和国外交部.
http://treaty.mfa.gov.cn/tykfiles/20180718/1531876523622.pdf

地区谋求霸权，并反对任何其他国家或国家集团建立这种霸权的努力。

第三条　缔约双方将本着睦邻友好的精神，按照平等互利和互不干涉内政的原则，为进一步发展两国之间的经济关系和文化关系，促进两国人民的往来而努力。

第四条　本条约不影响缔约各方同第三国关系的立场。

第五条

1. 本条约须经批准，自在东京交换批准书之日起生效。本条约有效期为十年。十年以后，在根据本条第二款的规定宣布终止以前，将继续有效。

2. 缔约任何一方在最初十年期满时或在其后的任何时候，可以在一年以前，以书面预先通知缔约另一方，终止本条约。 双方全权代表在本条约上签字盖章，以昭信守。本条约于一九七八年八月十二日在北京签订，共两份，每份都用中文和日文写成，两种文本具有同等效力。

中华人民共和国全权代表	日本国全权代表
黄　华	园田　直
(签字)	(签字)

本条约自1978年10月23日起生效。

10. 1978년 중일평화우호조약 (영문)[10]

TREATY OF PEACE AND FRIENDSHIP BETWEEN JAPAN AND THE PEOPLE'S REPUBLIC OF CHINA

August 12, 1978

Japan and the People's Republic of China,

Recalling with satisfaction that since the Government of Japan and the Government of the People's Republic of China issued a Joint Communique in Peking on September 29, 1972, the friendly relations between the two Governments and the peoples of the two countries have developed greatly on a new basis.

Confirming that the above-mentioned Joint Communique constitutes the basis of the relations of peace and friendship between the two countries and that the principles enunciated in the Joint Communique should be strictly observed.

Confirming that the principles of the Charter of the United Nations should be fully respected.

Hoping to contribute to peace and stability in Asia and in the world.

For the purpose of solidifying and developing the relations of peace and friendship between the two countries.

Have resolved to conclude a Treaty of Peace and Friendship and

10 일본 외무성外務省. https://www.mofa.go.jp/region/asia-paci/china/treaty78.html

for that purpose have appointed as their Plenipotentiaries:

Japan: Minister for Foreign Affairs Sunao Sonoda

People's Republic of China: Minister of Foreign Affairs Huang Hua

Who, having communicated to each other their full powers, found to be in good and due form, have agreed as follows:

[Article I]

1. The Contracting Parties shall develop relations of perpetual peace and friendship between the two countries on the basis of the principles of mutual respect for sovereignty and territorial integrity, mutual non-aggression, non-interference in each other's internal affairs, equality and mutual benefit and peaceful co-existence.
2. The Contracting Parties confirm that, in conformity with the foregoing principles and the principles of the Charter of the United Nations, they shall in their mutual relations settle all disputes by peaceful means and shall refrain from the use or threat of force.

[Article II]

The Contracting Parties declare that neither of them should seek hegemony in the Asia-Pacific region or in any other region and that each is opposed to efforts by any other country or group of countries to establish such hegemony.

[Article III]

The Contracting parties shall, in the good-neighborly and friendly spirit and in conformity with the principles of equality and mutual benefit and non-interference in each other's internal affairs, endeavor to further develop economic and cultural relations between the two countries and to promote exchanges between the peoples of the two countries.

[Article IV]

The present Treaty shall not affect the position of either Contracting Party regarding its relations with third countries.

[Article V]

1. The present Treaty shall be ratified and shall enter into force on the date of the exchange of instruments of ratification which shall take place at Tokyo. The present Treaty shall remain in force for ten years and thereafter shall continue to be in force until terminated in accordance with the provisions of paragraph 2.
2. Either Contracting Party may, by giving one year's written notice to the other Contracting Party, terminate the present Treaty at the end of the initial ten-year period or at any time thereafter.

IN WITNESS WHEREOF, the respective Plenipotentiaries have signed the present Treaty and have affixed thereto their seals.

DONE in duplicate, in the Japanese and Chinese languages, both texts being equally authentic, at Peking, this twelfth day of August, 1978.

For Japan

For the People's Republic of China

부록 2

중일관계 연표(1949-1972)[1]

연도	국제관계	중국	중일관계	일본
1949		10.1 중화인민공화국 성립 12.7 중화민국 대만 이전	8.1 중일무역촉진의원연맹 발족	
1950	6.25 한국전쟁 발발	1.6 영국 중화인민공화국 승인 2.14 중소우호동맹상호원조조약 조인 8.1 맥아더 대만해협 유지 성명 10.25 중화인민공화국 한국전쟁 참여		
1951	2.1 유엔, 중화인민공화국을 침략국으로 인정 9.4~9.8 샌프란시스코 강화회의 개최 9.8 강화조약에 일본 포함 49개국 서명 (52.4.28 발효)			9.8 일미안전보장조약 조인 12.24 요시다시게루 수상이 덜레스 국무성고문에 서한 발송(요시다서한)

1 출처: 国分良成 外 2013, 262-265; 川島真 外 2009, 17-19 참조 필자 재구성.

연도	국제관계	중국	중일관계	일본
1952	4월 모스크바 국제경제회의 개최 7월 친콤 설치 11.1 미국, 최초 수소폭탄 실험		4.24 일대통상협정 연장 4.28 일화평화조약 조인(8.5발효) 6.1 제1차 중일민간무역협정 조인	1.16 요시다서한 공표 4월 일본국제무역촉진위원회 조직 11.14 일본이 코콤 가입
1953	7.27 한국전쟁 휴전협정조인 8.8 소련, 수소폭탄 보유 발표		10.29 제2차 중일민간무역협정 조인	
1954		9.3 1차 대만해협위기 12.2 미화상호방위조약 조인		9.22 일본국제무역촉진협회 결성 12.10 하토야마이치로 내각 성립
1955	4.18~4.24 인도네시아, 반둥회의 12.13 소련, 일본의 유엔 가입 거부권		3.15 일화항공협정 조인 3.29 제3차 중일민간무역협정교섭(5.4조인) 4.22 일화신통상협정 조인	11.15 자유민주당 결성(보수합동)
1956			4.15 대만친선사절단 일본 방문 5.29 일화무역협정 조인 여름, 중국이 1000명 이상의 일본인 전범 석방, 송환	10.19. 일소공동선언 조인(12.12 발효) 12.18. 일본 유엔가입 12.23 이시바시탄잔 내각 성립
1957	10.4 소련, 인공위성 발사 성공	9.20~10.9 중국 8기 확대3중전회 개최	3.12 일화협력위원회 설립 6.2-6.4 기시수상 대만 방문, 장제스와 회담	2.25 기시노부스케 내각 성립
1958			3.5 제4차 중일민간무역협정 조인 3.14 중화민국이 일화통상회담중지 통고	

연도	국제관계	중국	중일관계	일본
1958		5.5~5.23 중국 공산당 제8회 전국대표대회(당대회) 제2회 회기개최, 대약진 정책 결정. 8.23 제2차 대만해협위기	4.9 대만, 대일통상 금지 해제 5.2 나가사키국기 사건 발생 5.21 일화무역 취결 조인	
1959	9.25 미소 정상 캠프데이비스 회담	6.20 소련이 중소 국방신기술 협정 파기 통고	3.3 중화민국, 일본에 대중 무역 비난 12.27 요시다 대만 방문 9월 이시바시탄잔 전수상이 방중하여 저우언라이 총리와 회담	
1960		5.20 장제스 제3기 총통 취임 6.18 아이젠하워 대통령 대만 방문 7.16.소련, 중국에서 전문가 귀환 통고	2.28 일본, 대만청년사 결사 3.28 일화무역회담 개시 8.27 저우언라이 총리가 중일 '무역3원칙'	1.19 신일미안전보장조약 조인 7.19 이케다하야토 내각 성립
1961	4.12 소련, 유인우주선 지구일주 성공 12.16 유엔, 중국 대표권 문제 중요사항 가결	10.19 제22회 소련 공산당대회에서 저우언라이 총리가 후루시초프 소련 공산당 제1서기를 비판	6.23 일화무역신협정 조인 8.1~8.2 기시전수상 대만 방문, 장제스 회담	
1962	10.22~10.28 쿠바 미사일 위기	1.11~2.7 중국공산당 중앙광대공작회의 개최, 류샤오치 국가주석이 대약진 정책 비판, 마오쩌둥도 자기비판 10.20. 중인 국경 무력 충돌	9.19 마츠무라켄조 의원이 방중, 저우언라이와 회담. 오카자키구상에 합의 10.9 장제스, 일본의 대중무역정책 비난 11.9 랴오청즈와 다카자키 다쓰노스케가 중일종합무역에 관한 각서에 조인(L-T무역개시) 11.17 대만, 대일차관교섭 중지 통고	

연도	국제관계	중국	중일관계	일본
1963	8.5 부분적 핵실험 금지조약PTBT 조인 11.22 케네디 암살	9.6 장칭궈 방미, 케네디와 회담 10.7 주홍경 사건	8.23 일본, 대중 플랜트 연불수출 각의결정 9.21 대만, 대중 비닐론플랜트 수출 연불인허에 항의, 대사 소환. 12.30 중화민국, 주홍경사건 항의, 주일대사 소환	
1964	8.2 북베트남이 미 주둔함 어뢰 공격(통킹만 사건)	1.27 프랑스와 중화인민공화국 국교 정상화 2.10 중화민국 프랑스와 단교 10.16 중국이 원폭 실험 성공	1.10 중화민국, 일본제품 신규 정부 매입 일시 정지 2.23~2.27 요시다 시게루 전수상과 장제스 3회회담 4.4 요시다가 '중공 대책요강안'에 동의하는 서한을 송부(제2차 요시다서한 1964년) 5.7 요시다가 요시다서한 송부 7.3~7.5 오히라 마사요시 외상 대만방문 7.15 중화민국 대일 매입 정지 조치 해제	7.19 일본공산당이 소련공산당과 결정적 대립 10.10 올림픽 도쿄대회 개최(~24일) 11.9 사토에이사쿠 내각 성립
1965	2.7 미국이 북폭 개시 3.7 미, 남베트남 다낭에 상륙		4.26 일화엔차관교섭 타결, 협정 체결	
1966		5월, 문화대혁명 시작 5.20 장제스 제4기 총통 취임 8.1~8.12 중공 8기 11전회개최 10.27 중공, 핵미사일 발사실험 성공	3월, 일본 공산당과 중국 공산당 관계 단절	

연도	국제관계	중국	중일관계	일본
1967	7.1 EC 발족 8.8 아세안 결성	6.17 중국 수소폭탄 실험 성공	9.7~9.9 사토수상 대만 방문, 장제스와 회담. 11.27~12.2 장칭궈 국방부장 방일	10.20 요시다 수상 서거 11.12 사토에이사쿠 수상 방미, 존슨 대통령과 정상회담 11.15 일미공동성명 발표(2-3년내 오키나와 반환, 1년이내 오가사하라 제도 반환 합의)
1968	6.12 핵확산방지조약NPT 채택, 조인(7.1) 가을, 유엔 아시아극동경제위원회 ECAFE가 동중국해 해역에서 대규모 석유, 천연가스전 매장의 가능성 발표		2.8 L-T무역 연장 교섭 개시 3.6 중일 관서무역으로 개칭	4.5 미일 오가사하라 제도 반환협정 조인
1969	7.20 미국 아폴로 달 착륙 7.25 닉슨독트린	3.2 전바오다오(다만스키섬)에서 중소 무력 충돌 4.1~4.24 중국공산당 제9회 당대회 미제국주의 타도 명기 당규약 채택 7.8 고르진스키섬에서 중소무력충돌 8.13 중앙아시아에서 중소무력충돌 9.23 중공 지하 핵실험 성공		11.17~11.21 사토수상 방미, 닉슨대통령과 정상회담 11.21 일미공동성명발표(일미안보조약 유지, 한국조항, 대만조항 강조)
1970			4.19 관서무역방중대표단(마츠무라겐조단장)으로 저우언라이 총리가 저우4조건 제시	

연도	국제관계	중국	중일관계	일본
1970		10.13 캐나다, 중국과 국교수립, 중화민국과 단교 11.16 이탈리아, 중화인민공화국과 국교수립, 중화민국과 단교	7.6~7.8 제15회 일화협력위원회 개최, 저우4조건 비난 8.10 아이치외상, 중화민국의 미국석유회사에 센카쿠제도 석유조사허가에 항의 12.9 중일국교회복촉진의원연맹발족	
1971	8.15 닉슨대통령이 금달러 교환정지, 10%의 수입과징금 발표제2차 닉슨쇼크	4.7 나고야 세계탁구선수권대회 참가한 미국탁구팀이 중국에 초청. 미중 핑퐁외교. 7.9~7.11 키신저 미대통령보좌관 극비 방중 7.15 닉슨 대통령이 키신저 방중과 자신의 방중 예정 발표(1차 닉슨 쇼크) 10.25 중국 유엔가맹 결정, 국부는 유엔 탈퇴 성명 10.31 중화인민공화국 유엔 대표권 획득	7.25 일화협력위원회 제1회 상임위원회 도쿄 개최 8.9 일화 제2차차관공여문서 교환 12.20 제1회 일화중국대륙문제연구토론회 개최 12.30 중국이 외교부성명으로 센카쿠제도의 영유권 주장	6.17 오키나와 반환협정 조인 11.24 일본이 비핵3원칙을 국회결의
1972		2.21~2.27 닉슨대통령 방중 2.27 미중공동성명 상해커뮤니케 발표 5.20 장제스, 제5기 총통 취임 6.1 장칭궈, 행정원장 취임.	5.9 중화민국, 센카쿠제도 일본 반환에 항의성명 6.23 중화민국, 일본수출입은행과 엔차관조인	5.15 오키나와 시정권이 일본에 반환(오키나와현 발족)

연도	국제관계	중국	중일관계	일본
1972			7.27 다케이리 요시카쓰 공명당위원장 방중, 저우언라이와 회담 9.17-9.19 시이나 특사 대만방문 9.25 다나카가쿠에이 수상 방중 9.29 중일공동성명 조인 9.29 오히라외상이 일화평화조약은 존속의 의의를 잃어 종료한다고 표명 9.29 대만이 일본과의 국교단절을 선언 10.29 중일관서무역협정 조인 11.21 중일경제협회설립 12.1. 타이베이에서 일본의 교류협회, 도쿄에 대만 아동亞東관계협회설립	7.7 다나카가쿠에이 내각 성립

참고문헌

• 국문 자료 •

강상중 저. 임성모 역. 2004. 『내셔널리즘』. 서울: 이산.

국립중앙도서관 편. 1982. 『동경올림픽관계기사록: 朝日新聞』. 서울: 국립중앙도서관.

권오기·와카미야 요시부미 저. 이혁재 역. 2005. 『한국과 일본국』. 서울: 샘터사.

권혁태. 2012. "선린학생회관과 중일관계." 『중국현대문학』 60, 191-218.

기어츠, 클리포드 저. 문옥표 역. 2010. 『문화의 해석』.서울: 까치.

길승흠. 1981. "미중일 관계의 진행: 일중평화우호조약 이후." 『중소연구』 5(3), 67-100.

김기석. 2005. "반응국가 가설과 일본 대외경제정책 연구: 가설의 유용성 검토." 『국제정치논총』 45(3), 239-262.

김영근. 2013. "일본의 전략적 ODA 정책변화 분석—과학기술분야를 중심으로—." 『일본학보』 95, 227-244.

김재철·박인휘. 2004. "대만 위기시 미-중관계의 전개와 동아시아 및 한반도 안보에 대한 함의." 한국전략문제연구소 연구보고서, 2-86.

김태호. 1999. "미·일 안보협력 강화와 중국의 안보전략 변화 가능성." 『일본학』 18, 79-110.

김호섭. 2008. "일본의 대중국 ODA 정책결정-엔차관 종료결정을 중심으로." 『일본연구논총』 27, 165-196.

김효진. 2010. "끝나지 않은 전쟁을 기억하다." 『일본비평』 2(1), 224-251.

김흥규. 2014. "시진핑 시기 중국외교와 중일관계 분석." 『한일군사문화연구』 18, 3-41.

남기정. 2011. "중일국교정상화와 한일관계-지연된 갈등." 『일본연구논총』 33,

29-64.
닉슨, 리차드 저. 월간중앙 역. 1978.『닉슨 回顧錄: 頂上人과의 對話』. 중앙일보. 동양방송.
동북아역사재단. 2009.『일본의 전쟁기억과 평화기념관. 1, 關東·東北 지역』, 서울: 동북아역사재단.
_____. 2011.『일본의 전쟁기억과 평화기념관. 2, 關西·九州·오키나와 지역』. 서울: 동북아역사재단.
라모, 조슈아 쿠퍼 저. 김진공 역. 2009. "베이징 컨센서스."『아세아연구』 52권 3호, 14-77.
마이스너, 모리스 저. 김수영 역. 2010.『마오의 중국과 그 이후 2』. 서울: 이산.
모리 가즈코 저. 조진구 역. 2006.『중일관계-전후에서 신시대로』. 서울: 리북.
민병원. 2006. "탈냉전시대의 안보개념 확대: 코펜하겐 학파, 안보문제화, 그리고 국제정치이론."『세계정치』 5, 13-62.
박영준. 2006. "탈냉전기 일본의 대국大國 구상: 보통국가론과 평화국가론의 국가구상 비교를 중심으로."『일본연구논총』 23, 69-111.
_____. 2013. "수정주의적 보통국가론" 의 대두와 일본 외교: 자민당 아베 정권의 재출범과 한반도정책 전망."『한국과 국제정치』 29(1), 91-121
_____. 2015. "일본 아베 정부의 보통군사국가화 평가."『아세아연구』 58(4), 6-41.
부루마, 이안 저. 최은봉 역. 2014.『근대 일본 1853-1964』. 서울: 을유문화사.
비즐리, W. G. 저. 장인성 역. 2004.『일본 근현대사』. 서울: 을유문화사.
사토 다쿠미 저. 원용진, 오카모토 마사미 역. 2007.『8월 15일의 신화: 일본역사 교과서, 미디어의 정치학』. 서울: 궁리출판사.
서승원. 2009. "탈냉전기 일본의 중국정책과 그 전환: 관저외교, 정당정치, 그리고 내셔널리즘."『아세아연구』 52(1), 145-177.
_____. 2011. "자민당 정권의 중국정책과 정경분리, 1955-1971."『국제정치논총』 51(4), 133-157.
_____. 2012. "일본 자민당정권의 중국정책과 관계정상화, 1971-1978-중국경사의 국내정치과정."『일본연구』 17, 327-361.
_____. 2012.『북풍과 태양, 일본의 경제외교와 중국 1945-2005』. 서울: 고려대학교 출판부.
_____. 2015. "일본 아베 정권의 집단적 자위권과 중국: 대중 억지 그리고 NO. 2의 욕망."『아세아연구』 58(4), 72-102.

서정경. 2008. “중국의 부상과 대미 인식의 변화: 중국학계의 논의를 중심으로.” 『국가전략』 14(2), 115-142.

서진영. 2010. 『21세기 중국 외교정책』. 서울: 폴리테이아.

소에야 요시히데. 2012. “중일국교정상화를 되돌아보며-1970년대 중일관계에서 보는 양국외교의 이질성-.” 한국정치학회·게이오기주쿠대학 동아시아연구소공동심포지엄 발표논문.

소에야 요시히데 저. 박철희 외 역. 2006. 『일본의 미들파워 외교: 전후 일본의 선택과 구상』. 서울: 오름.

손기섭. 2003. “동아시아에 있어서의 중일 국교정상화의 정치과정.” 『일본연구논총』 17, 105-140.

_____. 2004. “중일 정치경제 관계에서의 ‘72년 체제’의 발전과 전환.” 『일본연구논총』 19, 93-128.

_____. 2007, “일본의 동아시아외교: 미일동맹과 중일관계의 상관성.” 『세계지역연구논총』 25(3), 225-251.

_____. 2012. 『현대 일본외교와 중국』. 부산: 부산외국어대학교 출판부.

_____. 2016. “아베정권의 집단적 자위권 성립과 동북아.” 『국제정치연구』 19(2), 199-220.

손열. 2008. “‘중국의 강대국화’와 일본의 대응-관여, 결속, 위험분산.” 『일본연구논총』 28, 115-144.

_____. 2013. “미중데탕트와 일본: 1972년 중일국교정상화 교섭의 국제정치.” 『일본연구논총』 38, 257-275.

신욱희. 2012. “미중일 관계의 전망에 대한 이론적 검토: 통합적 이론으로서 위협균형/위협전이론.” 『아시아리뷰』 2(1), 7-30.

심승구·김미숙. 2008. “안티-올림픽 세계가네포대회의 역사적 의미.” 『한국여성체육학회지』 22(2), 139-150.

쑨 꺼 저. 류준필 외 역. 2003. 『아시아라는 사유공간』. 파주: 창비.

양순창. 2010. “중국의 스포츠 외교: 대만의 명칭 문제를 중심으로.” 『한국정치학회보』 44(2), 93-111.

앤더슨, 베네딕트 저. 윤형숙 역. 2007. 『상상의 공동체: 민족주의의 기원과 전파에 관한 성찰』. 서울: 나남출판.

여문환. 2009. 『동아시아 전쟁기억의 국제정치: 한·중·일 전쟁기념관을 가다!』 파주: 한국학술정보.

오병환. 2015. “아시아 탁구연맹의 붕괴.” http://www.thepingpong.co.kr/

news/articleView.html?idxno=1366 (검색일: 2018.06.01.)

오승희·최은봉. 2014. "1970년대 초 일본의 대중국 정책과 중국 대표권 문제: 중국의 UN가입과 중일 국교정상화."『일본연구논총』39, 211-234.

_____. 2018. "'정경분리'와 '이민촉관'의 공존: 중일국교정상화의 문화적 이해."『문화와 정치』5(4), 121-151.

오승희. 2010. "중국의 대 일본 배상청구 포기 요인 연구: 타이완문제와 중일 경제협력을 중심으로." 이화여자대학교 석사학위 논문.

_____. 2016. "인정투쟁의 중일관계: '하나의 중국'에 대한 일본의 외교정책 분석(1949-1972)." 이화여자대학교 박사학위 논문.

_____. 2017. "전후 일본의 인정투쟁과 중일국교정상화."『한국정치학회보』51(1), 73-98.

_____. 2017. "중일 경쟁시대 일본의 중국인식과 중국정책."『아세아연구』60(2), 184-221.

와카미야 요시부미 저. 오문영 역. 1996.『일본정치의 아시아관』. 서울: 동아일보사.

이규수. 2011. "전후 일본의 역사인식—전쟁기억과 '대동아전쟁'론"『일본학』33, 29-65.

이리에 아키라 저. 이성환 역. 1993.『일본의 외교』. 서울: 푸른산.

이병한. 2010. "'두 개의 중국'과 화교정책의 분기: 반둥회의(1955) 전후를 중심으로."『중국근현대사연구』45, 95-128.

_____. 2012. "냉전기 중국과 아시아(1)—가네포GANEFO를 중심으로."『대동문화연구』78, 355-403.

이승주. 2014. "21 세기 일본 외교전략의 변화."『한국정치외교사논총』35(2), 275-306.

이원덕. 2008. "일본의 전후 배상외교에 대한 고찰—국제비교의 관점."『동북아역사논총』22(4), 7-36.

이정남. 2014. "동아시아 세력전이와 한중 전략적 협력을 둘러싼 딜레마."『평화연구』22(1), 345-388.

이찬희·임상선·윤휘탁. 2006.『동아시아의 역사분쟁: 韓·中·日 역사교과서의 비교분석』. 서울: 동재.

이희옥. 2000. "대만 정권교체와 하나의 중국."『황해문화』27, 308-318.

일본의 전쟁 책임 자료센터 편. 박현무 역. 2011.『야스쿠니 신사의 정치』. 서울: 동북아역사재단.

장인성. 2010. “제국의 기억을 보는 시선: 서설적 성찰과 제국의 기억들.” 『일본비평』 2(1), 4-26.
전재성. 2005. “1960년대와 1970년대 세계적 데땅뜨의 내부 구조.” 『국제정치논총』 45(3), 33-56.
전진성. 2005. 『역사가 기억을 말하다: 이론과 실천을 위한 기억의 문화사』. 서울: 휴머니스트.
전진호. 2005. “일본의 대미 기축외교의 재정립: 추종과 자율의 사이에서.” 한상일 외, 『일본형 시스템: 위기와 변화』. 서울: 일조각.
정근식·신주백 편. 2006. 『8·15의 기억과 동아시아적 지평』. 서울: 선인.
정기웅. 2017. “핑퐁외교에의 재방문—평창 동계올림픽에의 함의.” 『국제지역연구』 21(4), 155-184.
조명동. 1989. 『민간외교의 과정과 분석—중일관계의 역사적 실례를 고찰하여』. 서울: 삼성출판사.
조진만·최준영. 2008. “매니페스토의 학문적 활용을 위한 소고.” 『한국정치외교사사논총』 30(1), 161-192.
차정미. 2018. “1980년대 한중관계 태동기, 정부-비정부 협력외교의 발전과정.” 『국제정치논총』 58(1), 7-54.
천자현. 2013. “화해의 국제정치: 화해 이론의 발전과 중일관계에 대한 비판적 적용.” 『국제정치논총』 53(2), 7-38.
총성의. 1979. “일 중공평화우호조약의 성립배경: 중공의 세계전략과 관련하여.” 『중소연구』 4(1), 45-78.
최은봉·석주희. 2012. “중일 간 센카쿠열도 분쟁과 일본의 해양정책-갈등, 대응, 정치과정을 중심으로.” 『담론 201』 15(1), 45-66.
최은봉·오승희. 2010. “중국의 대 일본 배상청구 포기의 양면성.” 『담론 201』 13(2), 151-176.
______. 2011. “냉전 초기 일본의 중국 정부 선택 문제와 대중 등거리 전략.” 『아시아연구』 14(2), 189-216.
______. 2012a. “전후 중일관계의 형성과 변환과정(1952-1972).” 『일본연구』 51, 139-159.
______. 2012b. “냉전기 중국과 일본의 제한적 접근과 쟁점의 유보.” 『국제정치논총』 52(4), 67-92.
______. 2013. “전쟁 기억과 전후 중일외교의 중층구조.” 『일본사상』 25, 3-25.
______. 2014. “1970년대 초 일본의 대중국 정책과 중국 대표권 문제: 중국의

UN가입과 중일 국교정상화."『일본연구논총』 39, 1-24.
최준영·조진만·가상준·손병권. 2008. "국무총리 인사청문회에 나타난 행정부-국회 관계 분석-회의록에 대한 내용분석을 중심으로."『한국정치학회보』 42(2), 151-170.
최희식. 2008. "60년대 일본의 아시아 지역 정책-미일동맹과 자주외교 사이의 협곡."『일본연구논총』 28, 145-172.
_____. 2009. "현대 일본의 아시아 외교 전략: 내재적 접근에서 외재적 접근으로."『국제정치논총』 49(2), 33-58.
_____. 2010. "중일 첨각열도 해양영토분쟁: 평화적 관리 방식의 전환기?"『JPI 정책포럼』 2010(32), 1-18.
카, E. H. 저. 권오석 역. 2008.『역사란 무엇인가』. 서울: 홍신문화사.
키신저, 헨리 저. 권기대 역. 2012.『헨리키신저의 중국이야기』. 민음사.
파일, 케네스 저. 2008. 이종삼 역.『강대국 일본의 부활』. 서울: 한울.
펨펠, T. J. 저. 최은봉 역. 2001.『현대 일본의 체제 이행』. 서울: 을유문화사.
하딩, 해리 저. 안인해 역. 1995.『중국과 미국』. 서울: 나남출판.
한국국제정치학회 중국분과 편. 2008.『중국 현대국제관계』. 서울: 오름.
한상진. 2008. "동아시아에서 본 응징의 정의, 용서 그리고 딜레마-화해를 위한 최소주의자의 상호접근방식." 한국학중앙연구원 편.『2006 문명과 평화』. 성남: 한국학중앙연구원.
한석희. 2007. "중국의 다극화전략, 다자주의외교, 그리고 동북아시아 안보."『국제지역연구』 11(1), 349-374.
한석희. 2007.『후진타오 시대의 중국 대외관계』. 서울: 후마니타스.
현대일본학회 편. 2007.『일본정치론』. 서울: 논형.

• 일문 자료 •

データベース「世界と日本」. http://worldjpn.grips.ac.jp/documents/texts/docs/19520428.T1J.html(검색일: 2019. 7. 31)
NNA.ASIA アジアの経済ビジネス情報. 2010.【第44回】"日系商社員の逮捕",【第45回】"ある不可解な商社". http://news.nna.jp/ (검색일: 2019. 7. 31)
加々美光行. 1992. "日中国交正常化20周年と戦争責任".『紀要』. 愛知大学国際問題研究所.
岡崎久彦. 2003.『吉田茂とその時代』. 東京: PHP研究所.

岡田実. 2008.『日中関係とODA』. 東京: 日本僑報社.
高原明生, 服部龍二(編). 2012.『日中關係史: 1972-2012』1-3. 東京大學出版會.
高坂正. 2006.『宰相吉田茂』. 東京: 中公クラシックス.
公益財団法人 日中友好会館. http://www.jcfc.or.jp/(검색일: 2019. 7. 31)
橋本一夫. 2014.『幻の東京オリンピック1940年大会-招致から返上まで』東京: 講談社.
国会会議録検索システム. http://kokkai.ndl.go.jp(검색일: 2019. 7. 31)
宮城大蔵. 2001.『バンドン会議と日本のアジア復帰ーアメリカとアジアの狭間で』東京: 草思社.
吉田茂. 1958.『回想十年』第三巻, 東京: 新潮社.
吉田茂. 1999.『日本を決定した百年』. 東京: 中央公論新社.
吉田茂. 1992.『世界と日本』. 東京: 中央公論社.
鹿島平和研究所. 1983.『日本外交主要文書年表』第1卷. 東京: 原書房.
大野益弘, 高橋玲美, 瀬戸弥栄子. 2006『東京オリンピック1964·2016』東京: メディアパル.
東京大学東洋文化研究所. データベース"世界と日本" http://www.ioc.u-tokyo.ac.jp/~worldjpn/(검색일: 2019. 7. 31)
藤原弘達. 1964.『吉田茂』. 東京: 讀書新聞社.
鈴木正信·香取俊介. 2006.『北京の檻ー幽閉五年二ヶ月』. 東京: 文藝春秋. 226-252.
鹿島平和研究所. 1983.『日本外交主要文書·年表』1. 東京: 原書房.
劉徳有. 2018.5.31. "周総理とピンポン外交."『人民中国.』http://www.peoplechina.com.cn/zlk/mh/201805/t20180531_800131249.html (검색일: 2019. 7. 31)
林曉光. 2003. "1970年代の中日関係." 石井明外(編).『記録と考証ー日中国交正常化・日中平和友好条約締結交渉』. 東京: 岩波書店.
毎日新聞. 2018. "日中スポーツ交流史." https://mainichi.jp/sportsspecial/tokyo2020/road-to-tokyo/?kydrtt_page=TKY0CLM401-CLM124(검색일: 2019. 7. 31)
毛里和子, 園田茂人. 2012.『中国問題: キーワードで読み解く』. 東京: 東京大学出版会.
毛里和子. 2006.『中日関係』東京: 岩波書店
毛里和子. 2011.『現代中國政治-グローバル・パワーの肖像』. 名古屋: 名古屋

大学出版会.
保阪正康. 2000.『吉田茂と 逆説』. 東京: 中央公論新社.
服部龍二. 2011.『日中国交正常化－田中角栄 大平正芳 官僚たちの挑戦』. 中央公論新社.
福田円. 2014.『中国外交と台湾－「一つの中国」原則の起源』. 東京: 慶應義塾大学出版会.
北康利. 2010.『吉田茂の見た夢 独立心なくして国家なし』. 東京: 扶桑社.
北岡伸一. 2015. "戦争の反省から国際貢献を考える (特集 戦後 70年 歴史と外交)."『外交』32, 12-18.
石井明外(編). 2003.『記録と考証－日中国交正常化・日中平和友好条約締結交渉』. 東京: 岩波書店.
安倍晋三. 2013.『新しい国へ- 美しい国へ 完全版』. 東京: 文藝春秋.
永野慎一郎(遍). 1999.『日本の戦後賠償－アジア済協力の出発』. 東京: 勁草書房.
榮澤幸二. 1995.『「大東亞共榮圈」の思想』. 東京: 講談社. 1995.
王泰平 著, 福岡愛子 譯. 2013.『'日中國交回復' 日記: 外交部の特派員が見た日本』. 東京: 勉誠出版.
外務省. 2015. "ODA白書."https://www.mofa.go.jp/mofaj/gaiko/oda/files/000137901.pdf (검색일: 2019.09.01.)
外務省. 2018. "開発協力白書" https://www.mofa.go.jp/mofaj/gaiko/oda/files/000453646.pdf(검색일: 2019.09.01.)
外務省アジア局中国課監修. 1970.『日中関係基本資料集－1949-69年』. 東京: 霞山会.
外務省アジア局中国課監修. 1998.『日中関係基本資料集』. 東京: 霞山会.
殷燕軍. 1996.『中日戦争賠償問題』. 東京: 橋本盛作.
殷燕軍. 2007.『日中講和の研究－戦後日中関係の原点』. 東京: 柏書房.
李恩民. 2005.『"日中平和友好條約"交渉の政治過程』. 東京: 御茶の水書房.
一般社団法人 日中協会. http://jcs.or.jp/index.html (검색일: 2019. 7. 31)
一般財団法人 日中経済協会. http://www.jc-web.or.jp/(검색일: 2019. 7. 31)
日本オリンピック委員会. http://www.joc.or.jp/(검색일: 2019. 7. 31)
日本国際貿易促進協会. http://www.japit.or.jp/(검색일: 2019. 7. 31)
日本国会会議録. 1964. "46回衆議院オリンピック東京大会準備促進特別委員会" 6号 (1964.6.25.) (검색일: 2019. 7. 31)
日本国会会議録. 1971a. "65回衆議院外務委員会" 13号 (1971. 4. 14) (검색일:

2019.3.31)
日本国会会議録. 1971b. “65回参議院決算委員会” 14号(1971. 5. 17) (검색일: 2019.3.31)
日本国会会議録検索システム. 1969-1978. http://kokkai.ndl.go.jp/(검색일: 2019. 7. 31)
日本内閣府. 2012. ‘外交に関する世論調査.’ http://www8.cao.go.jp/survey/h24/h24-gaiko/2-1.html (검색일: 2019. 7. 31)
日本放送協會放送世論調査所編. 1967. 『東京オリンピック』日本放送協會放送世論調査所.
日本外務省. 1972. “Joint Communique of the Government of Japan and the Government of the People's Republic of China.” https://www.mofa.go.jp/region/asia-paci/china/joint72.html(검색일: 2019.02.28.)
日本外務省. “日本国政府と中華人民共和国政府の共同声明.” https://www.mofa.go.jp/mofaj/area/china/nc_seimei.html (검색일: 2019.02.28.)
日本外務省. 1957-1973. “わが外交の近況” http://www.mofa.go.jp/mofaj/gaiko/bluebook/ (검색일: 2019. 7. 31)
日本外務省. 1995. “戦後50周年の終戦記念日にあたって.” http://www.mofa.go.jp/ mofaj/press/danwa/07/dmu_0815.html (검색일: 2017. 05. 01)
日本外務省. 2005. “対中国ＯＤＡに関する基礎資料.” http://www.mofa.go.jp/mofaj/gaiko/oda/data/chiiki/china.html (검색일: 2009. 12. 15)
日本外務省. 2005-2015. “政府開発援助(ODA)国別データブック.” http://www.mofa. go.jp/mofaj/gaiko/oda/shiryo/kuni/11_databook/index.html (검색일: 2017. 05. 01).
日本外務省. 2018. “ODA政府開発援助.” https://www.mofa.go.jp/mofaj/gaiko/oda/files/000367699.pdf#page=30 (검색일: 2019. 7. 31)
日本外務省. 2019. アフリカ開発会議(TICAD). http://www.mofa.go.jp/mofaj/area /ticad/ (검색일: 2019. 05. 01).
日本外務省. 1978. https://www.mofa.go.jp/region/asia-paci/china/treaty78.html(검색일: 2019.02.28.)
日本外務省.“日本国と中華人民共和国との間の平和友好条約.” https://www.mofa.go.jp/mofaj/area/china/nc_heiwa.html(검색일: 2019.02.28.)
日本外務省中国課監修. 1970. 『日中關係基本資料集 1949-1969.』東京: 霞山会.
日本朝日新聞. 2019. http://www.asahi.com/ (검색일: 2019. 7. 31)

日本中国文化交流協会. 2019. http://www.nicchubunka1956.jp/(검색일: 2018. 10. 1)

日本中国友好協会. 2019. https://www.j-cfa.com/(검색일: 2019.09.01.)

日中国交回復促進議員連盟. 1971.『日中関係資料集: 1945-1971年.』東京:日中国交回復促進議員連盟

日中貿易促進議員連盟. 1967.『日中關係基本資料集: 1945年-1966年』. 東京: 日中貿易促進議員連盟.

張紹鐸. 2006. "国連における中国代表権問題: 米·台·中の対アフリカ外交を事例に(1962~1965)."『北東アジア研究』11, 63-83.

張香山. 1998. "中日締結和平友好條約前後."『日本學刊』1998(4).

猪木正道. 1986.『吉田茂』. 東京: 時事通信社.

前田直樹. 2009. "国連中国代表権をめぐる米台関係: ケネディ政権と蒋介石政権."『廣島法學』33(2), 191-212.

田中明彦. 1996.『日中関係 1945-1990』. 東京: 東京大学出版社.

井上寿一. 2009.『吉田茂と昭和史』, 東京: 講談社

井上正也. 2007. "国連中国代表権問題と池田外交: 国府" 分断固定化 "構想をめぐって, 一九五七-一九六四."『神戸法學雜誌』57(1), 171-258.

井上正也. 2010.『日中国交正常化の政治史』. 名古屋: 名古屋大学出版会.

조양현. 2007. "戰後日本のアジア外交におけるアメリカ,ファクター:" 東南アジア開發閣僚會議 "設立を事例に"『일본연구논총』26, 113-150.

佐久間, 裕美子. 1996. "中国代表権問題: アメリカ対中政策と国連."『政治学研究』26, 1-19.

佐藤次郎. 2013.『東京五輪 1964』. 東京: 文藝春秋.

朱建栄. 1992. "中国はなぜ賠償を放棄したか"『外交フォーラム』10号.

中江要介. 2008.『日中外交の証言』. 東京: 蒼天社出版.

川島眞. 2007.『東アジア國際政治史』. 名古屋: 名古屋大出版社.

添谷芳秀. 1995.『日本外交と中國: 1945-1972』. 東京: 慶應通信.

坂上康博, 高岡裕之. 2009.『幻の東京オリンピックとその時代: 戦時期のスポーツ · 都市 · 身体』. 東京: 青弓社.

平川幸子. 2012.『「二つの中国」と日本方式』. 東京: 勁草書房.

浦辺登. 2013.『アジア独立と東京五輪:「ガネホ」とアジア主義』. 福岡: 弦書房.

霞山会. 2008.『日中関係基本資料集ー1972-2008年』. 東京: 霞山会.

横堀克己. 2018. "スペシャル企画: 中日卓球交流の50年,"『人民中国』http://

www.peoplechina.com.cn/maindoc/html/200606/10zhuanwen28.htm (검색일: 2019. 7. 31)

• 중문 자료 •

高世鹰. 2010. "战后日本对华"政经分离"原则研究." 吉林大学博士论文.
顧維鈞. 中國社會科學院近代史研究所譯. 1989.『顧維鈞回顧錄』第九卷. 北京: 中華書局.
古澤健一. 1988.『昭和秘史日中平和友好条約』. 北京: 講談社.
李恩民. 1997.『中日民间经济外交, 1945-1972』. 北京: 人民出版社.
李辉. 1998. ""新兴力量运动会"的发起, 终结及其历史意义."『体育与科学』第19卷 第4期.
林晓光. 2003.『日本政府開發援助與中日關係』. 北京: 世界知識出版社.
林晓光. 2008. "《中日和平友好条约》的签订."『当代中国史研究』15-6.
孙乃民. 2006.『中日関係史』第3卷. 北京: 社會科學文獻出版社.
新华网. https://web.archive.org/web/20150926165030/http://news.xinhuanet.com/ziliao/2002-03/26/content_331579.htm (검색일: 2019.2.28.)
王军,赵卓,王芳,王野,伊诺,崔瓔楠,王彤瑜,叶明,杜南南. 2014. "第1届新兴力量运动会50年忆."『体育文化导刊』第8期.
人民数据库资料. http://data.people.com.cn (검색일: 2019. 7. 31)
人民中国. スペシャル企画 "中日卓球交流の50年." http://www.peoplechina.com.cn/maindoc/html/200606/10zhuanwen28.htm(검색일: 2019. 7. 31)
林曉光. 2003.『日本政府開發援助與中日關係』. 北京: 世界知識出版社.
林曉光. 2008. "《中日和平友好条约》的签订."『当代中国史研究』15-6.
张文彬. 2010. "日本对华政策(1952-1972) 转变期间民间因素的影响评析." 华东师范大学博士论文.
张小欣. 2014. "新兴力量运动会的缘起与中国和印尼的关系."『当代中国史研究』. 21(2), 82-87.
张耀武. 2007. "中日邦交正常化之前的"政经分离"与"政经不可分"之争."『日本学论坛』第2期, 56-61.
田桓, 纪朝钦, 蒋立峰. 1997.『战后中日关系文献集1971-1995』. 北京: 中国社会科学出 版社.

中共中央文献研究室编. 1993.『毛泽东年谱(1949－1976)』5. 北京: 中央文献出版社.

中国奥林匹克委员会. 2018. "中国奥委会." http://www.olympic.cn/china/(검색일: 2019. 7. 31)

中華民國外交部. 2019. "邦交國." https://www.mofa.gov.tw/AlliesIndex.aspx?n=0757912EB2F1C601&sms=26470E539B6FA395 (검색일: 2019. 11. 10)

中华人民共和国外交部. 2019. "中华人民共和国与各国建立外交关系日期简表," https://www.fmprc.gov.cn/web/ziliao_674904/2193_674977/ (검색일: 2019. 11. 10)

中华人民共和国外交部. 2019. http://treaty.mfa.gov.cn/tykfiles/20180718/1531876523622.pdf (검색일: 2019. 2. 28.)

冯瑞云, 高秀清, 王升. 2006.『中日关系史』第三卷. 北京: 社会科学文献出版社, 2006.

何理(編). 1989.『中華人民共和國史』. 北京: 檔案出版社.

• 영문 자료 •

Anderson, S. J. 1993. "Japan as an Activist State in the Pacific Basin: Japan and Regional Organizations." *The Journal of East Asian Affairs*, 498-544.

Arthur, W. Brian. 1994. *Increasing Returns and Path Dependence in the Economy*. Ann Arbor: University of Michigan Press.

Blaker, M. 1993. "Evaluating Japan's Diplomatic Performance." *Japan's Foreign Policy After the Cold War*: Coping with Change, 3.

Buckley, Roger. 2003. "Hong Kong and San Francisco: Anglo-American Debate on East Asia and the Japanese Peace Settlements." *Japan Forum* 15(3), 435-449.

Calder, Kent E. 1988. "Japanese Foreign Economic Policy Formation: Explaining the Reactive State." *World Politics* 40(4), 517-541.

Calder, Kent, and Min Ye. 2010. *The Making of Northeast Asia*. Stanford, Calif.: Stanford University Press.

Cha, Victor D. 2009. "A Theory of Sport and Politics." *The International Journal of the History of Sport* 26(11), 1581-1610.

______. 2013. "Winning is Not Enough: Sport and Politics in East Asia and Beyond." *The International Journal of the History of Sport* 30(11), 1287-1298.

Chan, Gerald. 1980. "The "Two-Chinas" Problem and the Olympic Formula." *Pacific Affairs* 58(3), 473-490.

Connolly, C. A. 2012. "The Politics of the Games of the New Emerging Forces(GANEFO)." *The International Journal of the History of Sport* 29(9), 1311-1324.

David, Paul. 2000. "Path Dependence, Its Critics, and the Quest for 'Historical Economics'." P. Carrouste and S. Ioannides, eds. *Evolution and Path Dependence in Economic Ideas: Past and Present.* Cheltenham, U.L.: Edward Elgar.

Ferretti, Valdo. 2003. "In the Shadow of the San Francisco Settlement: Yoshida Shigeru's Perception of Communist China and Anglo-Japanese Relations," *Japan Forum* 15(3): 425-434.

Field, R. 2014. "Re-Entering the Sporting World: China's Sponsorship of the 1963 Games of the New Emerging Force(GANEFO)." *The International Journal of the History of Sport* 31(15), 1852-1867.

General Assembly of the United Nations. 1950-1972. "Meeting Records"; "Resolutions". http://www.un.org/documents/resga.htm.(검색일: 2019. 7. 31)

Gilpin, Robert. 1972. "The Politics of Transnational Economic Relations." Robert O. Keohane and Joseph S. Nye, eds. *Transnational Relations and World Politics*. Cambridge: Harvard University Press.

Goldstein, Judith, and Robert O. Keohane, eds. 1993. *Ideas and Foreign Policy: Beliefs, Institutions, and Political Change*. Ithaca: Cornell University Press.

Gong, Gerrit W., ed. 2001. *Memory and history in East and Southeast Asia: Issues of identity in international relations* 23, CSIS, 2001.

Green, M. 2001. *Japan's Reluctant Realism: Foreign Policy Challenges in An Era of Uncertain Power*. Springer.

Grieco, Joseph M. 1988. "Anarchy and the Limits of Cooperation: a Realist Critique of the Newest Liberal Institutionalism." *International*

Organization 42(3), 485–507.
Haas, E. B. 1964. *Beyond the Nation-State: Functionalism and International Organization*. Stanford, CA: Stanford University Press.
Hagström, L. 2015. "The 'Abnormal' State: Identity, Norm/Exception and Japan." *European Journal of International Relations* 21(1), 122–145.
Hagström, L., and Gustafsson, K. 2015. "Japan and Identity Change: Why it Matters in International Relations." *The Pacific Review* 28(1), 1–22.
Hall, Peter A. 1993. "Policy Paradigms, Social Learning, and the State: The Case of Economic Policymaking in Britain." *Comparative Politics* 25(3), 275–296.
Hall, Peter A. and Rosemary C. R. Taylor. 1996. "Political Science and the Three New Institutionalisms," *Political Studies* 44(4), 936–957.
Hein, Laura Elizabeth, and Mark Selden, eds. 2000. *Censoring History: Citizenship and Memory in Japan, Germany, and the United States*. ME Sharpe.
Hellmann, D. 1988. *Japanese Politics and Foreign Policy: Elitist Democracy within an American Greenhouse. The Political Economy of Japan*, 2(S 346).
Hong, Fan and Lu Zhouxiang. 2012. "Sport and Politics in the 1980s: the Olympic Strategy." *The International Journal of the History of Sport* 29(1), 74–97.
Hosoya, Chihiro. 1984. "Japan, China, the United States and the United Kingdom, 1951–2: the Case of the 'Yoshida Letter'." *International Affairs* 60(2): 247–259.
Howe, Christopher. 1996. *China and Japan: History Trends, and Prospects*. Oxford: Clarendon Press.
Hsiao, Gene T. 1974. "Prospects for a New Sino-Japanese Relationship." *The China Quarterly* 60(4), 720–749.
Ijiri, H. 1996. "Sino-Japanese Controversy since the 1972 Diplomatic Normalization." in Christopher Howe. 1996. *China and Japan: History Trends, and Prospects*. Oxford : Clarendon Press, 60–82.
Ikenberry, John G. 1988. "Conclusion: an Institutional Approach to American Foregin Economic Policy," *International Organization* 42(1),

219-243.

IMF. World Economic and Financial Surveys World Economic Outlook Database. https://www.imf.org/external/pubs/ft/weo/2019/01/weodata/index.aspx(검색일: 2019. 7. 31)

International Olympic Committee. Tokyo 1964. http://www.olympic.org/tokyo-1964-summer-olympics(검색일: 2019. 7. 31)

International Table Tennis Federation (ITTF). https://www.ittf.com/(검색일: 2019. 7. 31)

Iriye, Akira. 1990. "Chinese-Japanese Relations, 1945-90," *The China Quarterly* 124(4), 624-638.

Jager, Sheila Miyoshi and Rana Mitter. 2007. *Ruptured Histories: War, Memory and the Post Cold War in Asia*. Cambridge, Mass.: Harvard University Press.

Jervis, Robert. 1999. "Realism, Neoliberalism, and Cooperation: Understanding the Debate." *International Security*, 24(1), 42-63.

Johnson, Chalmers. 1986. "The Patterns of Japanese Relations with China, 1952-1982." *Pacific Affairs* 59(3), 402-428.

______. 1978. "The New Thrust in China's Foreign Policy." *Foreign Affairs* 57-1.

Kirby, William C., Ross, Robert S. and Gong, Li. 2005. *Normalization of U.S.-China Relations: an International History*. Cambridge, Mass.: Harvard University Asia Center.

Kobierecki, Michal M. 2016. "Ping-Pong Diplomacy and its Legacy in the American Foreign Policy." *Polish Political Science Yearbook* 45, 304-316.

Krasner, Stephen D. 1984. "Approaches to the State: Alternative Conceptions and Historical Dynamics," *Comparative Politics* 16(2), 223-246.

Lam, Peng-Er. 2004, "Japan-Taiwan Relations: Between Affinity and Reality." *Asian Affairs* 30(4): 249-267.

Langdon, Frank. 2001. "American Northeast Asian Strategy," *Pacific Affairs* 74(2), 167-184.

Lee, Chae-Jin. 1979. "The Making of the Sino-Japanese Peace and

Friendship Treaty." *Pacific Affairs*, 52(3), 420-445.
_____. 1984. *China and Japan: New Economic Diplomacy*. Stanford: Hoover Institution Press.
Levi, Margaret. 1997. "A Model, a Method, and a Map: Rational Choice in Comparative and Historical Analysis." in Mark I. Lichbach and Alan S. Zuckerman eds. *Comparative Politics: Rationality, Culture, and Structure*. Cambridge: Cambridge University Press.
Lind, Jennifer. 2008. *Sorry States: Apologies in International Politics*, Ithaca: Cornell University Press.
Lutan, Rusli and Fan Hong. 2005. "The Politicization of Sport: GANEFO-A Case Study." *Sport in Society* 8(3), 425-439.
Mahoney, James and Kathleen Thelen. 2010. "A Theory of Gradual Institutional Change,: in Mahoney, James and Kathleen Thelen eds. *Explaining Institutional Change: Ambiguity, Agency, and Power*. Cambridge University Press. 1-37.
March, James G. and Johan P. Olsen. 1998. "The Institutional Dynamics of International Political Orders." *International Organization* 52(4), 943-969.
Ministry of Foreign Affairs. 2006. "60 Years: The Path of a Nation Striving for Global Peace." http://www.mofa.go.jp/policy/postwar/pamph60.pdf (검색일: 2019. 7. 31)
Mitrany, D. 1943. *A Working Peace System: An Argument for the Functional Development of International Organization*. London: Royal Institute for International Affairs.
Miyashita, Akitoshi, and Yoichiro Sato, eds. 2001. *Japanese Foreign Policy in Asia and the Pacific: Domestic Interests, American Pressure, and Regional Integration*. Houndmills, Basingstoke, Hampshirem, New York: Palgrave.
MOFAJ. 2006. "60 Years: The Path of a Nation Striving for Global Peace." http://www.mofa.go.jp/policy/postwar/pamph60.pdf (검색일: 2019. 7. 31)
Moon, Chung-in and Seung-Won Suh. 2008. "Identity Politics, Nationalism, and the Future of Northeast Asian Order." *The United States and*

Northeast Asia: Debates, Issues, and New Order, 193–229.
______. 2015. "Historical Analogy and Demoniza- tion of Others: Memory of 1930s' Japanese Militarism and Its Contemporary Implications." *Korea Observer* 46(3), 423–459.

Murray, Stuart. 2012. "The Two Halves of Sports-Diplomacy." *Diplomacy & Statecraft* 23(3), 576–592.

Murray, Stuart. 2013. "Moving Beyond the Ping-Pong Table: Sports Diplomacy in the Modern Diplomatic Environment." *Public Diplomacy Magazine* 9, 11–16.

Neuendorf, Kimberly A. 2002. *The Content Analysis Guidebook*. Thousand Oaks, Calif.: Sage Publications.

Nixon, Richard. 1970. *U. S. Foreign Policy for the 1970's: A New Strategy for Peace.* Washington: U. S. Govt. Print. Office.

______. 1972. *U. S. Foreign Policy for the 1970's: The Emerging Structure of Peace.* Washington: U. S. Govt. Print. Office.

Official Website of The Chinese Olympic Committee. 2016. Two Chinas Problem http://en.olympic.cn/china_oly/history/2004-03-27/121811.html(검색일: 2018.06.01.)

Ogata, Sadako. 1988. *Normalization with China*. Berkeley: Institute of East Asian Studies, University of California Berkeley.

Oh, Seung-Hee and Eunbong Choi. 2015. "Separating Economy from Politics? Japan's Coexistence Strategy with Two Chinas in the 1960s." *The Korean Journal of International Studies*, 13(2), 411–429.

Olympic Council of Asia. Games. http://www.ocasia.org/(검색일: 2018. 5. 20).

Pauker, E. T. 1965. "GANEFO I: Sports and Politics in Djakarta." *Asian Survey* 5(4), 171–185.

Peng, Tao. 2005. "Assesing the Peope's Diplomacy and Its Impacts on the US-Japan Security Alliance." *Historia Actual Online* 7: 67–81.

Pharr, S. J., & Curtis, G. L. 1993. "Japan's Defensive Foreign Policy and the Politics of Burdensharing." in Gerald L. Curtis eds. *Japan's Foreign Policy after the Cold War: Coping with Change*. Armonk, N.Y.: M.E. Sharpe.

Pierson, Paul. 2004. *Politics in Time: History, Institutions, and Social Analysis*. Princeton: Princeton University Press.

Ross, Robert S. 2002. "U.S. Relations with China." in Vogel, Ezra F., Ming Yuan, Akihiko Tanaka eds. *The Golden Age of the U.S.-China-Japan Triangle 1972-1989*. Cambridge, Mass.: Harvard University Asia Center.

Salamon, Lester M. and John J. Siegfried. 1977. "Economic Power and Political Influence: The Impact of Industry Structure on Public Policy." *The American Political Science Review*, 71(3), 1026-1043.

Snyder, David and Edward L. Kick. 1979. "Structural Position in the World System and Economic Growth, 1955-1970: A Multiple-Network Analysis of Transnational Interactions." *American Journal of Sociology* Vol. 84, No. 5, 1096-1126.

Soeya, Yoshihide. 2001. "Taiwan in Japan's Security Considerations." *The China Quarterly* 165: 130-146.

______. 2002. "Japan's Relations with China," in Vogel, Ezra F. Yuan, Ming. Tanaka, Akihiko(eds.), *The Golden Age of the U.S.-China-Japan Triangle 1972-1989*. Cambridge, Mass.: Harvard University Asia Center.

Taiwan Documents Project. http://www.taiwandocuments.org/sanfrancisco01.htm (검색일: 2019. 7. 31)

The Chinese Olympic Committee. 2004. "Two Chinas Problem" http://en.olympic.cn/china_oly/history/2004-03-27/121811.html (검색일: 2019. 7. 31)

The Foreign Relations of the United States (FRUS). "Volume V, United Nations, 1969-1972" http://history.state.gov/historicaldocuments(검색일: 2019. 7. 31)

The Organizing Committee for the Games of the XVIII Olympiad. 1966. *The Games of the XVIII Olympiad, Tokyo 1964: the Official Report of the Organizing Committee I, II*. Kyodo Printing Co.

The United Nations. 1950-1972. "Voting Results" http://unbisnet.un.org/#voterecords (검색일: 2019. 4.15)

Thelen, Kathleen and Sven Steinmo. 1992. "Historical Institutionalism in Comparative Politics," in Sven Steinmo, Kathleen Thelen and Frank Longstreth, eds. *Structuring Politics: Historical Institutionalism in*

Comparative Analysis. New York: Cambridge University Press. 1–32.
United Nations. 1971. "Restoration of the Lawful Rights of the People's Republic of China in the United Nations." *United Nation General Assembly Resolutions*. A/RES/2758(XXVI). http://www.un.org/documents/resga.htm.(검색일: 2019. 7. 31)
Vogel, Ezra F., Ming Yuan and Akihiko Tanaka, eds. 2002. *The Golden Age of the U.S.-China-Japan Triangle 1972-1989*. Cambridge, Mass.: Harvard University Asia Center.
Waever, O. 1995. "Identity, Integration and Security: Solving the Sovereignty Puzzle in EU Studies." *Journal of international affairs*, 389–431.
Walt, Stephen M. 1987. *The Origins of Alliances*. Ithaca: Cornell University Press.
Wang, Guanhua. 2003. "'Friendship First': China's Sports Diplomacy during the Cold War." *The Journal of American-East Asian Relations* 12(3–4), 133–153.
Wang, Qingxin Ken. 2000. "Taiwan in Japan's Relations with China and the United States after the Cold War." *Pacific Affairs* 73(3), 353–373.
______. 2000. *Hegemonic Cooperation and Conflict—Postwar Japan's China Policy and the United States*. CT: Praeger Publishers.
Yu, Junwei. 2008. "China's Foreign Policy in Sport: The Primacy of National Security and Territorial Integrity Concerning the Taiwan Question." *The China Quarterly* 194, 294–308.

찾아보기

[ㅈ]

전후 중일관계 70년

마오쩌둥-요시다 시기부터 시진핑-아베 시기까지

펴낸날 1판 1쇄 2019년 11월 29일
지은이 최은봉 · 오승희
펴낸이 김헌민
펴낸곳 이화여자대학교출판문화원
주소 서울특별시 서대문구 이화여대길 52(우03760)
등록 1954년 7월 6일 제9-61호
전화 02) 3277-2965(편집), 362-6076(마케팅)
팩스 02) 312-4312
전자우편 press@ewha.ac.kr
홈페이지 www.ewhapress.com
책임편집 민지영
디자인 신성기획
찍은곳 한영문화사

ISBN 979-11-5890-343-5 93340

값 28,000원

* 잘못된 책은 구입처에서 바꾸어 드립니다.

이 도서의 국립중앙도서관 출판예정도서목록(CIP)은 서지정보유통지원시스템 홈페이지(http://seoji.nl.go.kr)와 국가자료종합목록 구축시스템(http://kolis-net.nl.go.kr)에서 이용하실 수 있습니다. (CIP제어번호 : CIP2019046140)